REGULAÇÃO ESTATAL E ASSISTÊNCIA PRIVADA À SAÚDE

LIBERDADE DE INICIATIVA E RESPONSABILIDADE SOCIAL NA SAÚDE SUPLEMENTAR

FERNANDO DE OLIVEIRA DOMINGUES LADEIRA

Zélia Luiza Pierdoná
Prefácio

REGULAÇÃO ESTATAL E ASSISTÊNCIA PRIVADA À SAÚDE

LIBERDADE DE INICIATIVA E RESPONSABILIDADE SOCIAL NA SAÚDE SUPLEMENTAR

Belo Horizonte

2012

© 2012 Editora Fórum Ltda.

É proibida a reprodução total ou parcial desta obra, por qualquer meio eletrônico, inclusive por processos xerográficos, sem autorização expressa do Editor.

Conselho Editorial

Adilson Abreu Dallari
Alécia Paolucci Nogueira Bicalho
Alexandre Coutinho Pagliarini
André Ramos Tavares
Carlos Ayres Britto
Carlos Mário da Silva Velloso
Carlos Pinto Coelho Motta (in memoriam)
Cármen Lúcia Antunes Rocha
Cesar Augusto Guimarães Pereira
Clovis Beznos
Cristiana Fortini
Dinorá Adelaide Musetti Grotti
Diogo de Figueiredo Moreira Neto
Egon Bockmann Moreira
Emerson Gabardo
Fabrício Motta
Fernando Rossi
Flávio Henrique Unes Pereira

Floriano de Azevedo Marques Neto
Gustavo Justino de Oliveira
Inês Virgínia Prado Soares
Jorge Ulisses Jacoby Fernandes
José Nilo de Castro (in memoriam)
Juarez Freitas
Lúcia Valle Figueiredo (in memoriam)
Luciano Ferraz
Lúcio Delfino
Marcia Carla Pereira Ribeiro
Márcio Cammarosano
Maria Sylvia Zanella Di Pietro
Ney José de Freitas
Oswaldo Othon de Pontes Saraiva Filho
Paulo Modesto
Romeu Felipe Bacellar Filho
Sérgio Guerra

Luís Cláudio Rodrigues Ferreira
Presidente e Editor

Coordenação editorial: Olga M. A. Sousa
Supervisão editorial: Marcelo Belico
Revisão: Alessandra Alves Valadares
Bibliotecário: Ricardo Neto – CRB 2752 – 6ª Região
Indexação: Paloma Fernandes Figueiredo Santos – CRB 2751 – 6ª Região
Capa, projeto gráfico: Walter Santos
Diagramação: Deborah Alves

Av. Afonso Pena, 2770 – 15º/16º andares – Funcionários – CEP 30130-007
Belo Horizonte – Minas Gerais – Tel.: (31) 2121.4900 / 2121.4949
www.editoraforum.com.br – editoraforum@editoraforum.com.br

L154r   Ladeira, Fernando de Oliveira Domingues

Regulação Estatal e assistência privada à saúde: liberdade de iniciativa e responsabilidade social na saúde suplementar / Fernando de Oliveira Domingues Ladeira ; prefácio de Zélia Luiza Pierdoná. Belo Horizonte : Fórum , 2012.

262 p.
ISBN 978-85-7700-579-6

1. Direito à saúde. 2. Direito econômico 3. Direito constitucional. I. Pierdoná, Zélia Luiza. II. Título.

CDD: 344.01
CDU: 34:614.2

Informação bibliográfica deste livro, conforme a NBR 6023:2002 da Associação Brasileira de Normas Técnicas (ABNT):

LADEIRA, Fernando de Oliveira Domingues. *Regulação Estatal e assistência privada à saúde*: liberdade de iniciativa e responsabilidade social na saúde suplementar. Belo Horizonte: Fórum, 2012. 262 p. ISBN 978-85-7700-579-6.

(...) todos os homens são dotados por natureza de grandes lentes de aumento (ou seja, as paixões e o amor de si), através das quais todo pequeno pagamento aparece como um imenso fardo; mas são destituídas daquelas lentes prospectivas (a saber, a ciência moral e civil) que permitem ver de longe as misérias que os ameaçam, e que sem pagamentos não podem ser evitadas.

(Thomas Hobbes)

À minha querida Fernanda, pela paciência.

Aos colegas de magistratura, pelos sonhos compartilhados.

Aos professores Zélia Luiza Pierdoná, José Carlos Francisco e José Marcos Lunardelli, pelos caminhos indicados.

SUMÁRIO

LISTA DE ABREVIATURAS 13

LISTA DE TABELAS 15

PREFÁCIO
Zélia Luiza Pierdoná 17

CAPÍTULO 1
INTRODUÇÃO 21

CAPÍTULO 2
ESTADO DEMOCRÁTICO DE DIREITO E A QUALIFICAÇÃO
DO ESTADO BRASILEIRO 27
2.1   A atuação do poder político na perspectiva do Estado
       Democrático de Direito 33

CAPÍTULO 3
A REGULAÇÃO ESTATAL COMO MECANISMO DE
ATUAÇÃO DO PODER PÚBLICO NO ESTADO DEMOCRÁTICO
DE DIREITO 39
3.1   Conceito de regulação estatal 39
3.2   A regulação estatal e as diversas formas de Estado 47
3.3   A regulação estatal na ordem contemporânea: peculiaridades e
       características 50

CAPÍTULO 4
A FUNÇÃO REGULAMENTAR NA PERSPECTIVA DO ESTADO
REGULADOR 55
4.1   Introdução 55
4.2   Diferenças da função regulamentar e função regulatória estatal 58
4.3   A função regulamentar e o princípio da legalidade 64
4.4   Função regulamentar e separação de poderes 65

CAPÍTULO 5
DIREITO À SAÚDE – OBJETO E CARACTERÍSTICAS 71
5.1   Definindo o objeto: a saúde 71
5.1.1 Saúde pública 73
5.2   A saúde como direito fundamental 77

CAPÍTULO 6
MERCADO DE SAÚDE PRIVADA – AS DEFICIÊNCIAS DO
MERCADO COMO JUSTIFICATIVA DA IMPRESCINDIBILIDADE
DA REGULAÇÃO ESTATAL 83
6.1 Considerações gerais sobre a ineficiência do sistema de mercado 83
6.2 A ausência dos pressupostos para funcionamento ideal do
sistema de mercado 86
6.2.1 Falha de mobilidade 88
6.2.2 Falha de transparência 88
6.2.3 Falha de estrutura: a concentração econômica 90
6.2.4 Falha de sinalização: as externalidades 91
6.2.5 Os bens coletivos 93
6.3 Mercado, consumidor e a regulação estatal 94
6.4 A responsabilidade social dos atores privados 102
6.5 O mercado de saúde privada 108
6.5.1 Demanda inelástica ao preço 111
6.5.2 Informações assimétricas 112
6.5.3 Falhas de mobilidade 113

CAPÍTULO 7
NATUREZA JURÍDICA DA ASSISTÊNCIA PRIVADA À SAÚDE
– ATIVIDADES ECONÔMICAS, SERVIÇOS PÚBLICOS OU
TERCEIRO GÊNERO? 117
7.1 Introdução 117
7.2 Breves anotações doutrinárias sobre a noção de serviços
públicos 124
7.3 Serviços públicos e a expansão dos fins do Estado 129
7.4 Serviços públicos privativos e não privativos 131
7.5 Os serviços de saúde 137

CAPÍTULO 8
A REGULAÇÃO E A ASSISTÊNCIA À SAÚDE 145
8.1 A regulação e a efetivação dos direitos sociais 145
8.2 Novos instrumentos de regulação: introdução ao tema agências
reguladoras 150
8.2.1 A legitimidade da atuação das agências reguladoras 151
8.2.2 A eficiência como lastro de constitucionalidade da atuação das
agências 156
8.2.3 Características das agências reguladoras 159
8.2.4 As principais agências reguladoras do setor de saúde 161
8.3 A regulação e as teorias da captura 163

CAPÍTULO 9
A ASSISTÊNCIA PRIVADA À SAÚDE – A SAÚDE
SUPLEMENTAR 169
9.1 Introdução 169

9.2	Histórico do desenvolvimento da saúde suplementar e sua regulação	177
9.3	Características do contrato de assistência privada à saúde (seguros-saúde e planos de saúde)	181
9.3.1	Espécies de contratos na saúde suplementar	186
9.3.2	Modalidades de operadoras de planos de saúde	188
9.3.3	Do regime ou tipo de contratação	189
9.3.4	A segmentação dos contratos de acordo com a Lei nº 9.656/98	190
9.3.5	Das exclusões de cobertura admitidas nos contratos	193
9.3.6	A carência	196
9.3.7	Lesões e doenças preexistentes	200
9.3.8	Rescisão unilateral do contrato	202
9.3.9	Contratos coletivos e a rescisão do contrato de trabalho	203
9.3.10	Aposentadoria	204
9.3.11	Reajuste das mensalidades	205
9.3.12	Dependentes	210
9.4	Controle das operadoras dos planos de saúde	213
9.5	Do ressarcimento ao SUS	216

CAPÍTULO 10
CONCLUSÃO 223

REFERÊNCIAS 231

ANEXO

ANÁLISE DOS SISTEMAS DE SERVIÇOS DE SAÚDE NO DIREITO
COMPARADO 241

1	Sistema de serviços de saúde na Argentina	243
2	Sistema de serviços de saúde em Portugal	246
3	O sistema de serviço de saúde nos Estados Unidos da América	251

ÍNDICE DE ASSUNTO 255

ÍNDICE DA LEGISLAÇÃO 259

ÍNDICE ONOMÁSTICO 261

LISTA DE ABREVIATURAS

ANS – Agência Nacional de Saúde Suplementar
Anvisa – Agência Nacional de Vigilância Sanitária
CADIN – Cadastro Informativo de Créditos não Quitados do Setor Público Federal
CF – Constituição da República Federativa do Brasil de 1988
CID – Classificação Estatística Internacional de Doenças e Problemas Relacionados com a Saúde
CNS – Conselho Nacional de Saúde
CNSP – Conselho Nacional de Seguros Privados
CONSU – Conselho Nacional de Saúde Suplementar
CREMERJ – Conselho Regional de Medicina do Rio de Janeiro
ERS – Entidade Reguladora da Saúde – Portugal
GRU – Guia de Recolhimento da União
IAP – Instituto de Aposentadoria e Pensões
ISP – Instituto de Seguros de Portugal
MP – Medida Provisória
OMS – Organização Mundial da Saúde
RN – Resolução Normativa da Agência Nacional de Saúde Suplementar
RDC – Resolução da Diretoria Colegiada da Agência Nacional de Saúde Suplementar
SAS-Desas – Departamento de Saúde Suplementar da Secretaria de Assistência à Saúde
SDE – Secretaria de Direito Econômico
SNS – Sistema Nacional de Saúde
STF – Supremo Tribunal Federal
STJ – Superior Tribunal de Justiça
SUS – Sistema Único de Saúde
SUSEP – Superintendência de Seguros Privados
TJSP – Tribunal de Justiça do Estado de São Paulo

LISTA DE TABELAS

TABELA 1 – Atendimentos identificados no Sistema de Internações Hospitalares do SUS (SIH/SUS) para beneficiários de planos privados de saúde, segundo especialidade – set. 1999 a dez. 2005 173

TABELA 2 – Beneficiários de planos de saúde, por cobertura assistencial (Brasil – 2003-2009) 174

TABELA 3 – Taxa de cobertura (%) de planos privados de saúde (Brasil – 2003-2009) 175

TABELA 4 – Internações no SUS de beneficiários por especialidade AIH – set. 1999 a dez. 2005 217

PREFÁCIO

A Constituição de 1988 estabeleceu um sistema de proteção social que designou seguridade social, o qual tem por objetivo assegurar os direitos relativos à saúde, à previdência e à assistência social. O *caput* do art. 194 da Constituição preceitua que as ações de seguridade social são de responsabilidade dos Poderes Públicos e da sociedade. Seu parágrafo único determina que compete ao Poder Público organizar a seguridade social, com base nos princípios elencados em seus incisos e no art. 195, *caput* e §5º.

No que tange à saúde, a atual Constituição, de forma diversa do ordenamento anterior, universalizou-a, estendendo o serviço público de saúde a toda a população e não mais apenas aos trabalhadores e seus dependentes.

Embora o art. 196 estabeleça que a saúde é direito de todos e dever do Estado, observa-se, pelo preceito do art. 194, que as ações de seguridade social são de responsabilidade também da sociedade. A referida diretriz, na área da saúde, está presente no art. 197, o qual dispõe que sua execução deve ser feita diretamente pelo Poder Público ou por meio de terceiros e também por pessoa física ou jurídica de direito privado. Este último dispositivo estabelece, ainda, que as ações e serviços de saúde são de relevância pública, cabendo ao Poder Público dispor sobre sua regulamentação, fiscalização e controle.

Ressalta-se que, dentre os princípios da seguridade social preceituados na Constituição, encontra-se a universalidade da cobertura e do atendimento (art. 194, parágrafo único, I). Em se tratando de saúde, isso significa que todos terão acesso (universalidade do atendimento) aos seus serviços e de forma integral (universalidade da cobertura).

Entretanto, o mencionado objetivo é um vir a ser. Isso é constatado pelo preceito do inciso III do mesmo dispositivo constitucional, que estabelece a seletividade e distributividade nas prestações dos benefícios e serviços. Assim, rumo à universalização da cobertura e do atendimento haverá a seletividade e distributividade.

É importante mencionar que mesmo que não houvesse previsão expressa da seletividade, em razão de o Brasil ser signatário do Pacto Internacional sobre Direitos Econômicos, Sociais e Culturais, o direito à saúde, assim como os demais direitos sociais, são de universalização e efetivação progressiva, conforme estabelece o item 1 do art. 2º do referido Pacto.

Assim, para a progressiva universalização e efetivação dos direitos relativos à saúde, o Poder Público deve organizá-la, regulamentando, fiscalizando e controlando as ações que serão desenvolvidas, tanto pelo próprio Poder Público, nas três esferas de governo, (em razão das disposições do art. 23, II), quanto pela sociedade, nos termos do art. 194, *caput* e art. 197, todos da Constituição.

É neste contexto que o livro, que ora se apresenta, revela-se de grande importância. Isso porque, como a Constituição dispõe, no art. 199, que a saúde é livre à iniciativa privada e, que o art. 197 determina, ao Poder Público, que a regulamente, fiscalize e controle, um trabalho acadêmico (dissertação de mestrado) que verse sobre a "Regulação Estatal e Assistência Privada à Saúde" deve transcender os muros da Universidade, pois certamente contribuirá para a efetivação das disposições constitucionais sobre a saúde.

A saúde suplementar, executada pela iniciativa privada, exige um cuidado maior na sua regulação, que o dispensado a outros serviços executados nas mesmas condições, uma vez que, nos termos do art. 197, as ações e serviços de saúde são de relevância pública. A mencionada qualificação exige, como muito bem ressaltado pelo autor, que se promova o equilíbrio entre a "liberdade de iniciativa e a responsabilidade social na saúde suplementar".

O autor, de forma precisa, ressalta que a atividade de regulação da saúde suplementar, feita pela respectiva agência reguladora, não invade a competência do Poder Legislativo. Ao contrário, os direitos sociais, que também podem ser designados "novos direitos" (tiveram sua expansão na segunda metade do século XX), exigem, além de uma flexibilidade maior, que a permitida na regulamentação pelo Poder Legislativo, uma especialidade que o referido Poder não possui.

O trabalho científico elaborado pelo autor (dissertação de mestrado) foi enriquecido pela sua experiência como Juiz de Direito no Estado de São Paulo. Nessa condição, tem julgado muitas ações relacionadas à efetivação do direito à saúde por meio dos planos privados de saúde, o que lhe exige análise das regulamentações expedidas pela Agência Nacional de Saúde Suplementar.

Dessa forma, o trabalho é fruto da teoria aliada à sua prática na magistratura, o que lhe garante uma análise diferenciada, daquela feita apenas por teóricos ou apenas por aplicadores do direito.

Tenho defendido, na condição de professora e orientadora de trabalhos acadêmicos no mestrado e no doutorado na área de direito (como o caso deste trabalho que ora se publica), que a Universidade deve contribuir para o aperfeiçoamento do direito e, com isso, das relações sociais.

É exatamente o que ocorre com o presente trabalho. Aliando a profunda pesquisa jurídica realizada para a elaboração de sua dissertação, com a experiência adquirida com a judicatura, o autor consegue, com sensibilidade impar, apontar e demonstrar a necessidade imprescindível do equilíbrio que deve existir, entre a liberdade de iniciativa e a responsabilidade de cada ator social, para a efetivação do direito à saúde. Isso porque, não se pode sobrepor interesses exclusivamente econômicos, em detrimento da efetivação do direito à saúde, ao mesmo tempo em que não se pode desconsiderar que a saúde privada suplementar rege-se pelos princípios da iniciativa privada.

O citado equilíbrio tem sido ressaltado pelo autor, não somente no presente trabalho, como também em sua participação do Grupo de Pesquisa "Inclusão e seguridade social", por mim coordenado na Universidade Presbiteriana Mackenzie.

Enfim, o livro, ora apresentado, não é apenas um trabalho acadêmico: é uma contribuição efetiva aos aplicadores do direito, em especial aqueles que militam na área dos direitos sociais regulados pelo Poder Público.

Zélia Luiza Pierdoná
Doutora em Direito do Estado pela PUC-SP. Mestre em direito das Relações Sociais pela PUC-SP. Professora da Graduação e da Pós-graduação da Universidade Presbiteriana Mackenzie. Procuradora Regional da República. Realizou estágio pós-doutoral na Universidade Complutense de Madri.

CAPÍTULO 1

INTRODUÇÃO

O objetivo do presente trabalho se prende a uma análise da regulação estatal da saúde suplementar, procurando relacioná-la com a natureza do Estado de Direito brasileiro, pois a atuação do Estado sobre os agentes econômicos que exercem a assistência privada à saúde evidencia limites ao seu poder econômico, pois conforma sua autonomia aos ditames constitucionais.

Dessa forma, será buscada uma análise histórica perpassando pelo Estado liberal até o Estado social, incluindo uma verificação sobre a evolução dos Direitos Humanos nesses Estados, assim como uma vinculação da noção de Estado à própria evolução do capitalismo.

Com efeito, verifica-se uma coincidência temporal entre ascensão da burguesia e o desenvolvimento da noção de Estado moderno, cuja característica é a limitação do poder do monarca absoluto por meio de doutrinas de separação de poder.

A ascensão dessa burguesia e da economia capitalista se desenvolveu em estrita vinculação com o poder político. Não houve apenas uma evolução natural do sistema econômico capitalista por meio da retenção dos poderes do monarca, mas de fato ocorreu estrita vinculação do poder político[1] com o desenvolvimento do capitalismo e essa relação

---

[1] Nesse sentido, o artigo de Jorge Fiori ao fazer uma abordagem da doutrina de Braudel e Wallerstein estabelece que esses autores "se propõe estudar, exatamente, a história da expansão do sistema mundial e da constituição da economia de mercado e do capitalismo internacional" e citando Fernand Braudel conclui que "o capitalismo só triunfa quando se identifica com o Estado, quando é o Estado". Continua o autor afirmando que "Braudel revolucionou a leitura da história econômica ao privilegiar o tempo longo e estrutural no estudo da constituição dos mercados e da economia-mundo/capitalista, em torno do Mediterrâneo, a partir do século XIII. Sua visão dos tempos históricos e, sobretudo, da longa duração das estruturas econômicas, e sua definição do capitalismo, oposta à da economia

estreita gerou o surgimento de alguns direitos humanos, notadamente direitos de defesa contra o papel do Estado, sendo vinculados aos interesses da burguesia.

O papel do Estado, portanto, a despeito da vinculação com o desenvolvimento do capital, buscava notadamente garantir a liberdade econômica, tanto por meio de vedações às mais diversas corporações de ofício existentes durante a Idade Média, como por meio de medidas que geraram a migração dos trabalhadores do campo para cidade, um exército industrial de reserva que permitiu a oferta de mão de obra que favoreceu a evolução para o capitalismo industrial.

Os direitos sociais não tiveram lugar nessa sociedade liberal e sua inserção nas diversas legislações se deu de forma lenta e cruenta por meio de lutas operárias e camponesas, surgindo de forma incipiente, inicialmente mediante limitações à jornada de trabalho e direitos de associação sindical.

Após a Segunda Guerra Mundial que efetivamente ocorre consolidação dos direitos sociais como direitos fundamentais e, no Brasil, a Constituição Federal de 1988 é emblemática por apresentar ampla gama de direitos sociais.

Altera-se, nesse contexto, a figura do Estado que passa a assumir um papel ativo na sociedade, no sentido de exercer atividades de caráter prestacional que objetivem assegurar direitos.

Em meio à evolução dos direitos sociais, surge o conceito de Estado social e a inserção do Estado brasileiro nesse contexto deve marcar a leitura de seus institutos, dentre os quais a prestação de assistência privada à saúde.

De fato, conquanto se imponha ao Estado maior responsabilidade na efetivação dos direitos sociais, não há como se olvidar que inúmeros agentes privados igualmente desempenham atividades relacionadas aos direitos sociais, como prestadores privados de assistência à saúde.

Não existe, como se observa, na realidade fática da sociedade brasileira, um sistema adequado de autorregulação privada da saúde que justifique a inércia e a omissão estatal na intervenção e ordenação da prestação privada dessas atividades.

---

de mercado, como espaço dos 'grandes predadores' associados ao poder político, abriram as portas da modernidade" (FIORI, Jorge Luis. Sistema mundial: império e pauperização para retomar o pensamento crítico Latino-Americano. *In*: FIORI, Jorge Luis; MEDEIROS, Carlos (Org.). *Polarização mundial e crescimento*. Petrópolis: Vozes, 2001. p. 52-53).

Pelo contrário, o sistema de autorregulação é deficiente e na medida em que os consumidores dos serviços privados de saúde não dispõem de força econômica, nem política, para permitir uma equação justa da distribuição das obrigações entre o agente estatal e os consumidores privados, justifica-se uma intervenção estatal para garantir a maior eficiência da prestação do serviço e, por consequência, evitar que os direitos dos usuários, consumidores, sejam violados pelos detentores do poder econômico que, na hipótese, são agentes que atuam na prestação da saúde suplementar.

Conforme será desenvolvido neste trabalho, o Estado brasileiro apresenta finalidades a serem atingidas, as quais não geram obrigações apenas aos agentes estatais. Na medida em que se busca, a partir da Carta Constitucional, uma conformação de toda a sociedade a seus ditames, não é bastante em si uma atuação dos agentes públicos se não houver a coparticipação dos atores privados.

Quer com isso afirmar que existe uma responsabilidade social a ser observada pelos agentes privados, no sentido de que sua atuação deve assegurar um desenvolvimento social justo e solidário e, portanto, não se verifica em nenhuma atividade privada a liberdade irrestrita de iniciativa, pois esta só se justifica na medida em que assume um compromisso de assegurar a justiça social.

No que se refere aos serviços de saúde, a vinculação da efetivação da justiça social como limitadora da liberdade de atuação dos agentes privados é intensificada, na medida em que essas atividades encontram-se submetidas aos princípios da seguridade social e, portanto, impõe-se estrita observância aos princípios de solidariedade próprios da seguridade social que, como consequência prática, implicam maiores limitações às atuações privadas nesse mercado, cujo funcionamento como sistema de autorreprodução automática do capital,[2] inclusive, demanda comprovação.

O mercado, como sistema de liberdade de iniciativa e oferta, pressupõe a possibilidade de trânsito do consumidor de um fornecedor a outro como mecanismo de autorregulação de preços, mas em se tratando de assistência à saúde essa sistemática não se verifica, haja vista a presença de características econômicas específicas, como a inelasticidade da demanda, a existência de informações assimétricas e falhas de mecanismo, às quais se somam as limitações decorrentes da

---

[2] HADDAD, Fernando. *O sistema soviético*: relato de uma polêmica. São Paulo: Scritta, 1992. p. 127.

tecnologia, a baixa mobilidade dos fatores de produção e os custos de transação, fatores que implicam a inevitabilidade da existência de custos crescentes dessas operações.[3] Portanto, importa reconhecer que a intervenção regulatória do Estado nesse mercado mostra-se imperativa sob pena de violações crescentes aos direitos dos consumidores usuários.

A assistência à saúde, outrossim, conquanto seja livre à iniciativa privada, tem relevância pública estabelecida constitucionalmente, o que implica o reconhecimento de se tratar de área econômica de sensibilidade diversa das demais atividades econômicas, ante a importância dos direitos envolvidos, justificando especial atenção do Estado, notadamente ante suas deficiências estruturais impeditivas do equilíbrio da oferta e procura dos produtos, em especial a assimetria de informações entre consumidores e fornecedores, o que permite abusos aos direitos dos consumidores.

No âmbito da assistência privada à saúde, inclusive, destaca-se o aumento do número de usuários de planos de saúde, ou seja, uma migração dos usuários do sistema público de saúde para o sistema privado, condição observada no Brasil de forma intensa a partir dos anos oitenta, justificando especial atenção estatal para a relação consumidor e fornecedor de serviços privados de saúde.

Indispensável ao Estado, no exercício do controle e fiscalização das atividades privadas de elevada complexidade técnica, como a saúde, a agilidade e a especialização de seus órgãos, pois a regulação deve apresentar-se como um sistema de anteparo, evitando violação de direitos.

Com a busca da agilidade nas intervenções estatais sobre os serviços privados de saúde torna necessária uma releitura das funções dos Poderes estatais, pois se constata uma prevalência do papel do Poder Executivo no exercício das atividades regulatórias, notadamente diante da atuação de agências reguladoras, órgãos estatais independentes que desempenham relevante incumbência no controle e na fiscalização desse setor.

Essa constatação fática da ampliação das atividades regulatórias exercidas pelo Poder Executivo não deve ser entendida como a morte do princípio da separação dos poderes, sendo possível a harmonização dessa realidade fática com o princípio em questão, a partir do redesenho

---

[3] OCKÉ-REIS, Carlos Octávio; ANDREAZZI, Maria de Fátima Siliansky de; SILVEIRA, Fernando Gaige. O mercado de planos de saúde no Brasil: uma criação do Estado?. *Revista de Economia Contemporânea*, Rio de Janeiro, v. 10, n. 1, p. 157-185, jan./abr. 2006. p. 161.

das funções de cada um dos Poderes, reconhecendo-se e mantendo-se a distinção de funções a eles inerentes.

Em suma, a atuação estatal mediante a regulação das atividades privadas de assistência à saúde surge como instrumento de efetivação do direito à saúde e da justiça social, sendo imperativo para o atendimento desses desideratos o fortalecimento das instituições estatais de controle e fiscalização das atividades privadas, sendo esta a única alternativa para imprimir a consolidação dos objetivos de construção de uma sociedade livre, justa e solidária.

CAPÍTULO 2

ESTADO DEMOCRÁTICO DE DIREITO E A QUALIFICAÇÃO DO ESTADO BRASILEIRO

O Estado de Direito nos moldes liberais clássicos, conquanto fundado sob o império da lei, não assegura a participação popular na coisa pública e não possui compromisso com a igualdade material.

Em contraposição, surge a ideia de Estado social, pela incorporação de direitos sociais com o postulado de superação das desigualdades sociais, sem, contudo, ampliar a participação popular no destino do Estado como historicamente demonstrou-se.

Mister, portanto, verificar qual o conceito do Estado brasileiro que, por determinação normativa contida no artigo 1º da Constituição Federal, se denomina como um Estado Democrático de Direito.[4]

Não deve ser entendido o Estado Democrático de Direito como uma simples simbiose entre um Estado de Direito, adicionando a existência do sufrágio universal e participação democrática.

Na realidade, o conceito de Estado Democrático de Direito deve ser entendido como um conceito novo, no qual, além dos elementos componentes do Estado social e do Estado de Direito, apresenta o componente da alteração das estruturas sociais ou, como afirma José Afonso da Silva, "um componente revolucionário de transformação do *status quo*".[5]

---

[4] Alguns autores valem-se da denominação Estado social de Direito para caracterizar o Estado brasileiro, mas por coerência à denominação apresentada pela Constituição Federal será adotada a denominação de Estado Democrático de Direito, sem que existam entre esses conceitos distinções que justifiquem a utilização de um ou de outro.

[5] SILVA, José Afonso da. *Curso de direito constitucional positivo*. 28. ed. São Paulo: Malheiros, 2007. p. 119

Portanto, ínsito no conceito de Estado Democrático de Direito a ideia de construção de uma sociedade livre justa e solidária (artigo 3º da Constituição Federal), a partir da participação do povo, diretamente ou através de representantes eleitos democraticamente (artigo 1º, parágrafo único, da Constituição Federal), pluralista no sentido de conviver no seio da sociedade ideias conflitantes, imantado pelo princípio da dignidade da pessoa humana.

As Constituições de referidos Estados, para além da mera organização administrativa, apresentam profunda incorporação de valores, além de prioridades e objetivos públicos a serem atingidos com o escopo de assegurar a justiça social.

Essa conotação do Estado retira-lhe o caráter de um fim em si mesmo para apresentar um caráter humanista e modificador das estruturas sociais, configurando-se como um meio para o bem-estar do homem.[6]

No Estado Democrático de Direito, mediante a incorporação de valores na Constituição, imantados pelo princípio da dignidade humana,[7] ganha relevo a consideração de que a valorização do ser humano em si mesmo passa ser o fundamento último a ser atingido pelo Estado.

Portanto, o Estado Democrático de Direito, pela incorporação de valores e determinação de fins, não descura da legalidade, haja vista ser esse seu fundamento, mas incorpora, dentro das finalidades da lei, um papel transformador de realidades sociais e econômicas.

Isto é, o Estado pretende não só garantir direitos sociais e liberdades individuais, mas assegurar sua consecução por meio da transformação social, apresentando, a partir dessa conotação, não mais um papel passivo de mero espectador da realidade cujas intervenções se limitem a evitar violações de direitos individuais.

Pelo contrário, prende-se, ao papel do Estado, a incorporação da ideia de ser agente transformador da sociedade, associa-se ao seu conceito, portanto, a figura de direção da sociedade e não por outra razão também se qualifica a carta política dessa forma de Estado como constituição dirigente, como quer Canotilho, segundo o qual:

---

[6] BARCELLOS, Ana Paula de. *A eficácia dos princípios constitucionais*. 2. ed. Rio de Janeiro: Renovar, 2008. p. 29.

[7] Configura-se a dignidade da pessoa humana, nas palavras de Ana Paula de Barcellos, num axioma ontológico e num comando jurídico, *i.e.*, "as pessoas têm uma dignidade ontológica e devem ter condições de existência compatíveis com essa dignidade, aí se incluindo a liberdade de se desenvolverem como indivíduos, a possibilidade de participarem das deliberações coletivas, bem como condições materiais que as livre da indignidade (...). E assim deve ser não apenas porque isso é desejável, justo e bom, mas porque a Constituição, centro do sistema jurídico, norma fundamental e superior, assim determina" (*Ibid.*, p. 29-30).

a programática de uma constituição dirigente, democraticamente fixada e compromissoriamente aceita, aspira tornar-se a dimensão visível de um projeto de justo comum e de direcção justa. (...) A compreensão material de constituição passa, assim, pela "materialização" dos fins e tarefas constitucionais.[8]

De acordo com o autor português, portanto, o Estado Democrático de Direito[9] não se apresenta como um Estado de Direito formal "reduzido a simples ordem de 'organização' e de 'processos' e visa 'legitimar-se' como um 'Estado de justiça (social)', histórico-concretamente realizável (e não simplesmente como Estado de razão ou de direito abstracto)". Portanto, para Canotilho,

> (...) o problema da constituição dirigente surge, pois, como um problema de legitimação: a conformação social, a distribuição de bens e a direcção do processo econômico deslocam a questão da legitimidade da ordem constitucional e da validade do direito constitucional para o campo da legitimação do 'capitalismo tardio', do 'reformismo' e do 'socialismo', vindo, assim, a entroncar nos debater sobre o Estado e a 'produção da sociedade'.[10] [11]

---

[8] CANOTILHO, J. J. Gomes. *Constituição dirigente e vinculação do legislador*: contributo para a compreensão das normas constitucionais programáticas. 2. ed. Coimbra: Coimbra Ed., 2001. p. 22-23.

[9] O autor usa a denominação Estado Constitucional de Direito, mas como adotado neste texto o termo Estado Democrático de Direito que possui o mesmo sentido da expressão dada pelo autor para efeitos de estilo manteve-se a expressão com a qual iniciamos a exposição.

[10] CANOTILHO, *op. cit.*, p. 24.

[11] Alguns doutrinadores têm sustentado que houve mudança de posicionamento jurídico por parte de Canotilho no tocante à sua teoria da constituição dirigente. Contudo, não houve a mudança de posicionamento jurídico por parte do constitucionalista português que não deixou de sustentar a capacidade da constituição como norma diretora, apenas pode-se observar em suas manifestações e obras mais recentes a atualização de sua doutrina para enfrentamento da sociedade complexa, com o reconhecimento de outros setores que também imprimem direção à sociedade, mas mantendo a centralidade do direito para a direção da sociedade. Para tanto, transcrevo excertos de obra do próprio Canotilho, publicada em 2008: "A Constituição pode ter deixado de ser uma norma dirigente, mas, não está demonstrado que não tenha capacidade para ser uma norma directora. Mesmo tendo em conta as críticas dirigidas contra o normativismo constitucional (...), *cremos que o direito continua a ser um instrumento fiável e incontornável de comando numa sociedade. (...) [E]ntendemos que é possível manter tendencialmente a idéia de direcção: comando dirigido à conformação, regulação, alteração intencional e finalística de situações políticas, econômicas, sociais e culturais, através dos instrumentos jurídicos.* À semelhança das teorias sistêmicas, a direcção não deve conceber-se como ordem autocrática do Estado soberano juridicamente imposta, antes deve compreender esquemas múltiplos de mecanismos accionados por vários actores sociais. (...) O conceito de direcção é, assim, um conceito analítico que engloba vários meios de direcção ao lado do direito (mercado, finanças, organizações*). Daí que seja importante salientar a centralidade directora do direito num Estado de direito democrático, mas não a sua exclusividade, impondo-se mesma a conjugação de vários instrumentos de direcção para se*

Como afirma José Afonso da Silva, "a tarefa fundamental do Estado Democrático de Direito consiste em superar as desigualdades sociais e regionais e instaurar um regime democrático que realize a justiça social".[12]

O Estado Democrático de Direito, portanto, representa uma evolução do conceito do Estado liberal, pois o Poder Público assume a figura de instrumento de superação das opressões sociais e isso implica a ampliação de sua capacidade de intervenção na vida socioeconômica.

Esse processo evolutivo do Estado com aumento de sua atuação na vida econômico-social caracteriza o que José Afonso da Silva denomina como um processo de democratização sucessiva, na medida em que o conceito de democracia, como simples sufrágio universal e participação comunitária na formação na vontade geral, desnuda-se no conceito de democracia social que acarreta, também, uma crescente participação da vontade popular na vida econômica do país, com subsequente diminuição da esfera individual em proveito do coletivo.[13]

Nítida, portanto, na Constituição Federal de 1988, a superação do liberalismo clássico, na medida em que se ampliou o papel do Estado, objetivando efetivação de valores sociais que implicam, por que não dizer, profundas transformações sociais e realçam a necessidade de ampliação da presença do Estado na vida socioeconômica, como modo de evitar abusos de poder econômico e garantir a eficiência do sistema de mercado sempre tendo em atenção a busca da justiça social.

Incorpora, portanto, o Estado Democrático de Direito brasileiro um conjunto de princípios econômico-sociais que constituem o conteúdo social da Constituição, de onde vem o conceito de "constituição dirigente" já mencionado.

Caracteriza-se a Constituição Federal brasileira de 1988 como modelo de constituição dirigente, na medida em que "define fins e programas de ação futura no sentido de uma orientação social democrática".[14]

O Estado brasileiro, portanto, incorpora na Constituição direitos sociais, assim como apresenta a perspectiva de busca da justiça social, conforme se observa nos princípios fundamentais do Estado brasileiro.[15]

---

obterem os fins desejados." (CANOTILHO, J. J. Gomes. *Estudos sobre direito constitucional*. São Paulo: Revista dos Tribunais; Coimbra: Coimbra Ed., 2008. p. 257-258, grifos nossos).

[12] SILVA, 2007, p. 122.

[13] SILVA, José Afonso da. *Aplicabilidade das normas constitucionais*. 7. ed. São Paulo: Malheiros, 2008. p. 136.

[14] SILVA, 2008, p. 136-137.

[15] "Nunca deve ficar deslembrado que a Constituição do Estado social na democracia é a Constituição do conflito, dos conteúdos dinâmicos, do pluralismo, da tensão sempre

Trata-se, assim, de um Estado que se afasta do modelo simplesmente liberal, haja vista que não se apresenta como um Estado exclusivamente absenteísta, ou seja, um Estado que objetive simplesmente assegurar direitos e garantias individuais por meio de postura negativa de deliberada omissão diante das relações privadas.

O Estado liberal se propõe a interferir de forma mínima na sociedade, apenas atuando para obstar a violação aos direitos individuais e, portanto, se afigura simplesmente como um Estado mínimo, ou também denominado "Estado de polícia".

O Estado brasileiro, de forma diversa, não se propõe mínimo e simplesmente assegurador de direitos individuais, pelo contrário, a organização estatal deve apresentar-se com os objetivos claros, expressos no artigo 3º da Constituição Federal, de construção de uma sociedade livre, justa e solidária, garantidora do desenvolvimento nacional e da erradicação da pobreza e promotora do bem comum.

A análise dos objetivos anteriormente mencionados, de forma inconteste, indica que o molde do Estado brasileiro é nitidamente intervencionista. Não incumbe ao Poder Público apenas assegurar os direitos por meio de uma postura negativa.

Pelo contrário, o Estado brasileiro deve apresentar-se como um indutor da modificação das estruturas sociais com o escopo inconteste de assegurar a justiça social.

Aproxima-se, assim, da noção de Estado social, pois a incorporação de direitos sociais visa assegurar a igualdade material por meio de proposições de políticas públicas que assegurem o desenvolvimento social.[16]

---

renovada entre a igualdade e a liberdade; por isso mesmo, a Constituição dos direitos sociais básicos, das normas programáticas, ao contrário, portanto, da Constituição do Estado liberal, que pretendia ser a Constituição do repouso, do formalismo, da harmonia, da rígida separação de poderes, do divórcio entre o Estado e a Sociedade" (BONAVIDES, Paulo. *Curso de direito constitucional*. 25. ed. São Paulo: Malheiros, 2010. p. 380-381).

[16] Conforme salienta Bonavides, a "Constituição de 1988 é basicamente em muitas de suas dimensões essenciais uma Constituição do Estado social. (...) Uma coisa é a Constituição do Estado liberal, outra a Constituição do Estado social. A primeira é uma Constituição antigoverno e anti-Estado; a segunda uma Constituição de valores refratários ao individualismo no Direito e ao absolutismo no Poder". De acordo com o autor, no Estado social o princípio da igualdade traduz-se na "medula axiológica" do Constituição, traduzindo de certa maneira a própria essência deste Estado. Nas palavras de Bonavides, "o Estado social é enfim Estado produtor de igualdade fática. Trata-se de um conceito que deve iluminar sempre toda a hermenêutica constitucional, em se tratando de estabelecer equivalência de direito. Obriga o Estado, se for o caso, a prestações positivas; a prover meios, se necessário, para concretizar comandos normativos de isonomia. Noutro lugar já escrevemos que a isonomia fática é o grau mais alto e talvez mais justo e refinado a que pode subir o princípio da igualdade numa estrutura normativa de direito positivo. (...) A igualdade não revogou a liberdade, mas a liberdade sem a igualdade é valor vulnerável.

Ocorre que o Estado social, a despeito da incorporação dos direitos sociais, não se apresenta necessariamente como portador de um regime democrático.

De fato, existem inúmeros exemplos históricos, como o Estado cubano ou soviético, que se apresentam como Estados sociais, mas não possuem caráter democrático no sentido de assegurar sufrágio ativo e passivo e alternância de poder.

O Estado brasileiro, ao contrário, adota o regime democrático, como evidencia o preâmbulo da Constituição Federal e o artigo 1º, parágrafo único, da Constituição Federal.

Portanto, além da incorporação de direitos sociais na Constituição Federal brasileira, também existe o compromisso com a democracia, o que justifica a adoção da adjetivação democrática ao lado de Estado para evidenciar essa condição.

Por essa razão, José Afonso da Silva[17] denomina o Estado brasileiro como Estado Democrático de Direito e ao assim fazer deixa clara a proposição de se tratar de um Estado que deve se propor a condutas dinâmicas de indução de modificações na estrutura social, alterando-se o *status quo*, com o fito de diminuir as desigualdades sociais.[18]

Logo, nitidamente afasta-se do conceito de Estado liberal, sendo esta a dicção que se extrai dos artigos: 1º, incisos III e IV; 3º, inciso I; e 170; todos da Constituição Federal, nos quais se finca como fundamento e objetivo do Estado a busca da justiça social.

Ao mesmo tempo em que se reconhece como princípio a liberdade de iniciativa (artigo 1º, inciso IV, da Constituição Federal), coloca-se como balizador dessa liberdade a necessidade de valorização do trabalho humano.

Em última análise, o que aconteceu foi a passagem da liberdade jurídica para a liberdade real, do mesmo modo que da igualdade abstrata se intenta passar para a igualdade fática" (BONAVIDES, 2010, p. 371-378).

[17] SILVA, 2007, p. 119-120.

[18] Conforme preconiza Luiz Edson Fachin, "o direito é instrumento para uma racionalidade que o antecede: a que enfatiza a necessidade de servir à produção e reprodução da vida e dignidade. Antecede o jurídico uma dimensão ética, a ele indissociável, que lhe dá fundamento". Prossegue o autor afirmando que não há como deixar de reconhecer limite de factibilidade para reconhecer o direito como agente capaz de por si superar os problemas de negação da dignidade da pessoa humana, não obstante, "há que se ter em conta que, no campo da atuação do jurídico, emerge espaço para ações que, dialeticamente, possam alterar, pontual e continuamente, essas mesmas condições concretas de factibilidade. A capitulação de um modelo de direito excludente, meramente reprodutivo de uma racionalidade sistêmica excludente é, por certo, a pior das alternativas" (FACHIN, Luiz Edson. Constituição e relações privadas: questão de efetividade no tríplice vértice entre o texto e o contexto. *In*: OLIVEIRA NETO, Francisco José Rodrigues *et al*. *Constituição e Estado Social*: os obstáculos à concretização da Constituição. São Paulo: Revista dos Tribunais; Coimbra: Coimbra Ed., 2008. p. 254).

A liberdade de iniciativa, nos moldes da Constituição brasileira, portanto, não pode ser entendida apenas como uma permissão irrestrita de desempenho de qualquer atividade não vedada pelo ordenamento jurídico, e com o mínimo de interferência estatal.

Pelo contrário, ao estabelecer a necessidade de valorização do trabalho humano, não se está apenas assegurando ao trabalhador com vínculos empregatícios um mínimo de condições sociais consubstanciadas em direitos sociais de defesa para que sejam evitadas as deprimentes condições a que se sujeitou no curso da Revolução Industrial, período em que não possuía qualquer proteção estatal e, por consequência, era submetido a condições degradantes com proibições de toda sorte para reivindicação de direitos.

O trabalho humano, no sentido expresso no artigo 1º, inciso IV, e no *caput* do artigo 170, ambos da Constituição Federal, deve ser entendido no sentido genérico da atividade humana, seja ela qual for e, assim, o imperativo de sua valorização se aproxima do conceito de preservação da dignidade da pessoa humana.

Torna-se imprescindível que o desempenho de qualquer atividade econômica assegure a possibilidade de pleno desenvolvimento social do indivíduo, ou seja, a ordem econômica deve assegurar ao indivíduo a possibilidade de evolução de todas as suas potencialidades.

Não há, portanto, possibilidade de se admitir que a liberdade de iniciativa justifique e autorize a implementação de qualquer atividade econômica adstrita a qualquer interferência do Estado, da mesma forma não é possível ao Estado brasileiro portar-se diante da ordem econômica de forma simplesmente omissiva.

Na busca da dignidade da pessoa humana, surge para o Estado o dever de atuar na ordem econômica com o escopo transformador de buscar o implemento da justiça social, o "Estado aparece doravante como aliado, o protetor dos novos valores, ao passo a Sociedade figura como o reino da injustiça, o estuário das desigualdades".[19]

Imperativa, portanto, a confluência da atuação estatal coordenada com as forças econômicas para a erradicação da pobreza e das desigualdades sociais e regionais.

2.1 A atuação do poder político na perspectiva do Estado Democrático de Direito

Sempre foi proposto que o sistema econômico liberal haveria de se desenvolver sem qualquer interferência estatal, ou seja, a vulgata

---

[19] BONAVIDES, 2010, p. 380.

do liberalismo sempre divulgou que o mercado é o único instrumento regulador da sociedade e o poder político deve abster-se de interferir nessa seara.

Ocorre que cientistas sociais, como Braudel, evidenciaram que em todo o desenvolvimento do capitalismo houve plena relação entre o poder político e o poder econômico; conforme assinala o autor, "não nos deixemos enganar, Estado e Capital, ou pelo menos um certo capital, o das grandes firmas e dos monopólios, formam um bom casal e este último, sob nossos olhos, sai-se muito bem".[20]

O próprio desenvolvimento do capitalismo só foi possível na medida em que a burguesia fortaleceu o poder imperial com o objetivo de unificação territorial e superação do poder dos senhores feudais.

Após o fortalecimento do poder do monarca e diante da simbiose do monarca com o próprio Estado houve a implementação de condições para o desenvolvimento do capitalismo. Por parte do monarca, o interesse em fortalecer a burguesia visava à redução do poder das autoridades locais, de tal sorte que havia nítida reciprocidade de interesses e clara relação do poder político com o econômico no período.

Posteriormente, com a evolução do conceito de Estado e a superação do poder absoluto do monarca pelo reconhecimento de direitos individuais e fortalecimento do Parlamento, a burguesia foi lentamente galgando passos na assunção direta do poder político e por meio desse processo histórico foi possível o desenvolvimento de toda uma gama de direitos individuais e de liberdades formais que permitiram o implemento do capitalismo, pois solapou os antigos vínculos de dependência que existiam na sociedade em razão das relações estamentais e de classe.

Sob o manto da igualdade formal, portanto, criou-se a perspectiva ilusória de inexistência de distinções entre as pessoas. Todavia, a ausência de dominação dos meios de produção e a necessidade da busca da sobrevivência criaram para os trabalhadores, não detentores do poder econômico, um novo vínculo de dependência que apenas se distinguia do anterior por força da opacidade na análise da realidade decorrente da igualdade formalmente estabelecida.

Foi, portanto, o vínculo do poder político com o poder econômico que assegurou o desenvolvimento do capitalismo, de tal sorte que existe plena imbricação do Estado, visto como poder político, com

---

[20] BRAUDEL, Fernand. *Civilização material, economia e capitalismo*: séculos XV-XXVIII: o tempo no mundo. Tradução de Telma Costa. 2. ed. São Paulo: WMF Martins Fontes, 2009. p. 579.

o mercado, inexistindo e sendo falaciosa qualquer proposta de plena abstenção estatal.

Nas palavras de Braudel:

> Ao Estado deixou, como outrora, as tarefas pouco remuneradoras ou demasiado dispendiosas: a infra-estrutura das estradas, das comunicações, o exército, os prodigiosos encargos do ensino e da pesquisa. Deixou-lhe também os cuidados de higiene pública, uma boa parte do peso da Seguridade Social. Sobretudo, [o Capital] vive sem constrangimento das complacências, isenções, auxílios e liberalidades do Estado, máquina de coletar enormes fluxos de dinheiro que chegam a ela e que ela redistribui, máquina de gastar mais do que recebe e, portanto, de contrair empréstimos. O capital nunca vai muito longe dessa fonte ressurgente. 'Contrariamente ao mito de uma vocação empreendedora que caracterizaria o setor privado e encontraria na ação governamental um obstáculo ao seu dinamismo, o capitalismo tardio [o de hoje; também se diz capitalismo maduro] encontra na gama das ações particulares do Estado, o meio de garantir a sobrevivência de todo o sistema', evidentemente, o sistema chamado capitalista.[21]

Mesmo no Estado de moldes liberais houve vinculação do poder econômico com o poder político, mas desde que essa vinculação objetivasse assegurar o desenvolvimento pleno da economia capitalista e não interferisse na dominação dos meios de produção, inexistiam quaisquer objeções oriundas das classes sociais economicamente dominantes.

Na verdade, nem mesmo procurou-se esclarecer a existência dessa vinculação, por meio da criação artificiosa, mas que se incorporou no senso comum, de que a economia de mercado se desenvolve por si só.

É sociologicamente demonstrável a existência de relação do poder econômico com o poder político e nítidas as intervenções estatais na ordem econômica para fomentar o desenvolvimento dessa forma de poder.

As críticas às intervenções estatais só surgem quando se objetiva garantir a implementação dos direitos sociais, o que demonstra a proposição de que a intervenção, na visão liberal, só é válida e se justifica como fomento do mercado não assegurando, em última análise, a igualdade material.

Percebe-se, portanto, que apenas diante de um Estado social que objetiva assegurar a efetivação de direitos sociais com a finalidade de atingir a justiça social é que se elevam as vozes daqueles que consideram inadmissível a intervenção estatal na economia.

---

[21] BRAUDEL, *op. cit.*, p. 579.

A economia de mercado nunca obstou a intervenção estatal e a história está demonstrando a veracidade da ilação, mas os protestos contra a intervenção estatal no mercado, em um Estado de caráter social, decorrem da circunstância de que, nessa hipótese, não serão apenas os interesses do poder econômico assegurados.[22]

Ou seja, desde que a intervenção estatal favoreça o poder econômico ela será bem-vinda e até incentivada, *e.g.*, por meio de incentivos fiscais, isenções, concessões de uso para instalação de empresas, construções de portos e estradas.

Ocorre que, a partir do momento em que a intervenção estatal implicar restrições ao poder econômico com o objetivo de assegurar a justiça social, surge a grita pela inconstitucionalidade da atuação estatal.

Inexiste óbice para referida atuação do Estado brasileiro na ordem econômica para fins de assegurar a igualdade material dos indivíduos e isso resta claro no artigo 1º, inciso IV, e no *caput* do artigo 170, ambos da Constituição Federal, que explicitamente vinculam a liberdade de iniciativa com a valorização do trabalho humano.

Do mesmo modo, a dicção a ser dada ao dispositivo acima indicado justifica a interpretação de que o destinatário da norma não é apenas o Poder Público, mas também a esfera privada.

As atuações privadas dentro do Estado brasileiro, portanto, não se justificam e não se afiguram como constitucionais se não tiverem o escopo de assegurar a justiça social.

---

[22] Conforme lição de Jacinto Nelson de Miranda Coutinho, "o mercado deve antes considerar-se, como o Estado, uma instituição social, um produto da história, uma criação histórica da humanidade (correspondente a determinadas circunstâncias econômicas, sociais, políticas e ideológicas), que veio a servir (e serve) os interesses de uns (mas não o interesse de todos), uma instituição política destinada a regular e manter determinadas estruturas de poder que assegurem a prevalência dos interesses de certos grupos sociais sobre os interesses de outros grupos sociais. Segundo este outro ponto de vista, o mercado e o estado são ambos instituições sociais ('longe de serem naturais', os mercados são políticos' — David Miliband), que não só coexistem como são interdependentes, constituindo-se e reformando-se um ao outro no processo da sua inter-acção. (...) À luz do que fica dito, resulta que a defesa do mercado como mecanismo de regulação automática da economia, por oposição à intervenção do estado neste domínio e com este objectivo, não representa apenas um ponto de vista técnico sobre um problema técnico. A defesa do mercado é a defesa de uma certa concepção de mundo, expressa na doutrina liberal, que vê no mercado uma instituição natural, autônoma, soberana, capaz de uma arbitragem neutral dos conflitos de interesses, uma instituição que — nas palavras de Hayek — 'não pode ser justa nem injusta, porque os resultados não são planeados nem previstos e dependem de uma multidão de circunstâncias que não são conhecidas, na sua totalidade, por quem quer que seja'. (...) A esta luz, a defesa do mercado veicula uma concepção acerca da ordem social que se considera desejável e configura uma atitude de defesa da ordem social que tem no mercado um dos seus pilares" (COUTINHO, Jacinto Nelson de Miranda. O furo inevitável do pensamento único. *In*: OLIVEIRA NETO, Francisco José Rodrigues *et al*. *Constituição e Estado Social*: os obstáculos à concretização da Constituição. São Paulo: Revista dos Tribunais; Coimbra: Coimbra Ed., 2008. p. 168-169).

A busca da justiça social apresenta densa carga axiológica e deve pautar toda a análise sistêmica da ordem econômica e, por se apresentar como norma-princípio, possui eficácia irradiante para a apreciação da atuação de todos os agentes econômicos.

Houve nítida mudança de paradigma por meio da Constituição Federal de 1988 pela superação da visão do absenteísmo estatal na esfera econômica, como fora proposto pelo liberalismo, para indicar a necessidade de atuação estatal com o objetivo de assegurar o desenvolvimento nacional de forma equilibrada e garantindo a todos os meios necessários para o atendimento da plenitude de sua capacidade de desenvolvimento.

Nesse contexto, é evidente que a Constituição brasileira possui um caráter dirigente da sociedade, visto que não se propõe estática, mas visa à melhoria e evolução sociais de forma horizontal para todos os indivíduos.

Uma Constituição dirigente, portanto, não visa apenas apresentar-se como um limite à atuação política, pois, nas palavras de Canotilho, sua função primordial é outra: "fornecer um impulso directivo material permanente e consagrar uma 'exigência' de atuação".[23] A definição dos fins do Estado não decorre, portanto, do governo, na medida em que os "fins políticos supremos e as tarefas de uma república encontram-se normatizados na Constituição", e por meio dessa incorporação de finalidades e programas a serem atingidos pelo poder político evita-se o simples "existencialismo político, o monarquismo constitucional e o Estado de Direito Formal".[24]

Por conseguinte, a incorporação de objetivos e fins a serem atingidos pela Carta Política de 1988 indica ao poder político uma linha de atuação impositiva, ou seja, a Constituição apresenta a conformação do político e assim impede qualquer atuação passiva do Estado perante a sociedade. A legitimidade do Estado está estritamente vinculada ao desenvolvimento, até a plenitude, das finalidades constitucionalmente estabelecidas.

---

[23] CANOTILHO, 2001, p. 201.
[24] *Ibid.*, p. 464-465.

CAPÍTULO 3

A REGULAÇÃO ESTATAL COMO MECANISMO DE ATUAÇÃO DO PODER PÚBLICO NO ESTADO DEMOCRÁTICO DE DIREITO

3.1 Conceito de regulação estatal

A própria origem do Direito em sua concepção positivista está relacionada com a necessidade de previsibilidade a ser concedida à vida econômica e ao comportamento dos atores sociais, conforme a perspectiva de Max Weber.[25]

Por consequência, a economia é um elemento que afeta a vida normativa estatal, de modo que existe um elo entre ambos, sem que, com isso, queira se afirmar que o mercado é criação exclusivamente jurídica, não obstante necessitar das garantias jurídicas necessárias para fundamentar seu desenvolvimento.

De acordo com Alexandre Santos de Aragão:

> [A] relação entre o Estado e a economia é dialética, dinâmica e mutável, sempre variando segundo as contingências políticas, ideológicas e econômicas. Inegável, assim, uma relação de mútua ingerência e limitação: o Direito tem possibilidades, ainda que não infinitas, de limitar e de direcionar as atividades econômicas; e estas influenciam as normas

---

[25] WEBER, Max. *Economia y sociedad*: Esbozo de sociologia comprensiva. Tradução de José Medina Echavarría, Juan Roura Parella, Eugenio Ímaz, Eduardo Garcia Máynez e José Ferrater Mora, edição preparada por Johannes Winckelmann, notas de José Medina Echavarría. 2. ed. 17. reimpr. México: Fondo de Cultura Económica, 2008.

jurídicas não apenas na sua edição, como na sua aplicação, moldando-as, também, limitadamente, às necessidades do sistema econômico.[26]

A regulação da economia, nesse contexto, se dá de diversas maneiras, de acordo com as diferentes estruturas estatais, mas mostra-se inegável que, em qualquer espécie de Estado, existe certo grau de regulação estatal.

Nesse conceito, não se inclui a prestação direta da atividade pelo Estado, mas incluem-se tanto as atividades de edição de regras como a repressão de infrações.

Para Calixto Salomão Filho, a regulação:

> (...) engloba todas as formas de organização da atividade econômica através do Estado, seja a intervenção através da concessão de serviço público ou exercício do poder de política. (...) Na verdade, o Estado está ordenando ou regulando a atividade econômica tanto quando concede ao particular a prestação de serviços públicos e regula sua utilização — impondo preços, quantidades produzidas etc. — como quando edita regras no exercício do poder de polícia administrativo. E assim, incorreto formular uma teoria que não analise ou abarque ambas as formas de regulação.[27]

Portanto, a atividade regulatória verifica-se em três principais searas:

> a) a regulação dos monopólios, quando a competição é restrita ou imutável, evitando que eles lesem a economia popular, controlando os preços e a qualidade dos serviços ou produtos; b) regulação para a competição, como formas de assegurar a livre concorrência no setor privado e, no caso de atividades econômicas sensíveis ao interesse público, o seu direcionamento na senda deste; e c) regulação dos serviços públicos, assegurando a sua universalização, qualidade e preço justo.[28]

A regulação, inclusive, atua tanto de forma indutiva como coercitiva, ao que se denomina a existência de regulação tanto horizontal como vertical, mas ambas com o escopo de adequação da atividade econômica aos interesses sociais.

---

[26] ARAGÃO, Alexandre Santos de. *Agências reguladoras e a evolução do direito administrativo econômico*. Rio de Janeiro: Forense, 2006. p. 21.

[27] SALOMÃO FILHO, Calixto. *Regulação da atividade econômica*. 2. ed. São Paulo: Malheiros, 2008. p. 21.

[28] ARAGÃO, 2006, p. 25.

Desse conceito, contudo, não podem ser incluídas as atividades de autorregulação provenientes das próprias empresas privadas ou decisões de órgãos de classe, salvo se provenientes de entidade de classe cuja atuação seja delegação do Poder Público, hipótese em que, a rigor, não estaríamos efetivamente diante de atividade regulatória privada. Naquelas hipóteses, verifica-se a atuação da autonomia da vontade, de forma que inexiste atuação estatal.

Ainda que em uma análise geral a existência de autorregulação privada, como se verifica no âmbito publicitário, implique, em certa medida, regulação da atividade econômica, não é possível incluí-la no conceito que se pretende para regulação diante da inexistência da atuação do Poder Público.

Alguns autores inserem o conceito de regulação dentro do conceito de polícia administrativa, como Sérgio de Andréa Ferreira que, partindo do conceito apresentado pelo artigo 78 do Código Tributário Nacional, entende que nele se inclui tanto a regulação de direito público quanto a regulação decorrente de órgãos administrativos.[29]

Importa salientar que não se confunde a regulação com a atividade de polícia administrativa.

O conceito de polícia administrativa é decorrente de uma concepção liberal de Estado, segundo a qual a atuação do Poder Público deve apresentar um caráter excepcional e objetivar exclusivamente a manutenção da ordem pública, apresentando, eminentemente, um cunho repressivo.

Ocorre que a ordem jurídica foi impregnada de outros valores a serem preservados, dentre os quais a própria dignidade da pessoa humana. A promoção dos valores inseridos na Constituição impõe a necessidade de colaboração ativa do Estado na seara privada e essa colaboração se efetiva também por meio de imposição de comportamentos comissivos.

Conforme a lição de Marçal Justen Filho:

> (...) a satisfação dos direitos fundamentais compreende uma atuação conformadora da autonomia privada. Anteriormente, essa atuação estatal apresentava cunho preponderantemente repressivo e se destinava a impedir que o exercício da autonomia privada se traduzisse em lesão a interesses alheios. Com a evolução dos modelos políticos, a intervenção

---

[29] FERREIRA, Sérgio de Andréa. A regulação como expressão do poder normativo governamental. *In*: CUNHA, Sérgio Sérvulo; GRAU, Eros (Coord.). *Estudos em homenagem a José Afonso da Silva*. São Paulo: Malheiros, 2003. p. 353.

estatal de conformação das condutas privadas deixou de ser apenas repressiva e passou a compreender imposições orientadas a promover ativamente condutas reputadas como desejáveis.[30]

Portanto, tal como ressalta toda a doutrina "a expressão poder de polícia administrativa é inadequada", na medida em que "não se busca meramente evitar que um particular produza lesões a terceiros, mas que promova condutas que satisfaçam, de modo mais adequado, os direitos fundamentais alheios e os interesses coletivos".[31]

Para Carlos Ari Sundfeld, o termo "poder de polícia" foi alterado para "polícia administrativa" com o objetivo de retirada de seu timbre autoritário, não obstante, o termo é entendido como uma atuação administrativa para limitar o direito à liberdade e à propriedade. Entretanto, também não se justifica o termo "polícia administrativa", haja vista a inexistência de poder absoluto e o aumento da atuação estatal que não se resume à limitação da liberdade e propriedade.[32]

De fato, segundo Sundfeld, a noção de polícia administrativa foi decorrente de uma concepção de Estado mínimo não interessado na ordenação ou intervenção na economia, mas apenas de imposição de limites negativos aos direitos de propriedade e liberdade. Contudo, no Estado social, existem projetos a serem implementados coletivamente, de sorte que surge, nas palavras de Sundfeld, uma atuação macrojurídica do Estado que torna inviável a inclusão de todas as novas atividades do Estado dentro da noção clássica de poder de polícia, ainda que se lhe conceda certa elasticidade que por si só implica o alargamento até o desaparecimento da noção clássica cunhada para o instituto.[33]

Não convém, portanto, falar em poder de polícia ou polícia administrativa, segundo Sundfeld, pelas seguintes razões:

> a) remete a um poder — o de regular autonomamente as atividades privadas — de que a Administração dispunha antes do Estado de Direito e que, com sua implantação, foi transferido para o legislador; b) está ligado ao modelo do Estado, liberal clássico, que só devia interferir na vida privada para regulá-la negativamente, impondo deveres de abstenção, e, atualmente, a Constituição e as leis autorizam outros gêneros

---

[30] JUSTEN FILHO, Marçal. *Curso de direito administrativo*. 2. ed. São Paulo: Saraiva, 2006. p. 393.

[31] *Ibid.*, p. 393-397.

[32] SUNDFELD, Carlos Ari. *Direito administrativo ordenador*. São Paulo: Malheiros, 2003. p. 11-13.

[33] SUNDFELD, 2003, p. 13-14.

de imposição; c) faz supor a existência de um poder discricionário, implícito para interferir na vida privada que, se pode existir em matéria de ordem pública — campo para o qual o conceito foi originalmente cunhado — não existe outras, para as quais a doutrina transportou-o acriticamente, pela comodidade de seguir usando velhas tradições.[34]

Sundfeld propõe, assim, a reconstrução da teoria da ação administrativa, dividindo-a em três grandes setores: a) "a administração de gestão", cuja função corresponde a de gerir certas atividades que engloba a prestação de serviços públicos e serviços sociais; b) "a administração fomentadora", que corresponde a função de indução dos particulares para que adotem determinadas condutas; e c) "a administração ordenadora", que congrega as operações estatais de regulação do setor privado com o emprego do poder de autoridade.[35]

Para Sundfeld, a administração ordenadora, portanto, consiste na:

> (...) parcela da função administrativa, desenvolvida com o uso do poder de autoridade, para disciplinar, nos termos da lei, os comportamentos dos particulares no campo de atividades que lhes é próprio.
>
> Não se confunde com a regulamentação legislativa dos direitos e deveres, visto envolver o exercício de função administrativa. Pela mesma circunstância, difere da decisão de conflitos pelo Poder Judiciário.
>
> Não se assemelha à disciplina dos vínculos entre a Administração e seus servidores, delegatários ou contratados, por atinar à ordenação do campo privado, não do setor público; por isso mesmo, desenvolve-se dentre de relação genérica — não de relação especial — da Administração com os particulares. Por fim, distingue-se de outras interferências no campo privado, com a exploração estatal e o fomento, porquanto, de uma parte, objetiva regular a aquisição, exercício e perda de direitos pelos particulares (ao contrário da exploração econômica estatal, que visa substituir a privada) e, de outra, implica na utilização do poder de autoridade, inexistente na atividade de fomento.[36]

Dentro desse conceito, altera-se a concepção de um poder de polícia que possa ser fundado em um "dever geral preexistente" para evitar que particulares não perturbem a ordem pública. Dentro da noção de administração ordenadora, não há de falar em atuação fora

---

[34] *Ibid.*, p. 17.
[35] *Ibid.*, p. 16-17.
[36] SUNDFELD, 2003, p. 20.

da legalidade, de modo que toda a Administração Pública que objetive a regulação da vida privada deve sempre estar pautada na lei, de forma que o "interesse público — que tem prioridade em relação ao particular — é apenas o que a lei assim tenha definido".[37]

Portanto, justifica-se a distinção entre os conceitos de poder de polícia administrativa e a regulação, tendo em vista o conceito tradicional do instituto jurídico, ou seja, o conceito que justifica apenas condutas absenteístas do Estado e é nesse aspecto que o conceito de regulação dele se distingue.

De qualquer modo, importa deixar assentado que inúmeros autores mantêm a tradição do uso do termo "poder de polícia" também para incorporar a possibilidade de imposição de comportamentos comissivos ao particular, hipótese em que existirá uma grande margem de confluência com o conceito de regulação.

Ainda assim, o conceito de polícia administrativa mostra-se mais restrito que o conceito de regulação, pois, embora incorpore no conceito a possibilidade de imposição de condutas comissivas ao particular, distingue-se do conceito de regulação, visto que neste também se incluem a fiscalização e a imposição de obrigações aos prestadores de serviços públicos.

Portanto, pode-se afirmar que o conceito atual de polícia administrativa insere-se no conceito de regulação, a qual apresenta um maior grau de amplitude.[38]

Distinto também o conceito de regulação do conceito de regulamentação.

Segundo Diogo de Figueiredo Moreira Neto, a regulamentação não se confunde com a regulação, quer sob o aspecto material, quer sob o aspecto formal. No aspecto material, a regulamentação se apresenta como função política exercida como prerrogativa do poder político mediante a imposição de regras secundárias que visam apenas executá-las sem qualquer inovação do ordenamento jurídico, já a regulação, sob o aspecto material, é função administrativa que não se apresenta como prerrogativa do poder político, mas decorre da abertura da lei, criando-se um espaço "deslegalizado para que agentes neutros possam tomar decisões reguladoras, não apenas normativas, como executivas e judicantes".[39] No aspecto formal, a regulamentação se apresenta como

---

[37] *Ibid.*, p. 31.

[38] ARAGÃO, 2006, p. 33-36.

[39] MOREIRA NETO, Diogo de Figueiredo. *Direito regulatório*. Rio de Janeiro: Renovar, 2003. p. 132.

atribuição de estreita previsão constitucional, geralmente cometida a chefes de Estado ou de governo, ao passo que no âmbito da regulação:

> (...) as decisões regulatórias setoriais, tomadas no exercício dessa ponderação politicamente neutra de interesses concorrentes, devem obedecer ao devido processo legal, sempre informado por ampla investigação dos fatos e plena visibilidade (transparência), no qual todos os aspectos conflitivos deverão ser amplamente equacionados e motivadamente considerados, preferentemente com aberta participação dos interessados.[40]

Para Sérgio de Andréa Ferreira, regulamentar é atividade-meio, caracterizando-se como atividade instrumental da Administração Pública para a execução da lei, regulamentar, assim, é "fase do executar". O ato administrativo regulamentar não cria novas situações jurídicas objetivas em tese, sendo sua função a "interpretação, organização e especificação em relação à norma constitucional ou legal regulamentada, sempre com o objetivo de execução dessas normas pela Administração Pública". O poder regulamentar, portanto, afigura-se como "poder normativo menor". Regular, segundo o autor, também se apresenta como poder normativo da Administração Pública e corresponde:

> (...) à edição de regras jurídicas harmonizadoras de interesses, no seio da sociedade; disciplinadoras de espaços sociais, inclusive o mercado, a envolver as personagens que os compõem, sujeitas ao cumprimento dessas regras (não execução, que é atividade estatal), sendo parcela da atividade-fim administrativa.[41]

Para Eros Roberto Grau, a regulação representa a ideia de ausência de atuação estatal, possui a conotação de "endorregulação ou autorregulação" sem a participação do Estado como agente produtor do direito moderno. A regulamentação seria, em contraposição, a atuação estatal *na* e *sobre* a economia. De acordo com o autor:

> (...) os norte-americanos usam o vocábulo *regulation* para significar o que designamos "regulamentação", *desregulation*, para eles, assume o mesmo significado que indicamos ao usar o vocábulo "regulação"; vale dizer: a *desregulation* dos norte-americanos está para a *regulation* assim como, para nós, a "regulação" está para a "regulamentação".[42]

---

[40] *Ibid.*, p. 132-133.
[41] FERREIRA, 2003, p. 357-358.
[42] GRAU, Eros Roberto. *Direito posto e pressuposto.* 3. ed. São Paulo: Malheiros, 2000. p. 93.

O entendimento dos conceitos de regulação e regulamentação para Eros Grau é distinto do entendimento dos demais autores citados, na verdade, o autor entende como regulação apenas a atuação dos agentes privados sem a interferência estatal.

Esse entendimento diverge, não por sua incorreção, mas apenas por distinção da terminologia adotada.

Parece-nos mais adequado adotar o entendimento de regulação como atuação estatal, não servindo o critério da presença do Estado como elemento de distinção entre regulação e regulamentação, e isso sem qualquer crítica ao conceito apresentado por Eros Grau, mas apenas para manter-se a precisão terminológica adotada entre a doutrina brasileira.

Segundo Alexandre Santos de Aragão,[43] não haveria distinção entre regulação e regulamentação. Partindo do entendimento de que regulamentação apresenta caráter meramente interventivo e sancionatório, e, sendo a regulação o conjunto de atuações estatais na esfera privada por meio de ações indutivas e repressivas, conclui-se que neste conceito estaria inserida a regulamentação, como parte integrante da regulação.

Não obstante, conveniente apresentar a distinção entre regulamentação e regulação a partir do entendimento de que o primeiro se refere apenas à atividade-meio do Poder Público, objetivando a execução da lei, ou seja, o destinatário da norma regulamentar é o próprio Poder Público sem que haja por meio dessa atuação qualquer inovação da ordem jurídica.

A regulação, por sua vez, tem como destinatário não apenas o Poder Público, mas também agentes privados prestadores de atividades econômicas e serviços públicos, além de inovar o ordenamento jurídico.

A regulação, portanto, comporta tanto atividades indutivas como repressivas do Estado no mercado, objetivando a consecução de valores estabelecidos na Constituição por meio de medidas legislativas, administrativas ou judiciais.

A despeito da possibilidade metodológica da exclusão da lei como instrumento da regulação estatal, com o objetivo de proporcionar maior ênfase nos outros mecanismos de atuação estatal na e sobre a economia, não existe razão para sua exclusão, pois a realidade fática evidencia tanto a legislação como a atuação judicial, interferindo na atuação privada para a consecução de valores sociais.

---

[43] ARAGÃO, 2006, p. 27-28.

Portanto, justifica-se adoção de um conceito amplo de regulação, razão pela qual se adota a explicação apresentada por Alexandre Santos de Aragão:

> (...) a regulação estatal da economia é o conjunto de medidas legislativas, administrativas e convencionais, abstratas ou concretas, pelas quais o Estado, de maneira restritiva da liberdade privada ou meramente indutiva, determina, controla, ou influencia o comportamento dos agentes econômicos, evitando que lesem os interesses sociais definidos ou marco da Constituição e orientando-os em direções socialmente desejáveis.[44]

3.2 A regulação estatal e as diversas formas de Estado

Conforme já analisado, existe clara imbricação entre o poder econômico e o poder político em todas as fases da história e nas mais diversas espécies de Estado.

Costuma-se afirmar que no Estado liberal inexistiria qualquer interferência estatal na economia, de modo que ao mercado caberia a coordenação entre os mais diversos atores privados.

Referida teoria liberal de inexistência de interferência do Estado no mercado, entretanto, não foi implementada, haja vista que mesmo nessa estrutura estatal existiu a atividade regulatória para assegurar o desenvolvimento da classe econômica predominante que era formada pela burguesia.

Atuou, portanto, o Estado liberal na criação da infraestrutura necessária para o desenvolvimento das relações mercantis, assim como pela criação de subsídios e políticas protecionistas para o fortalecimento da política local.

Conforme a observação de Eros Roberto Grau:

> [O] capitalismo — repita-se — reclama não o afastamento do Estado dos mercados, mas sim a atuação estatal, reguladora, a serviço dos interesses do mercado. Essa é, sem dúvida, uma afirmação historicamente comprovada. Além disso, dúvida também não resta em relação à circunstância de que os processos econômicos capitalistas demandam regulação. O mercado não seria possível sem uma legislação que o protegesse e uma racional intervenção, que assegurasse a sua existência e preservação.[45]

---

[44] ARAGÃO, 2006, p. 37.
[45] GRAU, 2000, p. 97.

Apenas no âmbito político e filosófico é possível afirmar a existência de uma política estatal que não atuasse na regulação da economia, o que se pode destacar, porém, é que a regulação estatal nesse Estado não buscava assegurar qualquer forma de justiça distributiva.

Após a incorporação dos direitos sociais, cujo histórico já restou apreciado, surge a necessidade de assegurar a justiça social e distributiva, exigência que se fortalece com o surgimento do sufrágio universal.

Nessa nova perspectiva, surge o Estado Democrático de Direito, no qual novos atores passam também atuar na política estatal e, portanto, raia a necessidade de maior atuação estatal, não apenas para assegurar os interesses dos detentores dos poderes econômicos, mas de todas as classes políticas.

Em paralelo ao surgimento de novas classes políticas, verifica-se um aumento da intervenção direta e indireta do Estado na sociedade e na economia, na medida em que múltiplos interesses passam a demandar atendimento.

Verifica-se, também, nas Constituições dos Estados que possam ser considerados como Estados Democráticos de Direito, a incorporação de um conteúdo econômico e social representado tanto pelos direitos sociais como por diretrizes a serem atingidas.

Para Alexandre Santos de Aragão um "fenômeno que, sob diversas matizes, é constante no Estado Democrático de Direito é a sua atuação concreta na sociedade (inclusive em seus aspectos econômicos), que não está separada do Estado, havendo entre eles uma mútua imbricação".[46]

O Estado, portanto, tornou-se mais ativo, passando a atuar em esferas em que o mecanismo de autorregulação de mercado não possa satisfazer os anseios sociais.

De qualquer forma, isso não implica necessariamente a estatização ou a implantação de economia socialista, pois, ainda no Estado Democrático de Direito, preserva-se o sistema capitalista.

Também não existe incompatibilidade com a existência de esferas de atuação exclusiva dos agentes privados, mas, naqueles espaços em que liberdade empresarial não assegura a consecução dos objetivos sociais, impõe-se a atuação regulatória estatal.

Consta-se, porém, a impossibilidade de atuação abstencionista do Estado, haja vista que a incorporação de aspectos socioeconômicos nas constituições justifica o exercício de políticas públicas e setoriais.

---

[46] ARAGÃO, 2006, p. 59.

Vale destacar que o intervencionismo estatal do Estado Democrático de Direito não ocorre apenas para assegurar o desenvolvimento de políticas públicas para a garantia de direitos sociais, mas também por mecanismos que objetivem o desenvolvimento do próprio capitalismo, o que ressalta seu caráter plural.

Ao mesmo tempo em que incorporou o Estado Democrático de Direito os novos anseios sociais, houve também a necessidade de alteração dos mecanismos de regulação.

De fato, no Estado liberal, a regulação estava consubstanciada na lei, pois a atuação estatal se restringia a assegurar as liberdades individuais.

Diante da necessidade de maior atuação estatal, surgem novos mecanismos de regulação. A maior dinâmica social, a crescente necessidade de consecução de fins por meio de políticas públicas e a necessidade de implementação de direção a certos setores sociais evidenciaram a ineficácia do legislativo para tanto, passando a ganhar relevo a atuação do Poder Executivo.

Conforme salienta Eros Roberto Grau, o dinamismo social impõe a necessidade de produção imediata de textos normativos, que "flutuações da conjuntura econômica estão, a todo o tempo, a impor", por conseguinte,

> (...) o conjunto de elementos de índole técnica, aliado a motivações de premência e celeridade na conformação do regime a que se subordina a atividade de intermediação financeira, tornam o procedimento legislativo, com seus prazos e debates prolongados, inadequado à ordenação de matérias essencialmente conjunturais.[47]

Para Alexandre Santos de Aragão, na medida em que:

> (...) o foco da regulação estatal passa a ser a mudança da realidade social, os seus instrumentos tiveram que se adaptar a esta concretude: por um lado as normas gerais e abstratas tiveram que passar a ser emitidas com grande rapidez; por outro, perderam parte da sua importância passando grande parte da efetiva regulação a ser feito por atos concretos, sejam eles formalmente administrativos ou legislativos.[48]

Esse aumento da atuação do Poder Executivo se deu pela edição de normas abertas, elásticas, que permitam uma atuação conformadora do Executivo de forma mais livre.

---

[47] GRAU, 2000, p. 172-173.
[48] ARAGÃO, 2006, p. 66.

Em conclusão, pode-se afirmar que a regulação estatal sempre existiu, mas alterou seu caráter a partir da incorporação de outras classes sociais no poder político. Ao invés de apenas preservar o sistema capitalista e favorecer o desenvolvimento do capital, em decorrência da incorporação de valores nos textos constitucionais, passou também a atuar na consecução de finalidades sociais. Por conseguinte, mostrou-se insuficiente apenas a atividade legislativa como instrumento de regulação estatal e, por meio de normas abertas e elásticas, paulatinamente, operou-se a ampliação das prerrogativas do Poder Executivo que passou a gozar de maiores instrumentos de regulação.

3.3 A regulação estatal na ordem contemporânea: peculiaridades e características

Conforme já assinalado, o Estado Democrático de Direito se mostra circundado por objetivos a serem atingidos. A legitimidade do Estado passa a ser encontrada na capacidade de realização dessas finalidades.

Houve uma mudança da estruturação das normas de Direito Público que deixaram de apresentar uma posição passiva perante a realidade social para contemplar fins e princípios.

Ocorreu, portanto, uma instrumentalização da regulação por princípios e finalidades a serem atingidos, corroborada por um processo de desmistificação da lei que deixou de ser a portadora de verdades absolutas, para evidenciar políticas finalísticas. Portanto, as normas jurídicas tornaram-se instrumentos de realização de políticas públicas que devem incidir em sociedades complexas e, por consequência, a regulação tecnicizou-se no sentido de que "apenas através da melhor técnica os meios podem ser corretamente avaliados em relação de adequação e realização dos fins".[49]

Paralelamente, operou-se uma crescente especialização da organização social, tornando necessária a busca por conhecimentos especializados junto a outras áreas de conhecimento, visto que o domínio da técnica da área a ser regulada implica melhor eficiência para implementação dos programas de políticas públicas.

Em relação à economia, a necessidade de conhecimento especializado também se faz presente, na medida em que, para o agente econômico, as normas jurídicas são puros fatores de custo e seu cumprimento vai depender das vantagens econômicas daí advindas.

---

[49] ARAGÃO, 2006, p. 90-91.

Nas palavras de Alexandre Santos Aragão, diante dessa realidade, "não é dado ao jurista permanecer em uma clausura autista, ignorando as reações do subsistema econômico frente às normas jurídicas nem, muito menos, renunciar ao potencial regulatório, por vezes coercitivo do Direito".[50]

Portanto, em um Estado Democrático de Direito permeado por políticas públicas a serem implementadas, a regulação econômica é instrumental para sua legitimação, assim, entendido o alcance e a realização do programa. Em decorrência, ganham relevo as normas de caráter aberto e baixa densidade normativa, que permitem à Administração adotar medidas mais eficazes para a conformação da realidade social.

A dinâmica da sociedade torna necessária a frequente alteração das normas jurídicas e a edição de leis, as quais necessariamente importam discussões dentro do Poder Legislativo, tornando-as ineficazes, haja vista a incontrastável lentidão que o princípio majoritário impõe para a alteração do ordenamento jurídico.

Como afirma Alexandre Aragão, "através das normas abertas, e mesmo de regras fixas, mas consideradas sob o prisma dos objetivos públicos aos quais se destinam, o Direito insere em seu âmbito aspectos do subsistema a ser regulado, aspectos estes, naturalmente, de elevado conteúdo técnico-especializado" e essa "espécie de norma propicia, então, a penetração no direito de noções exógenas, próprias de outros subsistemas sociais, em especial da economia".[51]

Nesse contexto, ganha relevo o papel da Administração Pública, em detrimento do Poder Legislativo, em um modelo de Estado permeado por finalidades e políticas públicas a serem atingidas.

Para Fábio Konder Comparato:

> (...) a política ou 'polícia' pública, como se usava dizer na antiga linguagem jurídica portuguesa, é um programa de ação governamental. Ela não consiste, portanto, em normas ou atos isolados, mas sim numa atividade, ou seja, uma série ordenada de normas e atos, dos mais variados tipos, conjugados para a realização de um objetivo determinado. Toda política pública, como programa de ação, implica, portanto, uma meta a ser alcançada e um conjunto ordenado de meios ou instrumentos — pessoais, institucionais e financeiros — aptos à consecução desse resultado. (...) O que organiza e dá sentido a esse

---

[50] *Ibid.*, p. 92-93.
[51] *Ibid.*, p. 95.

complexo de normas e atos jurídicos é a finalidade, a qual pode ser eleita pelos Poderes Públicos ou a eles imposta pela Constituição ou a leis.[52]

Portanto, a necessidade de implementação de políticas públicas pela ordenação de meios e instrumentos acarreta o que se denomina "administrativização da regulação econômica",[53] a qual é correlata da preponderância da Administração Pública na formação política contemporânea. Ocorre uma alteração no equilíbrio dos Poderes, pois perde em importância a criação legislativa e ganham as atividades de conformação da sociedade por meio da regulação.

Essa nova configuração do Estado Democrático do Direito gera a necessidade de um fortalecimento do Estado, acarretando uma nova configuração da separação de Poderes como consequência da necessidade da maior eficiência da atuação estatal.

Conforme observa Dalmo de Abreu Dallari:

> (...) a evolução da sociedade criou exigências novas, que atingiram profundamente o Estado. Este passou a ser cada vez mais solicitado a agir, ampliando sua esfera de ação e intensificando sua participação nas áreas tradicionais. Tudo isso impôs a necessidade de uma legislação muito mais numerosa e mais técnica, incompatível com os modelos de separação de poderes. O legislativo não tem condições para fixar regras gerais sem ter conhecimento do que já foi ou está sendo feito pelo executivo e sem saber de que meios este dispõe para atuar. O executivo, por seu lado, não pode ficar à mercê de um lento processo de elaboração legislativa, nem sempre adequadamente concluído, para só então responder às exigências sociais, muitas vezes graves e urgentes.[54]

Com isso não se propõe a extinção do dogma da separação dos poderes, mas necessária é a alteração da leitura do papel da cada um desses poderes, devendo o Poder Legislativo se preocupar com a edição de normas abertas, finalísticas, evitando minudências para permitir atuação mais eficiente da regulação estatal por parte da Administração Pública, a qual possui maiores mecanismos de responder ao dinamismo social e, por consequências, atender às políticas públicas constitucionalmente estabelecidas.

---

[52] COMPARATO, Fábio Konder. O Ministério Público na defesa dos direitos econômicos, sociais e culturais. *In*: CUNHA, Sérgio Sérvulo; GRAU, Eros (Org.). *Estudos de direito constitucional em homenagem a José Afonso da Silva*. São Paulo: Malheiros, 2003. p. 248-249.

[53] ARAGÃO, *op. cit.*, p. 97.

[54] DALLARI, Dalmo de Abreu. *Elementos de teoria geral de Estado*. 19. ed. São Paulo: Saraiva, 1995. p. 186.

Observa-se, também, outra característica da regulação na atualidade, decorrente da própria especialização e maior tecnicização da atividade regulatória, que é a regulação setorial ou setorização[55] da regulação. Em decorrência, surge a necessidade de coordenação entre os diversos setores regulados.

Da mesma forma, o caráter mais aberto das leis e sua menor densidade normativa possibilitam maior concretude e individualização dos setores a serem regulados, permitindo maior eficiência da regulação, de sorte que, paradoxalmente, nas palavras de Alexandre Aragão, "a concretude da regulação é propiciada pelos princípios gerais e finalidades públicas a serem perseguidas".[56]

Para Canotilho:

> [S]e o direito constitucional quiser continuar a ser um instrumento de direção e, ao mesmo tempo, reclamar a indeclinável função de ordenação material, só tem a ganhar se introduzir no seus procedimentos metódicos de concretização os esquemas reguladores e de direção oriundos de outros campos do saber (economia, teoria da regulação).[57]

É imperativo, para a melhor adequação da realidade aos objetivos estabelecidos pelo Estado Democrático de Direito, a regulação por normas com maior grau de concreção, pois se dá em um contexto de melhor conhecimento da realidade social e maior agilidade, decorrente da maior proximidade dessas normas regulatórias do objeto a ser regulado, se comparado à edição de normas gerais e abstratas, as quais não perdem em importância, nem se apresentam desnecessárias, haja vista que permanecem como elementos imprescindíveis ao estabelecimento de metas e objetivos a serem atingidos.

---

[55] ARAGÃO, 2006, p. 105.
[56] *Ibid.*, p. 107.
[57] CANOTILHO, 2008, p. 265.

CAPÍTULO 4

A FUNÇÃO REGULAMENTAR NA PERSPECTIVA DO ESTADO REGULADOR

4.1 Introdução

A necessidade de maior especialização da regulação econômica, em decorrência da exigência de sua maior especificação técnica e agilidade, impõe a necessidade de novos meios de intervenção do Estado na economia, dando maior relevo a disposições normativas advindas do Poder Executivo, mediante um processo crescente de produção de normas programáticas de caráter aberto em nível legal, para permitir uma maior atuação por meio de normas infralegais, mais ágeis, por intermédio de um processo denominado por José Carlos Francisco como "dessacralização da lei".[58] Isso, contudo, não implica relegar o Parlamento para uma posição de inferioridade em defesa de posições autoritárias de governo.

Conforme leciona José Carlos Francisco:

(...) o processo legislativo convencional tem se mostrado ineficiente para a normatização de alguns setores da atividade socioeconômica. A complexidade de determinados temas tem exigido dos Parlamentos a produção de normas com nível de detalhamento que impõe estudos e dados em áreas até então não experimentados. Quanto mais detalhada for a lei, mais rápida ela deverá ser formalmente alterada em face do processo social dinâmico, configurando a crise dos Parlamentos como legisladores hábeis para todos os assuntos.[59]

---

[58] FRANCISCO, José Carlos. *Função regulamentar e regulamentos*. Rio de Janeiro: Forense, 2009. p. 42.

[59] *Ibid.*, p. 43.

Ocorre que o Parlamento, por sua própria estrutura de debates e convivência de diversos grupos de interesse, não atende a necessidade de redução de tempo exigido para a regulação das atividades econômicas e, muitas vezes, o início de vigência de um diploma legal não mais atende ao processo social dinâmico, fazendo com que a lei nasça desatualizada. Nesse contexto, a incapacidade do Parlamento em atender de forma ágil aos reclamos sociais só contribui para a crise de legitimidade da legislação que também tem se confundindo com crise de justiça, na medida em que impõe uma atuação mais abstrata do Poder Judiciário para o preenchimento de vácuos normativos, permitindo o surgimento, até mesmo, de governos autoritários, fenômeno que se tem observado, especificamente, em países da América Latina.

Conforme salienta Karl Loewenstein:

> (...) o tipo ideal, com expressão de Max Weber, de uma conformação equilibrada do poder consistiria em uma disposição na qual os diversos detentores do poder, ou pelo menos o governo e o Parlamento, se enfrentariam com faculdades coincidentes simetricamente de tal maneira que nenhum poderia dominar o outro. Nisto consistiu o sonho mecanicista da teoria estatal do primitivo constitucionalismo, descartada a visão utópica que não se verificou em nenhuma época da realidade do processo do poder. Verificou-se ser natural do Estado constitucional que o centro de gravitação política oscile constantemente de tal maneira que uma vez a hegemonia esteja na assembléia legislativa e outras vezes a liderança política é ostentada pelo governo. Em tempos de normalidade tenda a incrementar-se o peso do Parlamento e em tempos de crises o do governo. Desde o fim do século XIX — que praticamente chega às vésperas da guerra mundial — o mundo tem estado em uma crise ininterrupta, conseqüência da revolução mundial em que vive o século XX. O resultado final tem sido, logicamente, o fortalecimento do governo e a debilidade dos Parlamentos. O fenômeno é universal, e as alterações desta experiência geral estão condicionadas por determinadas circunstâncias locais.[60]

Não restam dúvidas, ademais, que a complexa sociedade contemporânea se encontra em crise, no sentido mencionado por Loewenstein, sendo indiscutível a concentração de poderes do Executivo.

Para Norberto Bobbio, um dos problemas das democracias atualmente é sua incapacidade de dominar adequadamente os conflitos nas

---

[60] LOEWENSTEIN, Karl. *Teoría de la Constitución*. Tradução de Alfredo Gallego Anabitarte. 2. ed. Barcelona: Ariel, 1970. p. 91. Tradução livre.

sociedades complexas, haja vista que os governos democráticos são caracterizados por uma desproporção crescente entre o número de demandas provenientes da sociedade civil e a capacidade de resposta do sistema político, pois os procedimentos estabelecidos pelo sistema democrático para tomar decisões coletivas desaceleram o "iter da decisão" por meio do jogo dos vetos cruzados.[61]

Para uma descrição da velocidade das transformações sociais operadas no mundo "pós-moderno" vale a transcrição do excerto da obra de Willis Santiago Guerra Filho:

> Graças aos avanços da informática, aliada aos meios de comunicação e de transporte, temos hoje uma "telemática", que nos fornece a instantaneidade de uma transmissão à distância, não importa qual, no globo terrestre, de informações e imagens, bem como a possibilidade de, até, estarmos lá de onde elas são provenientes, em pouco tempo. Com essa redução das distâncias, do espaço, pela redução do tempo necessário para percorrê-lo, cada vez mais, o que se passa conosco se passa agora, mas não aqui. O presente se eterniza, impondo-se ao passado, destruindo-o, e ao futuro, incorporando-o, já que ambos só são enquanto são agora.[62]

A denúncia da ingovernabilidade dos regimes democráticos, conforme relatada por Bobbio, nessa sociedade pós-moderna bem descrita por Guerra Filho, acaba por imprimir a busca por resoluções autoritárias que atendam às exigências sociais de velocidade na tomada das decisões, como o reforço do Executivo em detrimento do Legislativo, ou mesmo antepor limites sobre quais decisões devem ser tomadas pela maioria parlamentar.[63] As soluções preconizadas para a resolução de referido problema, de acordo com Bobbio, são essencialmente duas: "ou um melhor funcionamento dos órgãos decisionais (nessa direção vai o acréscimo do poder do governo com respeito ao do Parlamento) ou uma drástica limitação do seu poder (nessa proposta vão as propostas de limitar o poder da maioria)".[64]

Parece-me que a melhor solução seja a melhor implementação dos órgãos decisionais, haja vista que a limitação do poder de governo não se coaduna com uma estrutura estatal como a brasileira, constituída

---

[61] BOBBIO, Norberto. *Liberalismo e democracia*. São Paulo: Brasiliense, 1997. p. 92-94.

[62] GUERRA FILHO, Willis Santiago. *A autopoiese na sociedade pós-moderna*: introdução a uma teoria sistêmica. Porto Alegre: Livraria do Advogado, 1997. p. 26.

[63] BOBBIO, *op. cit.*, p. 95.

[64] *Ibid.*, p. 95.

por uma constituição dirigente que impõe a consecução de fins e que, portanto, demanda o fortalecimento da máquina estatal, e não seu enfraquecimento, sem descurar, evidente da imprescindível observância das regras democráticas e do respeito ao Parlamento.

A solução deve ser buscada na produção de normas jurídicas que ao mesmo tempo facilitem a governabilidade mediante decisões ágeis, conforme exigências dos processos econômicos e sociais do mundo pós-moderno, mas respeitem a posição do Parlamento, haja vista ser esse o local ideal para a reverberação das exigências sociais.

É por esse motivo que a regulação estatal no âmbito do legislativo deve privilegiar, primordialmente, a elaboração de normas estruturais e programáticas, estabelecendo fins e metas, aumentando seu caráter aberto e reduzindo sua densidade normativa, configurando essas medidas, no mundo contemporâneo, instrumentos de devolução da legitimidade da atuação do Parlamento.[65]

O fato é que na medida em que a lei, como ato formal emanado do Poder Legislativo, não apresenta a capacidade de regular o processo econômico na velocidade que este impõe é necessária a busca por mecanismos alternativos de intervenção do Estado na economia, os quais podem ser encontrados, justamente, na atuação, seja por meio de regulação advinda de normas emanadas do Poder Executivo, seja por meio de sua função regulamentar.

4.2 Diferenças da função regulamentar e função regulatória estatal

A função regulatória estatal, conforme já analisado, abrange tanto as atividades legislativas, advindas e emanadas formalmente do

---

[65] De acordo com José Carlos Francisco, em matéria política "a legitimidade do poder é definida como a força a serviço de uma idéia destinada a conduzir o grupo social na procura do bem comum e capaz de impor aos membros uma atitude de comando. O conceito de legitimidade pressupõe um conjunto de valores, mediante o qual os sistemas políticos de acesso ao poder e de exercício do poder se revestem de um componente de autoridade que os torna aceitos independentemente do uso da força. (...) [O] exercício do poder político se legitima pela coerência entre a ação política e a realidade concreta, aspecto que desafia os governos no mundo moderno em conste mutação, exigindo atenta observação do passado e do futuro. Assim, a legitimidade do Direito Positivo produzido pelo titular do poder político é obtida pela adequação do ordenamento às transformações dos elementos da vida socioeconômica, atendo-se aos valores ligados às novas tendências". Assim, segundo o autor, a "legitimidade do ordenamento jurídico é diretamente proporcional à correspondência da norma com o consenso social acerca do assunto, sua produção é facilitada se o acesso à atribuição de normatizar já contar com a participação e com o controle popular, permitindo a realização dos valores democráticos de uma sociedade" (FRANCISCO, *op. cit.*, p. 89-91).

Poder Legislativo, como as atuações decorrentes da atuação do Poder Executivo quando edita regulamentos.

Portanto, não se confunde a função regulamentar com a função regulatória, sendo aquela a atuação do Poder Executivo consistente na normatização da vida social, explicitando o conteúdo de leis abertas e menos densas normativamente, ou mesmo regulamentando diretamente as normas constitucionais; ao passo que a função regulatória pode também emanar de atos legislativos.

Assim, a função regulamentar apresenta um conceito mais restrito, evidenciando uma atuação exclusiva do Poder Executivo, consistente em produção de normas jurídicas e, por essa razão, não abrange a produção de normas jurídicas realizadas por outros Poderes, ainda que prevista essa possibilidade por leis ou mesmo pela Constituição.[66]

Reforça-se, assim, o caráter formal na identificação do que seja exatamente a função regulamentar, pois tem como elemento identificador a competência exclusiva do Poder Executivo para a produção das normas jurídicas, sem a participação obrigatória de outro Poder.[67] Com isso, afastam-se do conceito de função regulamentar as normas produzidas por meio de medidas provisórias ou por delegação do Parlamento, como as leis delegadas.

Da mesma forma, a função regulamentar não se restringe à edição de regulamentos de execução,[68] assim, entendidos como regulamentos editados apenas para especificar o conteúdo de lei.

Semelhante interpretação restringe a possibilidade de regulamentos que objetivem a explicitação direta de normas constitucionais ou legais que, segundo parcela da doutrina, configuraria regulamentos autônomos.

Ante a nova configuração da sociedade moderna, não mais se justifica a posição doutrinária que não admite a regulamentação direta de normas constitucionais. Conforme salienta José Carlos Francisco:

---

[66] FRANCISCO, *op. cit.*, p. 209.

[67] *Ibid.*, p. 210.

[68] De acordo com a doutrina, são quatro as espécies de regulamentos. Os regulamentos executivos, regulamentos delegados, regulamentos autônomos e os regulamentos de urgência. Os regulamentos executivos são decorrentes do texto Constitucional conforme se observa no artigo 84, IV, da CF através de atribuição explícita ao Chefe do Poder Executivo para o estabelecimento de normas para a fiel execução das leis. Os regulamentos delegados são decorrentes de atribuição explícita concedida ao Poder Executivo por força de lei infraconstitucional, também denominados regulamentos autorizados. Os regulamentos autônomos são aqueles decorrentes de atribuição implícita decorrente da própria prerrogativa de exercício do Poder Executivo, independente de delegação legislativa. Por fim, os regulamentos de urgência decorrentes de estado de necessidade e excepcional interesse público.

(...) assumindo a possibilidade de edição de regulamentos para explicitar normas constitucionais, a função regulamentar é definida como a atividade normativa exercida exclusivamente pelo Executivo perante norma produzida pelo Poder Constituinte ou pelo Poder Legislativo.[69]

A função regulamentar, portanto, se apresenta como um dos novos instrumentos de atuação do Poder Público perante a dinâmica imposta pelos processos sociais, com relação aos quais o ordenamento social não pode descurar, sendo, inclusive, decorrência da necessidade de maior atuação do Estado, objetivando modificação da realidade social.

O relevo a ser dado à função regulamentar no Estado Democrático de Direito, permeado pelas frequentes imposições de atuação no processo social para impor comportamentos aos particulares, justifica que as normas jurídicas emanadas pelo Poder Legislativo deem relevância a temas essenciais, ou seja, temas relativos à estrutura da sociedade, ficando a cargo da função regulamentar a edição de normas que necessitem de especificidade técnica e velocidade de modificação.

Segundo Eros Grau, é justamente o clima de instabilidade dos processos econômicos, sujeitos a permanente flutuações, que define seu caráter conjuntural. Disso decorre a necessidade de utilização de mecanismos mais flexíveis e dinâmicos de sistemas normativos para regulação das atividades econômicas e das políticas públicas, visando corrigir eventuais desvios. É justamente dessa circunstância que emerge a capacidade normativa de conjuntura, a qual consiste, segundo o autor:

> [Na] via da qual se pretende conferir resposta à exigência de produção imediata de textos normativos, que as flutuações da conjuntura econômica estão, a todo tempo a impor. À potestade normativa através da qual essas normas são geradas, dentro de padrões de dinamismo e flexibilidade adequados à realidade, é que denomino *capacidade normativa de conjuntura*.[70]

Diante da necessidade de normas jurídicas mais dinâmicas, José Carlos Francisco as distingue em duas categorias: normas de estrutura e normas de conjuntura:

> (...) as normas de estrutura correspondem às decisões essenciais acerca do tema tratado, razão pela qual devem ser conferidas aos Poderes

---

[69] FRANCISCO, *op. cit.*, p. 211.
[70] GRAU, 2000, p. 172.

com legitimação democrática (precipuamente o Legislativo), e podem versar tanto sobre relações interpessoais (leis de garantia ou clássicas) como sobre temas técnicos e governamentais. De outro lado, as normas de conjuntura devem operar a aplicação minuciosa das normas de estrutura, de modo que a competência para a edição das mesmas deve ser confiada àqueles que detêm o conhecimento técnico e a capacidade de acompanhamento imediato dos fatos e, das circunstâncias que podem interferir no cumprimento dos objetivos estabelecidos nas normas de estrutura, normalmente o Executivo (seja pela administração direta, seja pela indireta).[71]

Tanto as normas de estrutura quanto as normas de conjuntura devem observar os ditames das normas constitucionais estabelecedoras dos objetivos do Estado, mas as primeiras são responsáveis pelas decisões dos temas essenciais, ficando a cargo das segundas a análise técnica e específica da matéria, o que demanda maior dinâmica perante o processo social.

Portanto, a velocidade de modificação das estruturas sociais contemporâneas tem revelado uma incapacidade da lei, em sentido formal, de atender aos reclamos sociais, o que fez surgir um movimento denominado "deslegalização" ou "desjuridificação" que pugna pela redução das atividades do Estado na economia.

Contudo, esse movimento, iniciado pelas correntes neoliberais, não se coaduna com a estrutura do Estado Democrático de Direito que estabelece objetivos sociais a serem implementados.

A verificação da incapacidade de atuação do Poder Legislativo não deve dar margem à redução da atuação do Estado na economia, pois, semelhante conduzir, implicaria simplesmente a criação de um vácuo normativo incapaz de atender aos ditames estabelecidos constitucionalmente.

Na realidade, na medida em que o Estado deixa de prestar as atividades econômicas e serviços públicos de forma direta, emerge a maior necessidade de exercício da regulação das atividades.

Ou seja, na exata medida em que o Estado reduz seu papel como ator na produção material de bens e serviços, aumenta a importância da atividade regulatória, justamente porque, ao deixar ao talante do mercado o estabelecimento do que e quanto produzir, isto é, a concessão de liberdade de iniciativa desvinculada de qualquer controle do Estado, fatalmente importará na falência do projeto de transformação social

---

[71] FRANCISCO, *op. cit.*, p. 51.

preconizada pela Constituição Federal cujos objetivos, conforme se verá mais adiante, impõem a responsabilidade social dos atores privados, tanto dos prestadores de serviços de relevância pública, como saúde e educação, quanto dos prestadores de atividade econômica estrito senso, cujo conceito, igualmente, poderá ser conferido adiante.

De acordo com Marques Neto, "a retirada do Estado do exercício de uma atividade econômica não significa, nem pode significar, uma redução do intervencionismo estatal", pelo contrário, "nota-se que à retirada do Estado do exercício direto da atividade econômica, correspondeu um crescimento da intervenção (indireta) estatal sobre esta atividade específica".[72]

Na realidade, a redução da intervenção direta operada pelo Estado na economia, conforme assinalado, impõe a observância de mais atenta regulação, sob pena do mercado desvirtuar a observância dos fins constitucionais preconizados. Portanto, de acordo com Marques Neto, a retirada do Estado da atuação direta como prestador de atividades econômicas e serviços públicos:

> (...) aumenta a necessidade regulatória porque, deixando o Estado de ser ele próprio provedor do bem ou serviço de relevância social, tem ele que passar a exercer algum tipo de controle sobre esta atividade, sob pena de estar descurando de controlar a produção de uma utilidade dotada de essencialidade e relevância.[73]

Nesse sentido, a redução do intervencionismo estatal direto não significa, ao menos não pode significar, deslegalização, assim, entendida como redução do controle estatal por meio da edição de normas jurídicas.

Não por outra razão, afirma Marcelo Neves, citando Teubner, que a desjuridificação ou deslegalização, entendida como redução da atuação estatal, não se afigura como uma estratégia alternativa para o debate, pois:

> (...) constitui uma ilusão a tentativa de resolver ou controlar o problema dos efeitos disfuncionais da juridificação com decisões políticas sobre a existência de um maior ou menor "volume" de direito, interrompendo um problema complexo de desenvolvimento para o Estado social. A

---

[72] MARQUES NETO, Floriano de Azevedo. A nova regulação estatal e as agências reguladoras. *In*: SUNDFELD, Carlos Ari (Coord.). *Direito administrativo econômico*. São Paulo: Malheiros, 2006. p. 74.

[73] MARQUES NETO, 2006, p. 75.

"inundação de leis" — acrescenta Teubner — "não pode ser sustada por diques e barreiras, quando muito pode ser canalizada". Às propostas de "desjuridificação" subjaz uma concepção instrumentalista do direito e voluntarista da política, que desconsidera a complexidade desses sistemas na sociedade moderna.[74]

A convivência entre o maior influxo de informações advindos da sociedade e a mais intensa atuação estatal se mostra necessária. Deve-se:

> (...) conviver construtivamente com ele [influxo de informações], fortificando a capacidade de aprendizado (abertura cognitiva) dos sistemas político e jurídico, não apenas aos demais sistemas sociais, mas também em relação aos influxos de informação que emergem criativamente da esfera pública pluralista e promovem a reciclagem do respectivo sistema.[75]

Portanto, a maior celeridade dos influxos de informações decorrentes da sociedade pós-moderna justifica a busca por meios mais céleres de regulação social, apresentando-se a função regulamentar como instrumento próprio para semelhante desiderato.[76]

Não como alternativa à legalidade, pois a deslegalização não se verifica dentro de uma estrutura normativa em que se salienta a necessidade de existência de normas jurídicas estruturais, apenas propugna que essas normas estruturais não apresentem a pretensão

---

[74] NEVES, Marcelo. *Entre Têmis e Leviatã*: uma relação difícil. São Paulo: Martins Fontes, 2006. p. 233.

[75] *Ibid.*, p. 235.

[76] Nesse sentido, o posicionamento do Eros Grau, sendo elucidativo excerto de sua obra sobre as normas conjunturais evidenciadas na intermediação financeira que indicam a incapacidade do poder legislativo em atender a dinâmica desse específico processo econômico: "O exercício da capacidade normativa de conjuntura estaria, desde a visualização superficial dos arautos da 'separação' dos poderes, atribuído ao Poder Legislativo, não ao Poder Executivo. A doutrina brasileira tradicional do direito administrativo, isolando-se da realidade, olimpicamente ignora que um conjunto de elementos de índole técnica, aliado a motivações de premência e celeridade na conformação do regime a que se subordina a atividade de intermediação financeira, desconhece que o caráter instrumental da atuação dos seus agentes, e dele próprio, desenha uma porção da realizada à qual não se pode mais amoldar o quanto as teorias jurídicas do século passado explicavam. Por isso não estão habilitados os seus adeptos a compreender o particular regime de direito a que se submete o segmento da atividade econômica envolvido na intermediação financeira. Não é estranho, assim, que essa doutrina — no mundo irreal e que se afaga — não avance um milímetro além da afirmação, por exemplo, de que todas as resoluções do Conselho Monetário Nacional, editadas pelo Banco Central do Brasil, são inconstitucionais!" (GRAU, 2000, p. 173).

deslegitimadora de buscar a especificação de toda a realidade social ante sua incapacidade fática de fazê-lo.

4.3 A função regulamentar e o princípio da legalidade

A instrumentalização de normas conjunturais por meio de regulamentos editados pelo Poder Executivo não deve ser vista como alternativa à legalidade em um Estado Democrático como o brasileiro, em que os objetivos sociais a serem implementados são normas constitucionais elementares do próprio Estado.

Na verdade, o problema que se observa em sociedades periféricas, como a brasileira, é uma necessidade inadiável de regulação de todas as atividades sociais de forma igualitária, evitando-se a crescente cultura da ilegalidade decorrente da incapacidade da legislação acompanhar os processos de modificações sociais.

Repise-se, a proposição de uma estrutura que preconize o papel e a atuação do Poder Executivo por meio de função regulamentar, na medida em que esta se funda necessariamente na lei e na Constituição, não pode ser interpretada como alternativa à legalidade, pois esta não é relegada a segundo plano, haja vista que, conforme assinalado, o problema, na realidade, reside na cultura da ilegalidade, na condução de agentes sociais à margem da disciplina normativa para quem o direito "não se apresenta como horizonte do agir e vivenciar político-jurídico (...), mas antes como meio de consecução de seus objetivos econômicos, políticos e relacionais".[77]

Nas palavras de Marcelo Neves: "em vez de alternativa à legalidade, cabe antes falar da legalidade como alternativa".[78]

Não entendemos que a necessidade da prevalência de normas conjunturais dentro de uma sociedade complexa seja instrumento de deslegalização, pois, conforme afirma José Carlos Francisco, a edição de normas conjunturais:

> (...) pode libertar o Parlamento da tarefa de detalhar situações técnicas e cambiantes, permitindo que ele se concentre na discussão cuidadosa daquilo que é verdadeiramente relevante e estrutural e que dispensa alterações muito freqüentes, permitindo a própria valorização e estabilidade das leis.[79]

---

[77] NEVES, *op. cit.*, p. 249-250.
[78] *Ibid.*, 256.
[79] FRANCISCO, *op. cit.*, p. 60.

Partindo do entendimento esposado pelo autor, temos que, na verdade, está se valorizando a edição de leis em sentido formal para a disciplina dos aspectos essenciais dos mais diversos temas, mas não se está propondo qualquer vácuo normativo, ou mesmo a redução da importância da legalidade em favor de sistemas autorregulatórios privados ou regimes autoritários.

Em outras palavras, a deslegalização ou a desjuridificação deve ser entendida como tal apenas perante as proposições doutrinárias que objetivem a redução do papel do Estado na regulação das atividades econômicas.

Ocorre que, na proposta de um sistema normativo em que haja prevalência de normas conjunturais, prevalece a legalidade,[80] inclusive porque a dinâmica da produção normativa mediante normas regulamentares permite antever e disciplinar os processos sociais de forma dinâmica, evitando-se, na verdade, a cultura da ilegalidade.

A legalidade, portanto, não deve ser entendida apenas quando a disciplina dos processos sociais se dê por meio de lei em sentido formal, mas também perante as atuações por meio de outras normas jurídicas que retirem seu embasamento da própria lei ou da Constituição.

4.4 Função regulamentar e separação de poderes

Ao tratar da função regulamentar exercida pelo Poder Executivo, a doutrina tece suas críticas embasadas na violação do Princípio da Separação de Poderes que, na Constituição Federal brasileira de 1988, se configura como princípio expresso, conforme se depreende do artigo 2º da Constituição Federal: "São Poderes da União, independentes e harmônicos entre si, o Legislativo, o Executivo e o Judiciário".

Furtam-se os críticos, contudo, em reconhecer que a função normativa de conjuntura exercida pelo Poder Executivo se constitui em fato empiricamente observável na realidade jurídica brasileira, haja vista as inúmeras intervenções nas atividades econômicas exercidas por essa via, como, por exemplo, atos normativos da Comissão de Valores Mobiliários (CVM) ou das demais agências reguladoras, como a Agência

---

[80] Nesse sentido Eros Grau, segundo o qual a capacidade normativa de conjuntura, como dever-poder da Administração, "há de ser ativado em coerência não apenas com as linhas fundamentais e objetivos determinados no nível constitucional, mas também com o que dispuser, a propósito de seu desempenho, a lei. (...) Este, de resto, haverá de ser sempre o fundamento de tal vinculação, visto que aludida capacidade normativa, somente estará ungida de legalidade quando e se ativada nos quadrantes da lei" (GRAU, 2000, p. 172-173).

Nacional de Saúde (ANS), ao regular de forma direta os contratos de planos de saúde.

Portanto, não há como cerrar os olhos à realidade, pois, do contrário, seria imperativo declarar inconstitucional todos os atos regulamentares editados na forma anteriormente preceituada.

Na verdade, a crítica à função normativa exercida pelo Poder Executivo por intermédio da edição de regulamentos decorre de interpretação originária de doutrinas surgidas sob a égide do Estado liberal que objetivavam, na realidade, a limitação dos Poderes do Estado, incorporando no pensamento jurídico e social uma ideia de que o Estado age exclusivamente em detrimento dos interesses individuais e das liberdades civis.

Atualmente, conforme salienta Bonavides, não é mais o Estado a principal ameaça aos indivíduos e a seus valores dominantes (vida, liberdade e propriedade), pois, além da mutação desses valores, os quais passam a ter como centro axiológico da Constituição a igualdade material, a principal ameaça encontra-se na sociedade e suas estruturas injustas, transformando o Estado de inimigo em aliado, protetor dos novos valores, ao contrário da Sociedade que se apresenta como o "reino da injustiça".[81]

O Estado brasileiro não se apresenta como um Estado liberal nos moldes clássicos, ou seja, não se caracteriza como um Estado de polícia.

Como um Estado Democrático de Direito dotado de uma constituição dirigente, é imperativa a realização de políticas públicas que permitam a alteração das condições sociais em busca de uma sociedade livre, solidária e sem injustiças sociais.

Nesse contexto, ao invés de se preconizar um Estado fraco, nos moldes pretendidos pelos adeptos de doutrinas neoliberais, faz-se necessário o fortalecimento do Estado e, para tanto, é imprescindível aceitar uma atuação mais estreita perante as atividades econômicas.[82]

A separação absoluta entre os Poderes Executivo, Legislativo e Judiciário fatalmente implicaria o absoluto imobilismo do Estado e, por consequência, seria inócua qualquer tentativa de implementação de políticas públicas ou mesmo de frear os anseios egoísticos do mundo

---

[81] BONAVIDES, 2010, p. 380.

[82] Conforme salienta Paulo Bonavides, a "crise do Direito Constitucional não resulta unicamente da falta de originalidade e criatividade no campo das instituições constitucionais (...). Em se tratando de Estado social, concordamos por inteiro com Tomandl e Franz Horner quando dizem que um dos mais graves problemas do Direito Constitucional decorre de que ele realiza os fins do Estado social de hoje com as técnicas do Estado de Direito de ontem" (*Ibid.*, p. 372-373).

empresarial que não tem no exercício da responsabilidade social uma de suas prioridades.

A história revela que, sem a mobilização social e consequente interferência estatal, não se atingem objetivos de cunho social e, portanto, as lições embasadas em uma separação absoluta entre os Poderes implicarão, na verdade, além de uma visão nebulosa da realidade prática, reminiscências de pensamento liberal incompatível com a estrutura constitucional nacional.

De todo modo, em momento algum foi preconizado por Montesquieu a separação absoluta dos Poderes, pois seu modelo doutrinário buscou, ao mesmo tempo, evitar abusos decorrentes da concentração de poderes em mãos de um único indivíduo e também estabelecer uma concentração entre os diversos poderes.

Para José Carlos Francisco, "o redesenho das funções entre os poderes não é necessariamente ofensivo à separação desses se mantido o equilíbrio entre ele, pois sua concepção não foi e não é voltada à exclusividade de atribuições",[83] haja vista que a separação de poderes preconiza apenas uma relativa distribuição de competências que são, na verdade, compartilhadas, de forma que cada um dos poderes acaba por possuir uma função predominante, mas não exclusiva.[84]

Da mesma forma, não falece ao Executivo a legitimidade para a edição de atos normativos.

A dogmática positivista apresenta a legitimidade como conceito correlato à legalidade. Seriam legítimas as normas produzidas de acordo com os procedimentos normativos estabelecidos pelo ordenamento jurídico, ou seja, a legitimidade seria obtida pela adequada observância dos procedimentos previamente estabelecidos para a elaboração da lei ou ato normativo, sendo irrelevante o conteúdo das disposições normativas exaradas, ou mesmo a correlação dessas disposições com os anseios dos indivíduos que passam a ter seus comportamentos normatizados.

Não obstante, semelhante entendimento, a legalidade e a legitimidade não se confundem, sendo o conceito de legitimidade um conceito mais sociológico do que propriamente jurídico, não sendo incomum expressões utilizadas como "leis que pegaram" ou "leis que não pegaram".

Referidas expressões, tão comuns no vocabulário popular, na realidade significam normas jurídicas dotadas de legitimidade ou não

---

[83] FRANCISCO, *op. cit.*, p. 72.

[84] *Ibid.*, p. 78.

dotadas de legitimidade, ou seja, a despeito de disposições normativas se encontrarem em vigor, por vezes não são vistas pela população como normas merecedoras da devida observância, do que decorre a necessidade de adequação social das normas jurídicas para sua devida observância sem a necessidade do uso do poder coercitivo do Estado, e é justamente nisso que se encontra o conceito de legitimidade.

Na medida em que a sociedade incorpora uma disposição normativa como legítima, maior será sua observância espontânea, sendo tanto menor o uso do aparato coercitivo do Estado, o que favorece a harmonia social.

Por essa razão, a legalidade não pode ser interpretada como sinônima de legitimidade, devendo a legitimidade, em matéria política, ser entendida como:

> (...) uma força a serviço de uma idéia destinada a conduzir o grupo social na procura do bem comum e capaz de impor aos membros uma atitude de comando. O conceito de legitimidade pressupõe um conjunto de valores, mediante o qual os sistemas políticos de acesso ao poder e de exercício do poder se revestem de um componente de autoridade que os torna aceitos independente do uso da força.[85]

Portanto, a legitimidade de um ordenamento jurídico é verificada na medida de sua adequação aos anseios sociais, ou seja, correlação entre a ação política e a realidade concreta[86] ou, em outras palavras, correlação do direito positivo com as transformações sociais e os valores existentes em uma dada sociedade e em um dado espaço de tempo e território.

A legitimidade, assim, é tanto maior quanto maior for o consenso social a seu respeito, motivo pelo qual é facilitada se contar com a participação popular em sua produção por meio de um regime democrático.[87] No entanto, a despeito da legitimidade ser facilitada pela participação popular na formação das normas jurídicas, tem-se observado no seio do Parlamento, por meio do sistema de democracia indireta ou democracia representativa, que nem sempre as normas jurídicas produzidas refletem os anseios populares.

A existência de inúmeros grupos de pressão, assim como o aumento do poder econômico de certos agentes políticos com amplo

---

[85] FRANCISCO, *op. cit.*, p. 89.
[86] *Ibid.*, p. 90.
[87] *Ibid.*, p. 91.

poder de *lobby* para a produção de normas jurídicas a seu favor, acaba por não permitir que se continue fazendo imediata correlação entre norma jurídica produzida sob o fruto da discussão parlamentar com uma norma legítima, pois, muitas vezes, as normas jurídicas, ainda que amplamente discutidas no Parlamento, não se adéquam aos valores sociais ou, quando de sua produção, a norma não mais reflete os valores que ensejaram o início de seu debate, ou seja, o prolongamento por anos de debates parlamentares acarreta a produção de normas jurídicas defasadas perante os anseios sociais, os quais são mais dinâmicos que a atuação do Legislativo.

Conforme salienta José Carlos Francisco:

> (...) essa noção da lei como expressão da razão ou da vontade geral da população nem sempre se realizou na prática parlamentar, por vezes marcada por leis indignas de serem consideradas resultantes do consenso popular, pois atendem a interesses particulares.[88]

Assim, existem deficiências na legitimidade democrática do Poder Legislativo, pois seus mecanismos de produção de consenso não são perfeitos. Mas o problema que se coloca diante da análise da função regulamentar, a qual implica o aumento da participação direta do Poder Executivo na produção normativa primária, é estabelecer se as normas decorrentes de sua produção direta guardariam legitimidade.

José Carlos Francisco responde positivamente, pois sustenta que é o próprio ordenamento constitucional que cria tanto o Legislativo quanto o Executivo e estabelece as formas de atuação de cada um deles. Ademais, salienta o autor, o Executivo também apresenta origem popular,[89] na medida em que sua chefia é escolhida pelo povo e é nesse representante popular que se depositam as esperanças populares de mudança social.[90]

A atuação do Executivo, por ser mais concreta, também permite a leitura da vontade popular de modo mais pluralista, compreendendo-a de forma mais transparente, sem intermediações de partidos políticos ou grupos de pressão.

---

[88] *Ibid.*, p. 98.

[89] Vale salientar que, no presente trabalho, tratamos da regulação estatal à luz do ordenamento jurídico brasileiro, de forma que, ao tecermos considerações à origem popular do Executivo, estamos fazendo referência apenas ao Executivo brasileiro, ou seja, de regimes presidencialistas, sem qualquer correlação com monarquias parlamentares e o presente texto não pretende semelhante grau de universalidade.

[90] FRANCISCO, *op. cit.*, p. 98-99.

Por esses argumentos, afirma José Carlos Francisco:

(...) o Executivo usufrui da mesma legitimação democrática conferida ao Legislativo, de suas virtudes e deficiências, tanto na sua origem quanto no seu exercício, procurando se conformar ao consenso popular. Em regra, o parlamentar é menos sujeito ao controle social (inclusive pela imprensa e por entes organizados da sociedade) comparativamente ao Chefe do Executivo, justamente pela facilidade de identificação dos responsáveis pelas funções públicas. Assim, o Executivo também apresenta características democráticas quando eleito pelo povo, de modo que a maior ou menor amplitude de suas atribuições não pode ser confundida com Estado totalitário, muito menos com ausência de segurança jurídica na produção de normas necessárias e exigidas pela sociedade em constante mutação.[91]

A legitimação conferida ao Poder Executivo, portanto, o qualifica na produção de disposições normativas primárias por meio da função regulamentar para a edição de normas de conjuntura.

---

[91] *Ibid.*, p. 102.

CAPÍTULO 5

DIREITO À SAÚDE

OBJETO E CARACTERÍSTICAS

5.1 Definindo o objeto: a saúde

O direito à saúde é entendido como direito social[92] e, portanto, direito humano de segunda geração, cuja consolidação como tal se observou notadamente a partir da segunda metade do século XX.

---

[92] De acordo com a classificação apresentada por Ingo Wolfgang Sarlet, dividem-se os direitos fundamentais em direitos de defesa e direitos à prestação. Os direitos fundamentais de defesa, segundo o autor, geram obrigação de abstenção por parte do Poder Público; são direitos negativos, revela-se no espectro do *status negativus* e/ou *status libertatis* e engloba direitos à vida, liberdade, políticos, parte dos direitos sociais. Os direitos fundamentais a prestações objetivam não apenas a "liberdade – autonomia", mas a "liberdade por intermédio do Estado", do que depende uma postura ativa do Estado para a consecução desse Direito. Esses direitos enquadram-se no âmbito, do assim denominado, direitos de segunda geração ou dimensão e são fruto do processo da evolução do Estado de Direito para o Estado Democrático e Social de Direito que se consagrou apenas nesse século. Os direitos fundamentais à prestação, por sua vez, admitem outra subclassificação: como direitos a prestações materiais ou direitos a prestações normativas, do que decorre que os direitos a prestações não se limitam a direitos sociais, entendidos como direitos a prestações fáticas. Consideram-se, portanto, os direitos à prestação normativa como direitos de proteção e participação que apresentam um *status negativus*, assemelhando-se aos direitos próprios de defesa do Estado de Direito, ao passo que os direitos a prestações materiais, também entendidos como direitos à prestação estrita, são aqueles que demandam atuação positiva do Poder Público através de prestações materiais e se encontram vinculados primordialmente ao Estado social. Ainda no âmbito dos direitos a prestação, pode ser feita a distinção entre direitos à prestação derivados e direitos à prestação originários. Os direitos à prestação derivados compreende o direito de igual acesso a instituições criadas pelos poderes públicos, ao passo que os direitos originários à prestação são aqueles que asseguram aos indivíduos o fornecimento de prestação estatal, ainda que inexistente um sistema prévio de oferta desses bens e serviços e que podem ser deduzidos diretamente das normas constitucionais que os consagram. Portanto, de acordo com a classificação apresentada acima, observa-se que os direitos fundamentais sociais não podem ser entendidos exclusivamente como direitos a prestações materiais, como, p. ex., os direitos trabalhistas e sindicais, da

Para entender e delimitar o objeto do direito à saúde importa analisar o que se entende por saúde, cuja definição, ademais, é controversa e multidisciplinar.

A saúde é um conceito contraposto ao de doença, sendo esta a conotação que predominou em sua definição até a segunda metade do século XX. Era de predomínio das ciências biológicas a definição de saúde, na medida em que era esse campo do conhecimento que permitia identificar e tratar as doenças existentes.[93]

Essa concepção da saúde como ausência de doença foi predominante nos períodos que se seguiram ao positivismo científico, ante a racionalidade científica que é inerente a esse conceito até então dominante.

Compare-se o corpo humano a uma máquina e ao corpo doente a uma máquina com defeito.[94]

Conforme salienta Fernando Aith,[95] foi entre 1960 e 1970 que a saúde passou a ser também objeto de estudo das ciências sociais, de forma que a definição do que é saúde se ampliou e se afastou do restrito campo da biologia para abranger outros aspectos da vida social.

O conceito de saúde passou a ser encarado como representações de saúde, reconhecendo-se a existência de diferentes representações de saúde de acordo com a realidade social de cada povo, de modo que o Estado passa a se ocupar da saúde não apenas em seu aspecto individual, mas também do aspecto social e coletivo,[96] notadamente das influências socioambientais para a manutenção da qualidade de vida.

---

mesma forma que nem todos os direitos à prestação são direitos sociais. Dessa forma, de acordo com Sarlet, os direitos sociais não se vinculam a direitos a prestações materiais do Estado, ou mesmo ao fato de que se trata de direitos conferidos a uma categoria social, como no caso dos direitos dos trabalhadores. A denominação de direitos fundamentais sociais "encontra sua razão de ser na circunstância — comum aos direitos sociais prestacionais e aos direitos sociais de defesa — de que todos consideram o ser humano na sua situação concreta na ordem comunitária (social), objetivando, em princípio, a criação e garantias de uma igualdade e liberdade material (real), seja por meio de determinadas prestações materiais e normativas, seja de proteção e manutenção do equilíbrio de forças na esfera das relações trabalhistas". Portanto, os direitos de defesa e os direitos sociais de cunho prestacional obedecem a uma dialética de complementaridade, pois ambos se baseiam na concepção de que "a dignidade da pessoa humana apenas poderá ser plenamente realizada com uma maior liberdade para todos e menos privilégios" (SARLET, Ingo Wolfgang. Os direitos fundamentais sociais na Constituição de 1988. *Revista Diálogo Jurídico*, Salvador, ano 1, n. 1, abr. 2001. p. 11).

[93] AITH, Fernando. *Curso de direito sanitário*: a proteção do direito à saúde no Brasil. São Paulo: Quartier Latin, 2007. p. 44.

[94] WEICHERT, Marlon Alberto. *Saúde e federação na Constituição brasileira*. Rio de Janeiro: Lumen Juris, 2004. p. 119.

[95] AITH, *op. cit.*

[96] *Ibid.*, p. 44.

De acordo como Marlon Alberto Weichert, o individualismo do enfoque da saúde como simples ausência de doenças "não atende aos anseios de promoção da saúde e, nem mesmo, de garantia de permanência sadia. Ambos dependem de forma marcante de qualidade de vida da comunidade".[97]

A saúde deixa, portanto, de ser apenas o aspecto da ausência de doença, sendo importante a análise da relação da sociedade com o indivíduo para assegurar o bem-estar coletivo.

Torna predominante o entendimento da saúde como equilíbrio e bem-estar que permitem respostas mais satisfatórias às exigências da vida social,[98] tendo sido essa a concepção adotada pela Organização Mundial da Saúde em sua constituição: "saúde é o estado de completo bem-estar físico, mental e social, e não somente a ausência de doenças ou enfermidades".[99]

Portanto, a definição da saúde passa a incorporar aspectos relacionados com o ambiente circundante do ser humano, abrangendo aspectos correlatos à preservação do meio ambiente, controle da poluição, planejamento familiar, dentre outros.

A ampliação do conceito de saúde implica ampliação do próprio conteúdo do direito à saúde que deixa de apresentar uma conotação simplesmente individual, focada exclusivamente no indivíduo saudável, para comportar, também, aspectos coletivos, na medida em que inexiste saúde individual desvinculada da qualidade do ambiente e da saúde dos demais indivíduos de uma mesma coletividade.

5.1.1 Saúde pública

Em uma primeira análise, o termo "saúde pública", amplamente utilizado, gera o precipitado entendimento de ser campo específico da atuação estatal na prestação de serviços públicos de saúde.

Essa assertiva, contudo, não evidencia o real sentido de saúde pública, o que justifica breves incursões históricas, ainda que por meio de visão panorâmica e superficial.

Na Era Clássica, como ensina Fernando Aith, observam-se preocupações com a saúde pública. Os gregos foram os responsáveis

---

[97] WEICHERT, *op. cit.*, p. 120.
[98] AITH, *op. cit.*, p. 46.
[99] ORGANIZAÇÃO MUNDIAL DA SAÚDE (OMS). *Constituição*. Nova Iorque: OMS, 1946.

pelo desenvolvimento das ciências médicas, com Hipócrates e seus seguidores.[100] Após a dominação Romana dos povos helênicos, os conhecimentos da medicina clínica foram incorporados pelos romanos e permitiram amplo desenvolvimento da higiene coletiva e da medicina social,[101] destacando-se os aquedutos, implantação de latrinas, as termas e também prevenção e tratamento médico de populações mais pobres por meio da medicina pública.

Vale salientar que essas ações políticas do Império Romano tinham relação com a busca de legitimidade para a manutenção do poder político, e não com um comportamento solidário e altruísta dos romanos.[102]

Após a experiência romana, os avanços relacionados com a saúde pública se observam no período do Renascimento, mediante esforços de combate às epidemias.[103]

De acordo com Sueli Dallari, os esforços de combate às epidemias implicaram a ideia de perigo social, que permitiu a implementação do combate a doenças, maior controle sobre os indivíduos, dando surgimento na Alemanha da ideia de polícia médica.[104]

Não obstante, o desenvolvimento das ideias Iluministas no século XVII que preconizavam a busca de explicações racionais para as doenças, afastando-se do sobrenatural, permitiu o desenvolvimento de políticas de controle do exercício da profissão da medicina e farmácia, evitando-se o charlatanismo, assim como implementou as práticas de higiene social.[105]

Mas, é do curso de desenvolvimento do Estado liberal burguês, no século XVIII, que se delimita a noção contemporânea de saúde pública,[106] justificando a implementação estatal de políticas assistenciais envolvendo políticas de assistência social e médica.

Percebeu-se, durante o Estado liberal, a importância da prestação de serviços de saúde à população como instrumento de controle social,[107]

---

[100] AITH, *op. cit.*, p. 51.

[101] *Ibid.*, p. 51-52.

[102] AITH, *op. cit.*, p. 53.

[103] DALLARI, Sueli Gandolfi. Políticas de Estado e políticas de governo: o caso da saúde pública. *In*: BUCCI, Maria Paula Dallari. *Políticas públicas*: reflexões sobre o conceito jurídico. São Paulo: Saraiva, 2006. p. 247.

[104] *Ibid.*, p. 248.

[105] *Ibid.*, p. 249.

[106] *Ibid.*, p. 249.

[107] "A análise histórica da saúde nos mostra que, antes de ser um saber, a saúde pública é o exercício de um poder. (...) A saúde pública é um exercício de poder voltado à saúde da

evitando-se a sublevação das massas. O desenvolvimento da saúde pública serviu, assim, como instrumento de preservação de desenvolvimento do próprio capitalismo no período da Revolução Industrial. À medida que o Estado passa a prestar serviços de saúde e de controle de epidemias, desvincula-se e evita-se que a população elabore qualquer correlação de sua situação física insólita e econômica depauperada com o papel dos agentes econômicos.

Esse mecanismo permitiu a esquiva, por parte dos capitalistas, de revoltas sociais relacionadas às deficiências nas prestações dos serviços de saúde, pois a ineficácia do sistema tinha como responsável apenas o Estado e não o capitalista, desvincula-se, dessa forma, a relação direta entre capital e trabalho, ao mesmo tempo em que se confere aparente neutralidade ao papel estatal.[108]

No Estado liberal, portanto, a proteção à saúde é admitida como atividade a ser desempenhada pelo Estado e adquiriu *status* constitucional,[109] permitindo o controle sobre ações particulares relacionados à saúde pública, por meio de práticas de polícia administrativa, notadamente relacionadas à higiene urbana. Vale sublinhar que sob a égide do Estado liberal preconizava-se a ausência estatal de interferências na liberdade individual, mas, em se tratando de políticas de saúde pública, admitiam-se incursões estatais na esfera individual, para assegurar o controle de epidemias e propagação de doenças. De acordo com Sueli Dallari:

> (...) as atividades do Estado relacionadas à vigilância sanitária, durante a implantação do liberalismo, eram em tudo coincidentes com os interesses da burguesia vitoriosa: valorizando sobremaneira o individualismo dominante, limitá-lo apenas naquilo estritamente necessário à preservação da segurança individual, com o mais absoluto respeito à lei — condição do Estado de Direito.[110]

Já no início do século XX, portanto, as políticas de prevenção sanitária configuram-se como políticas de Estado, cuja ampliação foi

---

população, à segurança sanitária, à saúde individual e assim por diante, mas sempre o exercício de um poder e de força, que deve ser bem dosado para evitar abusos" (AITH, *op. cit.*, p. 54).

[108] NOGUEIRA, Vera Maria Ribeiro; PIRES, Denise Elvira Pires de. Direito à saúde: um convite à reflexão. *Cadernos de Saúde Pública*, Rio de Janeiro, v. 20, n. 3, jun. 2004. Disponível em: <http://www.scielosp.org/scielo.phd?script=sci_arttex&pid=S0102311x2004000300012&Ing=en&nrm=iso>. Acesso em: 21 maio 2009.

[109] DALLARI, 2006, p. 249.

[110] *Ibid.*, p. 250.

marcante após o final da Segunda Guerra Mundial, culminando com o reconhecimento do direito à saúde como direito fundamental.[111] Esse histórico do desenvolvimento da saúde pública evidencia seu relacionamento com temas como o controle de epidemias, políticas de vigilância sanitária e higienização, mas a eles não se restringe.

De fato, na medida em que se correlaciona a saúde com o equilíbrio ambiental e corporal do indivíduo, amplia-se a abrangência da saúde pública para além da mera implementação de prestação de medidas de vigilância sanitária e prestação de serviços públicos de saúde.

A saúde pública se apresenta, assim, como o conjunto de atividades e interesses cujo controle e regulação se justificam por sua relação com o bem-estar individual, pondo-o livre de riscos e violações.

A saúde pública, portanto, não se confunde com a prestação de serviços públicos de saúde, pois todo e qualquer atividade pública ou privada relacionada à prevenção de doenças, tratamento, vigilância sanitária ou que de qualquer forma com esses temas relacionados é objeto de disciplina estatal estando inserido no controle estatal e abrangido pela saúde pública.

Vale, portanto, apresentar o conceito de saúde pública conforme célebre definição de Charles-Edward Winslow, citado por Fernando Aith, como:

> (...) a ciência e arte de prevenir as doenças, de prolongar a vida e de promover a saúde e a integridade física através de esforços coordenados da comunidade para a preservação do meio ambiente, o controle das infecções que podem atingir a população, a educação do indivíduo sobre os princípios de higiene pessoal, a organização dos serviços médicos e de saúde para o diagnóstico precoce o tratamento preventivo de patologias, o desenvolvimento de dispositivos sociais que assegurem a cada um nível de vida adequado para a manutenção da vida.[112]

Essa abrangência das atividades de saúde pública justifica a inclusão como seu objeto das atividades de controle, fiscalização e regulação das atividades relativas à assistência à saúde, ainda que privadas.

---

[111] "A recordação do desenvolvimento recente do conceito de saúde pública revela sua estreita ligação com a idéia de políticas públicas. De fato, em todas as etapas de sua evolução se percebe a indispensável atuação do Estado para defender a saúde pública, configurando direitos e distribuindo bens e serviços. Especialmente em virtude de priorizar a verificação do comportamento das doenças e outros agravos nas populações e não nos indivíduos, a implementação de medidas de saúde pública sempre dependeu da organização social subjacente. Assim, sem qualquer receio de deslize metodológico, pode-se afirmar que, com a criação do Estado Moderno, a saúde pública é uma política de Estado" (*Ibid.*, p. 252).

[112] AITH, *op. cit.*, p. 50.

5.2 A saúde como direito fundamental

O Direito à saúde se configura como direito social prestacional que objetiva assegurar à pessoa humana condições de bem-estar e de desenvolvimento mental e social livre de doenças físicas e psíquicas.

No âmbito internacional, houve o reconhecimento do direito à saúde de forma indireta na Declaração Universal dos Direitos Humanos, adotada na 3ª Assembleia Geral da Organização das Nações Unidas (ONU) em 10 de dezembro de 1948:

> Artigo XXII – Toda pessoa, como membro da sociedade, tem direito à segurança social e à realização pelo esforço nacional, pela cooperação internacional e de acordo com a organização e recursos de cada Estado, dos direitos econômicos, sociais e culturais indispensáveis à sua dignidade e ao livre desenvolvimento de sua personalidade. (...)
>
> Artigo XXV – 1. Toda pessoa tem direito a um padrão de vida capaz de assegurar a si e a sua família saúde e bem-estar inclusive alimentação, vestuário, habitação, cuidados médicos e os serviços sociais indispensáveis, o direito à segurança, em caso de desemprego, doença, invalidez, viuvez, velhice ou outros casos de perda dos meios de subsistência em circunstâncias fora de seu controle.[113]

No ano de 1966, a Assembleia Geral da ONU aprovou dois pactos relacionados aos direitos humanos, o Pacto de Direitos Civis e Políticos e o Pacto de Direitos Econômicos, Sociais e Culturais.

O Pacto de Direitos Econômicos, Sociais e Culturais[114] previu, de forma expressa, o direito à saúde:

> Artigo 12 – 1. Os Estados-partes no presente Pacto reconhecem o direito de toda pessoa de desfrutar o mais elevado nível de saúde física e mental.
>
> 2. As medidas que os Estados-partes no presente Pacto deverão adotar, com o fim de assegurar o pleno exercício desse direito, incluirão as medidas que se façam necessárias para assegurar:
>
> a) a diminuição da mortinatalidade e da mortalidade infantil, bem como o desenvolvimento são das crianças;
>
> b) a melhoria de todos os aspectos de higiene do trabalho e do meio ambiente;
>
> c) a prevenção e o tratamento das doenças epidêmicas, endêmicas, profissionais e outras, bem como a luta contra essas doenças;

---

[113] ORGANIZAÇÃO DAS NAÇÕES UNIDAS – ONU. *Declaração Universal dos Direitos Humanos*. Paris: ONU, 1948.

[114] Aprovado pelo Decreto Legislativo nº 226, de 12 de dezembro de 1991.

d) a criação de condições que assegurem a todos assistência médica e serviços médicos em caso de enfermidade.[115]

Outros diplomas internacionais também estabeleceram o direito à saúde, destacando-se o protocolo adicional à Convenção Americana sobre Direitos Humanos em matéria de Direitos Econômicos, Sociais e Culturais (Protocolo de San Salvador):[116]

Artigo 10 – Direito à saúde

1. Toda pessoa tem direito à saúde, entendida como o gozo do mais alto nível de bem-estar físico, mental e social.

2. A fim de tornar efetivo o direito à saúde, os Estados Partes comprometem-se a reconhecer a saúde como bem público e, especialmente, a adotar as seguintes medidas para garantir este direito:

a) atendimento primário de saúde, entendendo-se como tal a assistência médica essencial colocada ao alcance de todas as pessoas e famílias da comunidade;

b) extensão dos benefícios dos serviços de saúde a todas as pessoas sujeitas à jurisdição de Estado;

c) total imunização contras as principais doenças infecciosas;

d) prevenção e tratamento das doenças endêmicas, profissionais e de outra natureza;

e) educação da população sobre prevenção e tratamento dos problemas de saúde; e

f) satisfação das necessidades de saúde dos grupos de mais alto risco e que, por sua situação de pobreza, sejam mais vulneráveis.[117]

O direito à saúde, portanto, compreende a atuação estatal mediante políticas preventivas e sanitárias, como também compreende o dever de criação de condições que assegurem assistência médica e serviços médicos em casos de enfermidade.[118]

---

[115] ORGANIZAÇÃO DAS NAÇÕES UNIDAS – ONU. *Pacto de direitos econômicos, sociais e culturais.* Nova Iorque: ONU, 1966.

[116] Aprovado pelo Decreto Legislativo nº 56, de 19 de abril de 1995.

[117] ORGANIZAÇÃO DOS ESTADOS AMERICANOS – OEA. Protocolo adicional à convenção americana sobre Direitos Humanos em matéria de Direitos Econômicos, Sociais e Culturais (Protocolo de San Salvador). San Salvador: OEA, 1988.

[118] Conforme salienta Sueli Dallari, a proteção sanitária como política sanitária está consagrada em três níveis hierarquizados de prevenção: "a *primária*, que se preocupa com a eliminação das causas e condições de aparecimento das doenças, agindo sobre o ambiente (segurança nas estradas, saneamento básico, por exemplo) ou sobre o comportamento individual (exercício e dieta, por exemplo); a *secundária*, ou prevenção específica, que busca impedir

Trata-se, portanto, de direito cujo âmbito de atuação vai além do tratamento do ser humano enfermo, embora seja nessa hipótese que a necessidade de se assegurar o exercício pleno desse direito se mostre mais incisiva.

Esse, porém, é apenas um dos seus aspectos, pois não há como se entender efetivado o direito à saúde desvinculado da necessidade de assegurar-se condições sanitárias e de meio ambiente saudáveis, como explicita o Pacto dos Direitos Econômicos, Sociais e Culturais.

Observe-se que na Constituição da Organização Mundial da Saúde, em seu preâmbulo, é estabelecido que a saúde consiste no completo bem-estar físico e mental e não apenas na ausência de enfermidades ou infecções, sendo esta também a dicção extraída do disposto no Protocolo de San Salvador.

Na constituição da Organização Mundial da Saúde, também ficou assentado que o gozo do grau máximo de saúde que se pode atingir é um dos direitos fundamentais, sem distinção de raça, religião, ideologia política ou condição econômica e social, tendo sido dado relevo à importância da assunção de desenvolvimento e fornecimento de saúde para todos os povos em razão do perigo comum decorrente de detrimentos de condições de saúde.

De fato, a inexistência de políticas de âmbito internacional para o controle de doenças infectocontagiosas é geradora de riscos de disseminação de doenças, pois não há como se manter restrito a um povo determinadas infecções e doenças, de forma que o documento de constituição da Organização Mundial da Saúde revela o dever de atuação conjunta para a realização plena do bem-estar físico e mental de todos os povos em relação de solidariedade.

Por conseguinte, é nítido o caráter universal e indivisível do direito à saúde, como exemplar de direito fundamental social.

A universalidade decorre da necessidade de extensão universal dos direitos sociais, tendo como único requisito para tanto a condição de pessoa para sua titularidade, ao passo que a indivisibilidade decorre da imprescindibilidade de seu gozo como condição para o exercício dos direitos civis e políticos, gerando uma interdependência entre os direitos civis e políticos e os direitos econômicos e sociais.[119]

---

o aparecimento de doenças determinada, por meio da vacinação, dos controles de saúde, da despistagem; e a *terciária*, que visa limitar a prevalência de incapacidades crônicas ou recidivas." (*Ibid.*, 2006, p. 251).

[119] PIOVESAN, Flávia. Proteção Internacional dos direitos econômicos, sociais e culturais. *In*: SARLET, Ingo Wolfgang (Org.). *Direitos fundamentais sociais*: estudos de direitos constitucional e comparado. Rio de Janeiro: Renovar, 2003. p. 238-239.

Como direito de caráter social com características prestacionais, apresenta o direito à saúde um conteúdo econômico, na medida em que depende de políticas públicas a serem implementadas pelos Estados para assegurar seu gozo, de forma que a plenitude da garantia do exercício desse direito demanda investimentos, o que justifica uma realização progressiva até o limite dos recursos disponíveis e essa circunstância foi expressamente prevista no Pacto de Diretos Econômicos, Sociais e Culturais:[120]

> Artigo 2º – 1. Cada Estado-parte no presente Pacto compromete-se a adotar medidas, tanto por esforço próprio como pela assistência e cooperação internacionais, principalmente nos planos econômico e técnico, até o máximo de seus recursos disponíveis, que visem a assegurar, progressivamente, por todos os meios apropriados, o pleno exercício dos direitos reconhecidos no presente Pacto, incluindo, em particular, a adoção de medidas legislativas.[121]

A admissão do exercício progressivo do direito à saúde não o descaracteriza como direito fundamental da pessoa humana, apenas constata-se, em atenção à realidade social, que a prestação dos serviços de saúde não pode apresentar um caráter utópico, mas voltar-se para a realidade social e orçamentária de cada Estado.

Da mesma forma, o caráter progressivo da realização do direito à saúde não implica a possibilidade da inércia estatal em relegar a efetivação do direito à saúde para momento futuro, pois realização progressiva implica atuação concreta, apenas admite-se não ser exigível de forma imediata o caráter ideal de plenitude de acesso aos mais desenvolvidos mecanismos de prestação, o que não se confunde com não fornecimento de qualquer serviço de saúde.

Na Constituição Federal de 1988, incorporaram-se os conceitos anteriormente apresentados, assegurando-se o acesso universal igualitário aos serviços de saúde:

> Art. 6º São direitos sociais a educação, a saúde, o trabalho, a moradia, o lazer, a segurança, a previdência social, a proteção à maternidade e à infância, a assistência aos desamparados, na forma dessa Constituição.

---

[120] PIOVESAN, *op. cit.*, p. 245. Conforme anota Flávia Piovesan, os signatários do Pacto têm obrigação jurídica de efetivar os direitos econômicos, sociais e culturais, mas ao contrário dos direitos civis e políticos o Pacto Internacional concebe uma realização progressiva dos direitos econômicos, sociais e culturais até o máximo de seus recursos.

[121] ORGANIZAÇÃO DAS NAÇÕES UNIDAS – ONU. *Pacto de direitos econômicos, sociais e culturais*. Nova Iorque: ONU, 1966.

(...)

Art. 196. A saúde é direito de todos e dever do Estado, garantido mediante políticas sociais e econômicas que visem à redução do risco de doença e de outros agravos e ao acesso universal e igualitário às ações e serviços para sua promoção, proteção e recuperação.

Fixou o constituinte a existência do dever estatal na prestação de políticas que visem assegurar a redução de doenças, assim como fincou o dever estatal de prover a recuperação daqueles que, por algum motivo, não estiverem em plenitude de seu bem-estar físico.

Ao Estado, impõe-se, portanto, um dever de atuação preventiva mediante a implementação de políticas públicas que objetivem assegurar aos indivíduos condições de se desenvolverem física e mentalmente saudáveis em sua plenitude.

Para Fernando Aith, a necessidade de atuação preventiva do Estado é uma das características do denominado "princípio da segurança sanitária" que incorpora tanto a necessidade de "redução dos riscos existentes nas atividades humanas que são desenvolvidas na sociedade e que podem, de alguma forma, afetar a saúde", *i.e.*, problemas de poluição e de comportamentos sociais (como o tabagismo e o alcoolismo), mas também se estende à necessidade de medidas de redução de risco relativas à própria "execução de atos médicos em geral (infecções hospitalares, capacidade técnica dos responsáveis pelos atos médicos em geral etc.)".[122]

O caráter preventivo do direito à saúde se correlaciona com outros direitos fundamentais sociais e individuais e, a título de exemplo dos primeiros, pode-se citar não só o dever de se assegurar os direitos previstos no artigo 7º, XIII e XIV, da Constituição Federal, como também o direito à vida e à dignidade da pessoa humana, de sorte que assegurar o direito à saúde implica atender aos princípios fundamentais da República Federativa do Brasil.

Por sua vez, deve também o Estado assegurar a recuperação daqueles acometidos de doenças físicas ou mentais por meio da prestação de forma direta dos serviços públicos de saúde.

A atuação estatal deve se pautar pelos princípios estabelecidos pelo legislador constituinte sobre o tema, ou seja, observando a universalidade e igualdade no fornecimento dos serviços de saúde.

---

[122] AITH, *op. cit.*, p. 229.

Entende-se por universalidade a cobertura e tratamento por meio de todos os meios disponíveis e a igualdade no direito ao acesso de todos sem qualquer distinção ou discriminação.

Não obstante o papel estatal como principal ator na efetivação do direito à saúde, não existe óbice para a participação privada nesse setor, como adiante será mais bem explanado.

A possibilidade de participação privada na assistência à saúde justifica especial atenção do Estado na regulação da atividade privada, pois, sendo a saúde bem público, como expressamente consignado no Protocolo de San Salvador, torna-se imperativa a intensa participação estatal por meio de controle e fiscalização dessas atividades privadas.

A atuação estatal relacionada à saúde pública envolve inúmeras atividades e um complexo normativo amplo, havendo profusão de edição de normas infraconstitucionais e mesmo regulatórias relacionadas ao direito à saúde, visando sua implementação e também o controle de atividades privadas, o que, somado ao caráter multidisciplinar relacionado à saúde, tem justificado a busca de autonomia como ramo de direito, denominado "direito sanitário", para abarcar o conjunto de normas jurídicas relacionadas à saúde, nesse ramo de direito incluídas, inclusive normas regulatórias emitidas por agências reguladora independentes.

Importante frisar, a par da discussão acerca da existência ou não da autonomia do direito sanitário como instrumento metodológico para compreensão do tema, que o direito à saúde como direito social impõe ao Estado a efetivação de políticas públicas para assegurar a universalidade da assistência à saúde e, ainda que prestados pela iniciativa privada, o caráter de bem público, reconhecido à saúde pelo Protocolo de San Salvador, implica a atuação proativa do Estado na regulação das atividades privadas, evitando-se, com isso, que a busca do lucro implique agravos à saúde da população, notadamente por ser o mercado insuficiente para disciplina e manutenção do equilíbrio na assistência privada à saúde como adiante será mais bem esclarecido.

CAPÍTULO 6

MERCADO DE SAÚDE PRIVADA

AS DEFICIÊNCIAS DO MERCADO COMO JUSTIFICATIVA DA IMPRESCINDIBILIDADE DA REGULAÇÃO ESTATAL

6.1 Considerações gerais sobre a ineficiência do sistema de mercado

Considera-se sistema econômico o conjunto de instituições destinadas a administrar os recursos escassos da sociedade, de forma a permitir a tomada de decisões de forma coerente, o estabelecimento de meios à consecução dessas decisões e estabelecer formas de controle das decisões.[123]

Procura o sistema econômico ordenar os problemas econômicos, consistentes na busca de respostas às perguntas sobre o que, como e para quem produzir bens de consumo e serviços de formas racionais. Para tanto, são três os sistemas, em linhas gerais, que buscam respostas para a consecução desses objetivos: *o sistema de tradição, o sistema de autoridade e o sistema de autonomia.*

O *sistema de tradição* é próprio de sociedades estamentais baseadas em fundamentos religiosos que fazem da tradição o elemento fundamental da sociedade, deixando as atividades econômicas em segundo plano. De acordo com referido sistema, as decisões sobre o que, como e para quem produzir são tomadas tendo por base os costumes

---

[123] NUSDEO, Fabio. *Curso de economia*: introdução ao direito econômico. 4. ed. São Paulo: Revista dos Tribunais, 2005. p. 100.

entre os membros, por meio da reiteração de comportamentos entre os agentes e a hierarquia existente entre os membros da sociedade.[124] O *sistema de autoridade* apresenta a coincidência entre os planos políticos e econômicos. Constitui-se em um sistema centralizado, no qual as decisões sobre o que e como produzir são feitas pelo poder político, mediante sistemas de planificação de economia, e as decisões sobre para quem produzir também são tomadas de forma indireta, mediante poder político, na medida em que, ao fixar salários e preços, acaba por meio transverso por estabelecer a quem são dirigidos os produtos.[125]

Por fim, o *sistema de autonomia* é o sistema econômico que preconiza a separação plena dos planos decisórios político e econômico, de forma que as decisões de cunho econômico são deixadas exclusivamente aos particulares, sem interferências dos poderes públicos e, portanto, trata-se de um sistema decisório descentralizado.[126] Referido sistema parte do pressuposto da existência da liberdade entre os indivíduos, pois estes, de forma individual, irão impor as decisões econômicas e, para tanto, mostra-se necessário o estabelecimento de garantias à propriedade privada e à autonomia da vontade, para permitir aos indivíduos o estabelecimento das decisões sobre o que contratar e para quê.

Esse sistema econômico é estruturado com base no pressuposto psicológico-comportamental do hedonismo, o qual é adotado como suporte das decisões tomadas. Pode o hedonismo ser conceituado como "uma atitude segundo a qual o homem visa sempre a maximizar os resultados de suas ações e iniciativas".[127] Referido pressuposto comportamental também é denominado "Teoria da Maximização" dos resultados que:

> (...) corresponde, em sua essência, a uma atitude de racionalidade, pois se a capacidade produtiva de um e o suprimento dos fatores de produção os quais se aplicará aquela capacidade são, ambos, por natureza limitados, nada mais racional do que tentar obter deles o mais alto retorno.[128]

De acordo, portanto, com referido sistema econômico, pressupõe-se uma atitude racional do *homo economicus*, expressão cunhado no

---

[124] NUSDEO, Fabio. *Curso de economia*: introdução ao direito econômico. 2. ed. São Paulo: Revista dos Tribunais, 2000. p. 100-105.

[125] NUSDEO, 2000, p. 106-113.

[126] NUSDEO, 2005, p. 116.

[127] *Ibid.*, p. 117.

[128] *Ibid.*, p. 117.

século XVIII, e referido comportamento seria exercido por meio do mercado, local de atuação das forças econômicas de produção e consumo. A racionalidade econômica, portanto, se expressa na "consistência interna de escolhas", ou seja, "coincidência entre o que se quer e o que se pretende obter" e "na maximização do auto-interesse".[129]

O mercado, para Fabio Nusdeo:

> (...) vem a ser um conjunto de instituições a permitir aquela interação entre oferta e procura da qual surgirão de forma espontânea, impessoal e objetiva os preços de cada produto e de cada serviço. E esses preços aferíveis por todos os agentes econômicos — operadores do mercado — os levarão a decidir corretamente quanto ao uso dos mesmos bens e serviços, porque todos estarão pautando aquelas decisões por um padrão ou diapasão comum: o hedonismo, provindo deles mesmos.[130]

No sistema de autonomia ou de mercado, as decisões sobre o que produzir pressupõem a plena circulação de informações entre seus atores, permitindo a imediata comunicação dos preços vigentes a todos os agentes e, com base nestes, o encaminhamento dos fatores de produção, no sentido de ofertar aqueles produtos que favoreçam o maior lucro, assim considerada a diferença da receita com os custos de produção, com a melhor qualidade.

À medida que os agentes produtores, em busca da maximização dos lucros, também passam a produzir os mesmos produtos, a maior oferta no mercado implicará a redução dos preços e, por consequência, instaura-se um equilíbrio que permite a maximização dos resultados, ou seja, permite a máxima utilidade para a sociedade.

Referido equilíbrio se consubstancia no axioma da "mão invisível", consagrado por Adam Smith, que significa o equilíbrio obtido por meio das forças de oferta e procura por intermédio da concorrência.[131]

---

[129] PETTER, Lafayete Josué. *Princípios constitucionais da ordem econômica*: o significado e o alcance do art. 170 da Constituição Federal. 2. ed. São Paulo: Revista dos Tribunais, 2008. p. 35.

[130] NUSDEO, 2005, p. 118.

[131] Assim explica Adam Smith a formação do preço de mercado: "O preço a que qualquer mercadoria é efetivamente vendida é denominado preço de mercado. Pode ser superior, inferior ou exatamente igual ao seu preço natural. O preço de mercado de uma mercadoria é regulado pela proporção entre a quantidade dessa mercadoria existente no mercado e a procura por aqueles que desejam pagar o preço natural, ou seja, a totalidade do valor pago pela renda, trabalho e lucro que é necessário para despender e para colocar no mercado. (...) Quando a quantidade de qualquer mercadoria colocada no mercado é menor que a procura efetiva, nem todos aqueles que estão dispostos a pagar o valor total da renda, salários e lucro que foram necessários para lá colocá-la podem ser abastecidos

Assim, o sistema de autonomia ou descentralizado se assenta sobre a entidade abstrata chamada "mercado" e pressupõe que a atuação do "homem econômico" sempre se dê com base em um comportamento racional que busque seu maior benefício pessoal.

Em última análise, portanto, nesse sistema é o consumidor quem determina o que será produzido, de acordo com sua disposição para adquirir os produtos que lhe são ofertados, pelo preço com que são apresentados.

Para o sistema de autonomia, também denominado "sistema de mercado", preconiza-se que não deve haver regulação do Estado na economia, de forma que todo o equilíbrio do sistema será decorrente das forças econômicas atuantes no mercado, as quais irão restabelecer os desequilíbrios de superprodução ou falta de produtos ou serviços de forma cíclica e independente.

6.2 A ausência dos pressupostos para funcionamento ideal do sistema de mercado

O funcionamento do sistema de mercado tem como pressuposto a atuação sempre racional dos agentes econômicos, assim como a plena liberdade de produção e consumo, sendo imprescindível a circulação de informações entre todos os agentes econômicos, ao mesmo tempo, sem privilégios ou facilidades para qualquer deles.

No decorrer do desenvolvimento histórico do sistema de mercado, observou-se a existência de falhas que impediam o restabelecimento do

---

com a quantidade que dela necessitam. Como algum deles estarão dispostos a pagar mais, inicia-se uma competição entre os compradores e o prelo de mercado tornar-se-á maior do que o preço natural. O valor desse aumento dependerá da deficiência relativa do produto no mercado e da riqueza e capricho dos competidores. (...) Quando a quantidade trazida para o mercado excede a procura efetiva, não pode ser toda vendida àqueles que estão dispostos a pagar o valor total da renda, salários e lucro necessários para a colocar no mercado. Uma parte dela será vendida àqueles que desejam pagar menos, e o baixo preço que dão por ela reduz o preço da totalidade de mercadoria. O preço do mercado será portanto mais ou menos inferior ao preço natural, conforme o excesso de mercadoria origina uma maior ou menor competição entre os vendedores, ou conforme lhes interessa mais ou menos a venda imediata da mercadoria (...). Quando a quantidade colocada no mercado é apenas suficiente para abastecer a procura efetiva, o preço de mercado será exatamente equivalente ao preço natural, ou tão próximo dele quanto for possível. Essa quantidade só poderá ser vendida por esse preço, e não por um maior, pois a competição entre os diferentes comerciantes obriga-os a aceitarem este preço, mas não os obriga a aceitarem um preço inferior" (SMITH, Adam. *Investigação sobre a natureza e a causas da riqueza das nações*. Tradução de Conceição Jardim Maria do Carmo Cary, Eduardo Lucio Nogueira e Rolf Kuntz. 3. ed. São Paulo: Abril Cultural, 1984. p. 47-48).

equilíbrio entre oferta e procura, quer pela inexistência da circulação de informação, quer pela crescente concentração de capital entre grandes corporações que passaram a deter a dominação de parcelas do mercado e a impor comportamentos aos consumidores, deixando o sistema de preços de realizar o efetivo controle entre o que, como e para quem produzir.

Também se observou, tal qual demonstra Amartya Sen, que o homem não atua sempre de forma racional, visando apenas seu bem-estar material, na medida em que é possível observar comportamentos que ainda que objetivem um bem-estar pessoal, este nem sempre é material, podendo ser simplesmente psíquico e essa hipótese de comportamento é ignorada pela ciência econômica.[132]

Evidenciaram-se, portanto, falhas no mercado que, de acordo com a sistematização apresentada por Fábio Nusdeo, são: *as falhas de mobilidade, as falhas de estrutura, falhas de transparência, falhas de sinalização e falhas de incentivo*, que, em resumo e em linhas gerais, serão apresentadas.[133]

---

[132] "Em algumas obras de economia e política (...) a expressão 'escolha racional' é empregada, com uma simplicidade assombrosa, para a disciplina da escolha sistemática baseada exclusivamente na vantagem pessoal. Se essa vantagem pessoal for definida de modo restrito, esse tipo de elaboração de modelos 'racionais' dificultaria esperar que considerações sobre ética, justiça ou interesses das gerações futuras tivessem um papel relevante em nossas escolhas e ações. A racionalidade deve ser caracterizada de um modo tão restrito? Se o comportamento racional inclui a promoção sagaz de nossos objetivos, não há razão para que o favorecimento sagaz de nossa simpatia ou promoção sagaz da justiça possam ser vistos como exercícios de escolha racional. Quando nos afastamos do comportamento estritamente auto-interessado, convém distinguir dois caminhos de afastamento: 'simpatia' e 'comprometimento'. Primeiro, nossa concepção de auto-interesse pode encerrar ela própria, consideração por outras pessoas e, assim a simpatia pode ser incorporada à noção do bem-estar amplamente definido do próprio indivíduo. Segundo, indo além de nosso bem-estar ou auto-interesse amplamente definidos, podemos estar dispostos a fazer sacrifícios para promover outros valores, como justiça social, nacionalismo ou bem-estar da comunidade (mesmo a um certo custo pessoal). Esse tipo de afastamento, envolvendo comprometimento (e não apenas simpatia), invoca outros valores que não o bem-estar pessoal ou o auto-interesse (incluindo o auto-interesse existente na promoção de interesses daqueles com quem simpatizamos). (...) O que está em discussão aqui é aquilo que nosso grande filósofo contemporâneo John Rawls denominou os 'poderes morais' que compartilhamos: 'a capacidade para um sendo de justiça e para uma concepção do bem'. Rawls vê a suposição desses poderes comuns como essencial para 'a tradição do pensamento democrático', justamente com os 'poderes da razão' (ou juízo, pensamento e inferência ligados a esses poderes). De fato, o papel dos valores é vasto no comportamento humano, e negar esse fato equivaleria não só a um afastamento da tradição do pensamento democrático, como também à limitação de nossa racionalidade. É o poder da razão de nos permitir levar em consideração nossas obrigações e nossos ideais tanto quanto nossos interesses e nossas vantagens. Negar essa liberdade de pensamento seria uma grave limitação do alcance da nossa racionalidade" (SEN, Amartya Kumar. *Desenvolvimento como liberdade*. Tradução de Laura Teixeira Motta. 7. reimp. São Paulo: Companhia das Letras, 2008. p. 306; 309).

[133] NUSDEO, 2005, p. 146-167.

6.2.1 Falha de mobilidade

A funcionalidade dos mercados, no sistema de autonomia, pressupõe a possibilidade de imediata transferência dos fatores de produção assim que sinalizada a alteração de postura do consumidor perante um produto, o que se dá por meio da alta ou baixa dos preços. Verificou-se, porém, que o desenvolvimento tecnológico, associado aos altos custos de produção, não permite a transferência imediata de um parque produtivo de determinado produto para outro, ou seja, a evidência da fartura ou falta de determinado produto no mercado não permite de forma imediata a mobilização dos produtores para o reequilíbrio da oferta e da procura e, por consequência, ocorrem crises cíclicas no sistema capitalista que podem ser evidenciadas historicamente pela grande depressão de 1929, cujos reflexos no Brasil foi a queda imediata do preço do café.[134]

A constatação dessas falhas cíclicas implicou a necessidade paulatina de intervenção estatal na regulação de atividades econômicas, inclusive por meio de incentivos para produção e tributação com efeitos extrafiscais para a readequação das forças de mercado que não bastaram por si.

6.2.2 Falha de transparência

A crescente concentração do capital e a atuação monopolística dos fatores de produção acarretaram o decrescente acesso à informação por parte dos consumidores, haja vista que permitiu a manipulação de preços que deixaram de sinalizar o efetivo interesse dos consumidores por esse ou aquele produto.

Constatou-se, também, que o acesso às informações sobre o interesse dos consumidores não atinge a todos os produtores de forma imediata, pois alguns detêm informações privilegiadas sobre referidos interesses, ou mesmo informações sobre possíveis investimentos a serem realizados por alguma corporação, com reflexos nos preços.

A possibilidade de alguns dos fornecedores obterem referidas informações antes dos demais permite a realização de investimentos de forma antecipada e, por conseguinte, a aquisição de ações dessa corporação antes do aumento dos preços.

Mas é na ausência de transparência sobre a qualidade dos produtos fornecidos aos consumidores e sua perfeita identificação por

---

[134] NUSDEO, 2005, p. 144.

estes que se manifesta o maior problema dos vícios de informação no mercado. Senão vejamos. Custos de matérias-primas de melhor qualidade refletem no preço dos produtos e, portanto, a plena informação sobre tal qualidade é imprescindível para permitir ao consumidor a escolha do produto que melhor se adeque às suas necessidades, assim como informes sobre perigo e segurança dos produtos.

A essas falhas na circulação de informações denominam-se *informações assimétricas*, hipóteses em que um dos lados da relação negocial, compradores ou vendedores, possui maiores ou melhores informações do que outro.

Vale salientar, inclusive, que a existência da publicidade acaba por proporcionar a inexistência de circulação da informação no mercado sobre qual produto é necessário, pois permite incutir nos consumidores a busca por produtos dos quais não necessitem, ou mesmo a aquisição de produtos sem qualquer qualidade, motivo pelo qual se mostra imprescindível a existência da regulação da propaganda, pois seu uso desmedido causa desequilíbrios no mercado que deixa de refletir, por meio de preços baseados em preferências e em necessidades criadas, a verdadeira escassez dos bens de consumo.

Da mesma forma, nas prestações de serviços de massa, o consumidor ao contratar não dispõe de pleno acesso à real qualidade dos produtos ou serviços fornecidos.

O distanciamento físico dos consumidores não permite a plena informação sobre a satisfação obtida pelos demais e, por conseguinte, os outros consumidores não possuem condições de se basear nessa prestação de serviço já efetivado a outro consumidor para a tomada de suas decisões, o que permite a reiteração de comportamentos inadequados de oferta de serviços e produtos de baixa qualidade que acabam por continuar a obter aceitação no mercado por período de tempo superior ao que teriam se houvesse plena divulgação das informações entre os consumidores.

E o resultado dessas falhas de informações é denominado pela ciência econômica como *problema da seleção adversa*, hipótese em que o lado desinformado do mercado, notadamente os consumidores, deve fazer sua escolha a partir de uma seleção adversa de bens.

Essas seleções adversas, decorrentes das informações assimétricas do mercado, segundo O'Sullivan, Sheffrin e Nishijima, "geram uma espiral para baixo de preço e quantidade", ou seja, na medida em que os consumidores não dispõem de informações perfeitas sobre a qualidade dos objetos, eles subestimam a possibilidade de adquirir um bem de boa qualidade e, por consequência, reduz-se o preço que estão dispostos a pagar pelos bens, implicando a redução da oferta de bens de boa qualidade, cujos fornecedores não estão dispostos a vender pelo preço que os consumidores estão dispostos a pagar, aumentando a oferta de bens de má qualidade que provoca uma ainda menor oferta de bens de boa qualidade, em uma *espiral para baixo* que continua até todos os produtos no mercado serem de má qualidade.[135]

Mostra-se imprescindível, portanto, assegurar a plena circulação de informações, sob pena de reduzir-se a qualidade dos produtos ofertados no mercado de consumo, o que justifica a intervenção estatal especialmente para assegurar o acesso às informações de segurança dos produtos.

6.2.3 Falha de estrutura: a concentração econômica

A falha de estrutura decorre da concentração de capital, pois, para o sistema de mercado apresentar um funcionamento adequado, é necessária a existência de diversos agentes produtores dos mesmos bens ou produtos, sem condição de um deles influir nas condições do mercado, ao que se denomina *market share*.[136]

Cada vez mais se observa, entretanto, a dificuldade da existência da atomização dos atores produtores, na medida em que a tecnologia de informação demanda investimentos, o que dificulta o acesso dos demais produtores, a ponto de inviabilizar a introdução de novos fornecedores no sistema para readequar a oferta à procura de bens ou serviços.

A concentração econômica inviabiliza a concorrência e permite o falseamento dos preços, por meio de sua fixação arbitrária, decorrente da busca da majoração das margens de lucro, não como decorrência da oferta ou procura de bens ou serviços.

Inexiste oportunidade, na ausência de concorrência, da busca de produtores alternativos pelos consumidores, resultando em sua submissão aos produtores que estabelecem os preços de forma arbitrária e ofertam produtos de baixa qualidade.

Ademais, dentro de um mercado com poucos agentes econômicos, facilita-se a concertação entre eles, mediante práticas anticoncorrenciais, para a fixação de preços por acordo, em prejuízo dos consumidores.

Conforme salienta Lafayete Josué Peter:

---

[135] O'SULLIVAN, Arthur; SHEFFRIN, Steven; NISHIJIMA, Marislei. *Introdução à economia*: princípios e ferramentas. São Paulo: Prentice Hall, 2004. p. 216.

[136] NUSDEO, 2005, p. 149.

Numa economia de mercado os preços devem exprimir a relação de equilíbrio entre a oferta e a procura, o que supõe concorrência entre os agentes econômicos. A esta normalidade fática no ambiente concorrencial, que conduz ao preço justo, antepõe-se a abusividade decorrente de práticas anticoncorrenciais, ilícitas e ilegítimas. Todos saem perdendo: os consumidores, que não têm acesso aos melhores produtos, pois as circunstâncias concorrenciais não estarão, ao menos em sua totalidade, presentes; os demais agentes econômicos, que a despeito de operarem em um mercado onde deva vigorar a livre iniciativa e a livre concorrência, se vêem na contingência de enfrentar ou suportar dificuldades, barreiras, imposições e outras restrições decorrentes da falta de concorrência; perde o País, pois num regime de livre concorrência as empresas brasileiras estarão em condições de ter uma melhor atuação performática no mercado internacional, o que reconduz, de todo modo, ao princípio da soberania, no seu matiz econômico, tal como principiologicamente previsto no inciso I do art. 170 da Constituição Federal.[137]

6.2.4 Falha de sinalização: as externalidades

Para Fábio Nusdeo, as falhas de sinal, assim como as falhas de estrutura, consistem no principal problema do sistema de mercado. As falhas de sinal ocorrem nas hipóteses em que os custos e os benefícios das atividades econômicas não recaem sobre o agente responsável por sua produção, o que consiste em pressuposto do sistema de mercado; ou seja, é pressuposto da otimização do sistema de autonomia que tanto os custos quanto os benefícios da produção de determinado bem recaiam exatamente sobre o responsável por sua aquisição ou produção e reflitam, de forma imediata, no preço do bem.[138]

As externalidades, de acordo com Nusdeo:

(...) correspondem, pois, a custos e benefícios circulando externamente ao mercado, vale dizer, que se quedam incompensados, pois, para eles, o mercado, por limitações institucionais, não consegue imputar preço. E, assim, o nome externalidades ou efeito externo não quer significar fatos ocorridos fora das unidades econômicas, mas sim fatos ou efeitos ocorridos fora do mercado, externos ou paralelos a ele, podendo ser vistos como efeitos parasitas.[139]

---

[137] PETTER, *op. cit.*, p. 252-253.
[138] NUSDEO, 2005, p. 154.
[139] NUSDEO, 2005, p. 155.

As externalidades, portanto, afetam o preço real dos produtos, na medida em que não evidenciam o verdadeiro custo social das ações. De acordo com Paul Krugman:

> (...) os economistas geralmente acreditam que o sistema de livre mercado é uma forma bastante eficiente de dirigir a economia, desde que os preços estejam corretos — e contanto que, em especial, as pessoas paguem o verdadeiro custo social das suas ações. No entanto, os temas ambientais, mais ou menos por definição, envolvem situações em que o preço está errado — nas quais os custos privados de uma atividade não refletem o seu verdadeiro custo social.[140]

Conforme O'Sullivan, Sheffrin e Nishijima, as externalidades são um princípio econômico segundo o qual "os custos ou benefícios relativos à produção ou ao consumo de determinados bens não são restritos à pessoa ou à organização que os está produzindo ou consumindo".[141]

Exemplifica Krugman como externalidade a situação de uma empresa que paga pelo carvão que consome, mas utiliza-se gratuitamente de água. No entanto, a empresa, ao pagar pelo carvão, o utiliza como economia, mas mostra-se perdulária no uso da água. Por consequência, mostra-se improvável que o mercado acerte o valor do custo da produção por meio do preço.[142]

Por consequência do uso da água dos rios pela empresa hipotética mencionada, pela qual nada pagou, transfere-se ao usuário dos rios, os quais não contribuíram para a poluição, como a um pescador, os custos por uma atividade de produção da qual não participaram e não obtiveram qualquer benefício material.

Outros exemplos de externalidades podem ser citados, como o problema da fumaça de cigarros que incomoda e causa problemas de saúde a outras pessoas, o problema do gás freon que vaza do ar condicionado e causa problemas de pele em terceiros.[143]

As externalidades, de acordo com Nusdeo, podem ser subclassificadas em *externalidades positivas e negativas*. As primeiras ocorrem nas hipóteses em que se observa um benefício para alguém, sem arcar com os custos sociais decorrentes; as externalidades negativas surgem

---

[140] KRUGMAN, Paul. *Globalizações e globobagens*: verdades e mentiras do pensamento econômico. Tradução de Afonso Celso da Cunha Serra. 3. ed. Rio de Janeiro: Campus, 1999. p. 185.

[141] O'SULLIVAN; SHEFFRIN; NISHIJIMA, *op. cit.*, p. 204.

[142] KRUGMAN, *op. cit.*, p. 186.

[143] O'SULLIVAN; SHEFFRIN; NISHIJIMA, *op. cit.*, p. 18.

quando os custos sociais de conduta são transferidos para terceiros. Em síntese, são dois prismas da mesma situação, apenas analisada pela óptica do beneficiário ou do prejudicado.[144]

É justamente nos problemas de poluição ambiental que se observa a mais comum hipótese de externalidade, pois a ausência de transferência dos custos sociais ao responsável implica deficiência na fixação dos preços que prejudicam o sistema econômico como sistema de autorregulação da economia.

As causas das externalidades são encontradas na existência de custos ou de benefícios não compensados pecuniariamente, ou seja, nas hipóteses em que se observa o fenômeno da externalidade não existe eficiência no sistema do controle de preços.[145]

6.2.5 Os bens coletivos

Na economia de mercado, fundada no pressuposto comportamental do hedonismo, a possibilidade de utilização de um bem sem pagar por ele leva os consumidores a esconderem sua preferência por meio da ausência de disposição de arcar com os custos para a aquisição desses bens.

Os usuários procuraram usar desses bens sem arcar com seus custos, ou seja, buscam "pegar carona" (*free riders*) na utilização desses bens e a constatação de que algumas pessoas não pagam pelo uso dos bens levará as demais a também não mais pagar por eles, o que evidencia que o sistema de mercado é insuficiente para a oferta dos bens coletivos.

Vale a transcrição da lição de O'Sullivan, Sheffrin e Nishijima sobre a questão dos bens coletivos e o problema do carona:

> Cada pessoa buscará obter os benefícios do consumo de um bem público sem pagar por ele, pegando uma carona nos pagamentos efetuados por outras pessoas. Mas se todos tentaram pegar uma carona não haverá dinheiro suficiente para prover o bem público, e conseqüentemente, tal bem não será ofertado na economia. Como conseqüência do problema do carona, uma pessoa que tenha anteriormente pagado pelo bem público, ao verificar o comportamento do carona, desiste de continuar pagando e ninguém mais na sociedade contribui.[146]

---

[144] NUSDEO, Fábio. *Curso de economia*: introdução ao direito econômico. São Paulo: Revista dos Tribunais, 1997. p. 178-180.

[145] NUSDEO, 2005, p. 160-161.

[146] O'SULLIVAN; SHEFFRIN; NISHIJIMA, *op. cit.*, p. 206.

O problema do carona evidencia que não existe a possibilidade de o Estado se omitir de sua atuação no mercado, ou seja, a regulação estatal da economia é mecanismo necessário para assegurar o bem-estar social, mormente em um Estado como o brasileiro em que se busca a justiça social.

Posturas abstencionistas do Estado perante o mercado resultam na absoluta impossibilidade de efetivação dos direitos sociais e, como se demonstrará, existem esferas de mercado, como no mercado de assistência privada à saúde, em que as falhas de mercado são muito mais profundas, ante os custos dos serviços e a concentração de fornecedores, sem contar a indiscutível situação de fragilidade do consumidor quando se apresenta a necessidade do uso de serviços de saúde, fragilidade essa decorrente tanto da ausência de informações como, também, fragilidade física causada pela especial situação da saúde daqueles que usualmente buscam a assistência privada à saúde.

A situação do consumidor, perante o mercado, de acordo com De Lucca, citando Reich, se configura em verdadeira submissão estrutural, que se traduz na especial situação de vulnerabilidade do consumidor e justifica uma postura ativa do Estado na proteção do consumidor.[147]

6.3 Mercado, consumidor e a regulação estatal

O mercado, como assinalado, representa um sistema no qual se realizam as trocas de bens e serviços praticados pelos diversos agentes econômicos em determinado tempo e lugar.[148]

Diante das deficiências anteriormente observadas, tem-se que o mercado apresenta capacidade para fixação de preços, mas a questão do preço justo, que se vislumbra como direito do consumidor, não é satisfatoriamente solucionada pelo mercado, pois a ausência de informações adequadas entre os consumidores, assim como a concentração econômica decorrente de falhas da concorrência empresarial, tendencialmente implica aumento arbitrário de lucros em prejuízo dos consumidores.

Em síntese, portanto, o mercado é hábil para a fixação de preços, mas estes não necessariamente são justos e a preocupação com o preço justo é um problema que permeia o direito há tempos, mas não é adequadamente solucionado pelo sistema econômico liberal.

---

[147] DE LUCCA, Newton. *Direito do consumidor*. 2. ed. São Paulo: Quartier Latin, 2008. p. 189.
[148] *Ibid.*, p. 168.

Na medida em que existam as falhas de concentração, informação e estruturas já indicadas, afasta-se o preço do montante justo. Apenas em um sistema de mercado ideal seria possível estabelecer-se o conceito de preço justo.

Para Newton De Lucca, mercado ideal:

> (...) seria aquele que tivesse efetivamente em conta as possibilidades de substituição, tanto no que se refere à produção, como no que respeita ao consumo. Relativamente a esse último, as empresas assumem a condição de concorrentes se os bens e serviços, por elas oferecidos no mercado, forem substitutos próximos. Tal aspecto reveste-se da importância fundamental, na verdade, pois, para que se tenha uma idéia adequada das peculiaridades de funcionamento de determinado mercado, necessário se torna saber, antes de qualquer coisa, quais as empresas que produzem bens ou serviços considerados substitutivos próximos, tanto do ponto de vista dos vendedores quanto dos consumidores.[149]

O fato é que inexiste uma condição de mercado ideal, do que se conclui ser insuficiente esse sistema de autonomia que preconiza a ausência do Estado como sistema hábil à proteção do consumidor, sendo imperativa, para seu adequado funcionamento, a intervenção do Estado na economia, ante a incapacidade do mercado como "mecanismo coordenador das decisões de caráter microeconômico".[150]

A ordem econômica brasileira não adotou um sistema de plena autonomia do mercado, pois como já exposto exaustivamente, apresenta o Estado brasileiro a configuração de um Estado Democrático de Direito que objetiva assegurar direitos sociais e apresenta um caráter transformador da realidade.

Mas é na configuração dos princípios da ordem econômica, especificamente nesse subsistema, que já observa a necessidade da intervenção estatal na economia, pois convivem princípios da liberdade de iniciativa[151] (artigo 170, *caput*, da CF) com princípios da defesa do consumidor (artigo 170, inciso V, da CF) e do meio ambiente (artigo 170, VI, da CF), além do contido no *caput* do artigo 170 da CF que impõe a necessidade da ordem econômica assegurar a todos uma existência digna, conforme ditames da justiça social.

---

[149] DE LUCCA, *op. cit.*, p. 170.

[150] *Ibid.*, p. 171.

[151] Conquanto aqui denominado como princípio, observo que, na Constituição Federal, se apresenta a liberdade de iniciativa como fundamento, ocorre que se partindo da dicotomia princípios e regras a liberdade de iniciativa continua a ser princípio, ante seu grau de generalidade e abstração e elevada carga axiológica.

Nas palavras de De Lucca:

(...) se é certo que essa livre iniciativa é claramente defendida e reafirmada, também vem, expressa ou implicitamente reconhecida, a idéia de que ela deverá ser exercida subordinando-se às finalidades sociais do sistema econômico. Mais do que isso, ainda, há o reconhecimento implícito de que essas finalidades sociais não seriam plenamente atingidas tão-somente pelo estabelecimento da regra da livre concorrência, pois se assim fosse, não haveria a menção a outros princípios básicos da ordem econômica por parte do Estado.[152]

Outros são os dispositivos constitucionais que de forma explícita estabelecem a necessidade de intervenção do Estado junto ao mercado:

Art. 173. Ressalvados os casos previstos nesta Constituição, a exploração direta da atividade econômica pelo Estado só será permitida quando necessária aos imperativos da segurança nacional ou a relevantes interesses coletivos, conforme definidos em lei. (...)

Art. 174. Como agente normativo e regulador da atividade econômica, o Estado exercerá, na forma da lei, as funções de planejamento, sendo este determinante para o setor público e indicativo para o setor privado.[153]

Ao ser preconizada a regulação estatal no mercado, não se está em busca de uma socialização ou uma estatização do Estado brasileiro, como usualmente bradam os detentores do poder econômico em suas críticas à regulação estatal da economia.

A própria expressão, regulação por meio de intervenção, já evidencia a necessidade de existência de uma atividade econômica privada e, portanto, a regulação econômica não é decorrente de uma ideologia marxista estatizante, embora seja essa a conclusão dos neoliberalistas diante dessa postura estatal.

Conforme salienta De Lucca:

(...) parece que os neoliberalistas de plantão continuam mais dispostos do que nunca a execrar publicamente todas as políticas intervencionistas como se fossem elas provenientes da ideologia marxista, ignaros de que o fenômeno intervencionista é absolutamente típico da economia capitalista (...).[154]

---

[152] DE LUCCA, *op. cit.*, p. 194-195.

[153] BRASIL. Constituição (1988). *Constituição da República Federativa do Brasil*. Brasília: Senado, 1988.

[154] DE LUCCA, *op. cit.*, p. 175.

Portanto, dentro do sistema econômico adotado pela Constituição brasileira, mostra-se imprescindível a regulação estatal da economia e as formas de se estabelecer referida intervenção podem ser resumidas, na adequada síntese de De Lucca:

> (...) a intervenção do Estado brasileiro na economia se opera, efetivamente, por maneiras diversas: ora pela normatização, fiscalização, incentivo e planejamento, consoante a disposição constante do art. 174 da Constituição Federal; ora pela inserção da União no exercício de atividade econômica por intermédio das chamadas empresas estatais, conforme preceituado pelo art. 173 da mesma Carta; ora finalmente, quanto por preceito constitucional, existir monopólio, tal como ocorre nas atividades previstas no artigo 177 da CF.[155]

Com relação à intervenção por meio de atividades de planejamento, importa tecer considerações sobre a temática da regulação dos preços.

Não existe uma determinação expressa autorizando o Estado a praticar o tabelamento de preços na Constituição Federal, mas, de forma implícita, observa-se esse poder no princípio da defesa do consumidor previsto pelo artigo 170, inciso V, da Constituição Federal. Na legislação infraconstitucional, é igualmente silente o Código de Defesa do Consumidor (Lei nº 8.078/1990) sobre a regulação do preço, ou seja, sobre o controle estatal do preço justo, podendo ser observados os seguintes dispositivos em que é feita menção ao preço:

> Art. 6º São direitos básicos do consumidor: (...)
>
> III – a informação adequada e clara sobre os diferentes produtos e serviços, com *especificação correta de quantidade, qualidade e preço*, bem como sobre os riscos que apresentem; (...)
>
> Art. 41. No caso de fornecimento de produtos ou serviços sujeitos ao *regime de controle ou tabelamento de preços*, os fornecedores deverão respeitar os limites oficiais sob pena de, não o fazendo, responderem pela restituição da quantia recebida em excesso, monetariamente atualizada, podendo o consumidor existir, à sua escolha, o desfazimento do negócio, sem prejuízo de outras sanções cabíveis. (...)
>
> Art. 52. No fornecimento de produtos ou serviços que envolva outorga de crédito ou concessão de financiamento ao consumidor, o fornecedor deverá, entre outros requisitos, *informá-lo prévia e adequadamente sobre*:
>
> I – *preço do produto ou serviço em moeda corrente nacional*.[156]

---

[155] *Ibid.*, p. 177.
[156] BRASIL. Lei nº 8.078, de 11 de setembro de 1990. Dispõe sobre a proteção do consumidor e dá outras providências. *Diário Oficial da União*, Brasília, DF, 12 set. 1990.

A despeito de inexistir explícita menção à possibilidade de controle de preço, a conclusão pela possibilidade pode ser extraída do disposto no artigo 6º, inciso IV, do CDC que estabelece "a proteção contra a publicidade enganosa e abusiva, métodos comerciais coercitivos ou desleais, bem como práticas e cláusulas abusivas ou impostas no fornecimento de produtos ou serviços" e também do disposto no artigo 4º, inciso VI, do CDC, que prevê a "coibição e repressão eficientes de todos os abusos praticados no mercado de consumo (...)".

A ausência de disposição expressa sobre a possibilidade de tabelamento de preços ou controle dos preços abusivos não pode servir, portanto, como fundamento da impossibilidade do controle estatal a esse respeito, ante os princípios constitucionais da ordem econômica que estabelecem a proteção do consumidor,[157] como também das disposições infraconstitucionais citadas que preveem a repressão ao abuso do poder econômico, sendo esta a conclusão de Newton De Lucca, *in verbis*:

> (...) não se deve esquecer de que, na parte principiológica do Código, há uma disposição relativa à "coibição e repressão eficientes de todos abusos praticados no mercado", parecendo evidente que a expressão deve abranger, necessariamente, também os preços abusivos.[158]

O sistema de mercado, portanto, para que fosse hábil a garantir com eficiência uma oferta de bens e produtos de forma adequada e equilibrada, assegurando a proteção do consumidor, exigiria uma situação de concorrência perfeita, com pleno acesso às informações e inexistência de concentração econômica, assim como a existência de mobilidade entre os fatores de produção. Apenas assim seria admissível eventual entendimento doutrinário de impossibilidade ou de atuação excepcional do Estado na regulação econômica. A teoria clássica do

---

[157] Mônica Herman Salem Caggiano sustenta com base na atuação fiscalizatória do Estado a possibilidade do controle de preços por meio do congelamento, mas mostra-se contra o prévio tabelamento dos preços com base em atuação programática, pois, com relação ao primeiro, sustenta tratar-se de legítima atividade estatal de repressão do abuso econômico: "O congelamento, quanto adotado, reproduz uma medida fiscalizatória, por intermédio de ação interventiva estatal, direcionada exatamente a privilegiar, por um certo momento, o consumidor. Será, pois, sempre de caráter excepcional, provisório, previsto em lei e perseguindo a repressão dos abusos. (...) E, por derradeiro, deve vir voltada a impedir abusos de forma a garantir o perfeito e harmônico funcionamento dos elementos arrolados no art. 170 da CF, ou seja, num mecanismo econômico plenamente engrenado." (CAGGIANO, Mônica Herman Salem. O controle do mercado por via do tabelamento. *Revista de Direito Público*, São Paulo, n. 100, p. 41-44, out./dez. 1991).

[158] DE LUCCA, *op. cit.*, p. 179.

liberalismo é inadequada para explicar a estrutura de poder no mercado, pois, de acordo com De Lucca:

> (...) o modelo de concorrência perfeita não passa de uma grotesca ilusão, já que as quantidades de poder existentes nas mãos de vários agentes que atuam no mercado não são compensáveis entre si, *tornando-se uma grande falácia o dogma, outrora existente, da soberania do consumidor no mercado*.[159]

Para De Lucca, está superada a ideia de que o mercado, por meio da autorregulação do poder econômico, possa disciplinar a livre concorrência. Atualmente, ninguém sustenta a possibilidade de o próprio mercado encarregar-se do respeito aos padrões éticos entre os agentes econômicos. Logo, a liberdade de iniciativa e a livre concorrência[160] devem ser entendidas dentro dos limites estabelecidos pelo Estado.[161]

Ao mesmo tempo em que o Estado deve assegurar a livre concorrência, mostra-se necessário garantir, paralelamente, os demais princípios constitucionais da ordem econômica para permitir que a livre iniciativa e a livre concorrência desenvolvam-se em harmonia com a soberania nacional, a defesa do consumidor, do meio ambiente, a valorização do trabalho humano e a garantia da justiça social.

Nesse sentido a lição do Professor Tércio Sampaio Ferraz Jr.:

> Afirma-se, pois, que a estrutura da ordem está centrada na atividade das pessoas e dos grupos e não na atividade do Estado. Isso não significa, porém, uma ordem do *laissez-faire*, posto que a livre iniciativa se conjuga com a valorização do trabalho humano. Mas a liberdade, como fundamento, pertence a ambos. Na iniciativa, em termos de liberdade negativa, da ausência de impedimentos e da expansão da própria criatividade. Na valorização do trabalho humano, em termos de liberdade positiva, de participação sem alienação na construção da riqueza econômica. Não há, pois, propriamente, um sentido absoluto e ilimitado na livre iniciativa que, por isso, não exclui a atividade normativa e reguladora do Estado.

---

[159] DE LUCCA, *op. cit.*, p. 191.

[160] Pertinente a distinção doutrinária entre liberdade de iniciativa e de concorrência, conforme os ensinamentos de Luiz Gastão Paes de Barros: "a livre iniciativa e a livre concorrência são conceitos distintos, se bem que complementares. O primeiro não é senão a projeção da liberdade individual no plano da produção, circulação e distribuição das riquezas, significando a livre escolha e o livre acesso às atividades econômicas. Já o conceito da livre concorrência é um conceito instrumental daquele, significando o princípio econômico segundo o qual a fixação dos bens e serviços não devem resultar de atos de autoridade, mas sim do livre jogo das forças em disputa no mercado." (BARROS *apud* DE LUCCA, *op. cit.*, p. 195).

[161] *Ibid.*, p. 195.

Mas há limitação no sentido de principiar a atividade econômica, de espontaneidade humana na produção de algo novo, de começar algo que não pode ser negado pelo Estado. Se, ao fazê-lo, o Estado a bloqueia e impede, não está intervindo, no sentido normal e regular, mas dirigindo e, com isso, substituindo-a a ela na estrutura fundamental do mercado.[162]

No mercado, com os contornos que apresenta na atualidade, o consumidor não é soberano. As falhas de concentração, a assimetria de informações e a ausência de elasticidade dos fatores de produção tendem a majorar os preços e os lucros dos produtores em detrimento da qualidade dos produtos, acentuando a vulnerabilidade do consumidor e tornando o mercado, como mecanismo de equilíbrio entre produção e consumo, falho.

Da mesma forma, não existe violação da liberdade de iniciativa quando se preconiza a intervenção estatal na economia, pois referido princípio, a despeito de estabelecer uma economia predominantemente de mercado, não impõe a ausência absoluta do Estado na economia como agente regulador, o que só pode ser defendido com fundamento em ideologia descurada da realidade social, pois, repise-se, a realidade social apresenta o mercado como um instrumento falho de controle da oferta e procura de bens e serviços.

Justifica-se, portanto, em respeito aos demais princípios da ordem constitucional econômica — como a defesa do consumidor, do meio ambiente e o respeito à dignidade humana —, uma atuação positiva do Estado sobre o sistema econômico, procurando reduzir suas deficiências, tanto por meio de normas de regulação da concorrência, como de normas de proteção ao consumidor, valendo salientar, inclusive, a possibilidade de atuação direta do setor público na prestação de atividades econômicas, pois a necessidade de atendimento das cláusulas transformadoras,[163] estabelecidas no artigo 3º da Constituição Federal,

---

[162] FERRAZ JUNIOR, Tércio Sampaio. *Interpretação e estudos da Constituição de 1988*: aplicabilidade, congelamento, coisa julgada fiscal, capacidade contributiva, ICMS, empresa brasileira, poder constituinte estadual, medidas provisórias, justiça e segurança, servidor público. São Paulo: Atlas, 1990. p. 23.

[163] Nesse sentido, Gilberto Bercovici: "Os princípios constitucionais fundamentais, como os mencionados no artigo 3º, têm a função, entre outras, de identificação do regime constitucional vigente, ou seja, fazem parte da fórmula política do Estado, que o individualiza, pois esta diz respeito ao tipo de Estado, ao regime político, aos valores inspiradores do ordenamento, aos fins do Estado etc. Também define e delimita a identidade da Constituição perante seus cidadãos e a comunidade internacional. Em suma, a fórmula política é a síntese jurídico-política dos princípios ideológicos manifestados na Constituição, o que contraria essa fórmula política afeta a razão de ser da própria Constituição. O art. 3º da CF, além de integrar a fórmula política é, na expressão de Pablo Lucas Verdú, a

CAPÍTULO 6

MERCADO DE SAÚDE PRIVADA – AS DEFICIÊNCIAS DO MERCADO COMO JUSTIFICATIVA DA IMPRESCINDIBILIDADE...

101

pode e deve considerar-se como interesse público autorizador da prestação direta da atividade econômica pelo Estado.[164] É preciso deixar de lado a ideologia liberal vetusta que sempre tem o Estado como o grande Leviatã[165] que deve ser castrado, pois a

---

'cláusula transformadora' da Constituição a qual explicita o contraste entre a realidade social injusta e a necessidade de eliminá-la. Desse modo, ela impede que a Constituição considere realizado o que ainda está por se realizar, implicando a obrigação do Estado em promover a transformação da estrutura econômico-social" (BERCOVICI, Gilberto. *Constituição econômica e desenvolvimento*. São Paulo: Malheiros, 2005. p. 36-37).

[164] Artigo 173 da Constituição Federal: "Ressalvados os casos previstos nesta Constituição, a exploração direta de atividade econômica pelo Estado só será permitida quando necessária aos imperativos a segurança nacional ou a relevante interesse coletivo, conforme definidos em lei." (BRASIL, 1988).

[165] O termo "Leviatã", como referência ao Estado, foi apresentado por Hobbes na obra homônima e, em termos mais reverentes, como salienta o próprio autor, significa o Deus Mortal ao qual devemos nossa paz e defesa: "A única maneira de instituir um tal poder comum, capaz de defendê-los [os homens] das invasões dos estrangeiros e das injúrias uns dos outros, garantindo-lhes assim uma segurança suficiente para que, mediante seu próprio labor graças aos frutos da terra, possam alimentar-se e viver satisfeitos, é conferir toda sua força e poder a um homem, ou a uma assembléia de homens, que possam reduzir suas diversas vontades, por pluralidade de votos, a uma só vontade. O que equivale a dizer: designar um homem ou uma assembléia de homens como representante de suas pessoas, considerando-se e reconhecendo-se cada um como autor de todos os atos que aquele que representa a sua pessoa praticar ou levar a praticar, em tudo o que disser respeito à paz e segurança comuns; todos submetendo assim suas vontades à vontade do representante, e suas decisões à sua decisão. Isto é mais do que consentimento, ou concórdia, é uma verdadeira unidade de todos eles, numa só e mesma pessoa, realizada por um pacto de cada homem com todos os homens, de um modo que é como se cada homem dissesse a cada homem: *Cedo e transfiro meu direito de governar-me a mim mesmo a este homem, ou a esta assembléia de homens, com a condição de transferires a ele teu direito, autorizando de maneira semelhante todas as suas ações. Feito isto, à multidão assim unida numa só pessoa se chama Estado, em latim civitas. É esta a geração daquele grande Leviatã, ou antes (para falar em termos mais reverentes) daquele Deus Mortal, ao qual devemos, abaixo do Deus Imortal, nossa paz e defesa. Pois graças a esta autoridade que é dada por cada indivíduo no Estado, é-lhe conferido o uso de tamanho poder e força que o terror assim inspirado o torna capaz de conformar as vontades de todos eles, no sentido da paz em seu próprio país, e da ajuda mútua contra os inimigos estrangeiros. É nele que consiste a essência do Estado, a qual pode ser definida: Uma pessoa de cujos atos uma grande multidão, mediante pactos recíprocos uns com os outros, foi instituída por cada um como autora, de modo a ela poder usar a força e os recursos de todos, da maneira que considerar conveniente, para assegurar a paz e a defesa comum.* Àquele que é portador dessa pessoa se chama soberano, e dele se diz que possui poder soberano. Todos os restantes são súditos (...) aquele que detém o poder soberano não pode justamente ser morto, nem de qualquer outra maneira ser punido por seus súditos (...). Visto que o fim dessa instituição é a paz e a defesa de todos, e visto que quem tem direito a um fim tem direito aos meios, constitui direito de qualquer homem ou assembléia que detenha a soberania o ser juiz tanto dos meios para a paz e a defesa quanto de tudo que possa perturbar ou dificultar estar últimas. (...) compete à soberania ser juiz de quais as opiniões e doutrinas são contrárias à paz, e quais as que lhe são propícias. E, em conseqüência, de em que ocasiões, até que ponto e o que se deve conceder àqueles, que falam a multidões de pessoas, e de quem deve examinar as doutrinas e todos os livros antes de serem publicados (...)" (HOBBES, Thomas. *Leviatã ou matéria, forma e poder de um estado eclesiástico e civil*. Tradução de João Paulo Monteiro e Maria Beatriz Nizza da Silva. 3. ed. São Paulo: Abril Cultural, 1983. p. 105-112, grifos nossos).

realidade se impõe à ideologia, e o Estado deve ser fortalecido em busca da transformação da injusta e desigual sociedade brasileira.

6.4 A responsabilidade social dos atores privados

Desde os anos 90, iniciou-se profundo processo de reestruturação estatal a partir da constatação da ineficiência do Estado em assegurar por si só a modificação das estruturas sociais.

O intervencionismo estatal direto se revelou ineficaz para a consecução dos projetos estatais. O Estado se mostrou incapaz de promover exclusivamente a alteração das estruturas sociais e o alto custo das intervenções estatais por meio da prestação direta de atividades econômicas e serviços públicos foi além dos limites orçamentários, implicando o aumento da dívida pública que desaguou, como regra, na obsolescência e insolvência.[166]

Com isso, houve a inserção de uma concepção ideológica neoliberal que buscou a redução do papel do Estado como agente direto da prestação das atividades econômicas e serviços públicos para a figura de um Estado gerencial, aumentando, com isso, a participação privada na prestação direta de serviços públicos, assim como no exercício de atividades de relevância pública como na saúde e educação.

Minimiza-se, assim, a atuação estatal, em favor de uma maior liberdade de mercado e autonomia da sociedade civil. O Estado, nessa concepção ideológica, deve privilegiar o espaço econômico das pessoas privadas.[167]

Não obstante, essa concepção não significa uma ausência completa da atuação estatal, na medida em que a "conduta predatória" dos agentes econômicos no mercado justifica, concomitante à retirada do Estado da prestação direta das atividades econômicas e serviços públicos, a necessidade de sua maior regulação.[168]

Conforme afirma Cláudio Smirne Diniz:

(...) o Estado contemporâneo está associado à administração pública gerencial, fundada em preceitos da ciência da administração privada,

---

[166] JUSTEN FILHO, Marçal. Empresa, ordem econômica e Constituição. *Revista de Direito Administrativo*, Rio de Janeiro, n. 212, abr./jun. 1998. p. 120.

[167] DINIZ, Cláudio Smirne. A regulação estatal destinada à promoção da responsabilidade social das empresas prestadoras de serviços públicos. *In*: BACELLAR FILHO, Romeu Felipe; BLANCHET, Luiz Alberto (Coord.). *Serviços públicos*: estudos dirigidos. Belo Horizonte: Fórum, 2007. p. 108.

[168] *Ibid.*, p. 109.

e voltada à minimização de custos, à delegação de atividades produtivas e ao atendimento do 'cliente-consumidor' de serviços públicos. Transforma-se o Estado-agente em Estado-gerente. O Estado deixa de agir diretamente na economia para delegar as funções produtivas, atendo-se ao papel de supervisor. O norte é a máxima do princípio da eficiência.[169]

Por consequência, essa ideia de Estado apresentada pela concepção ideológica neoliberal não pode ser entendida como uma proposta de completa ausência de regulação estatal do mercado, mas, sim, uma proposta que busca uma maior eficiência na atuação estatal e, por conseguinte, uma proposta alternativa que igualmente vise à transformação da realidade social por meio de atuações indiretas, ou seja, por meio de uma maior regulação estatal e não intervenções diretas.

Segundo Marçal Justen Filho:

(...) esse neoliberalismo estatal significa, em última análise, a moldagem do Estado Nacional pelos parâmetros norteadores da atividade privada. Não se trata, portanto, de um mero retorno ao capitalismo do século passado. O neoliberalismo não pretende a pura e simples supressão de certas atividades que o Estado assumiu. O fim visado não é voltar a um Estado de Polícia, preocupado apenas com a defesa da segurança e da propriedade. As propostas neoliberais retratam a concepção de que a gestão estatal deve ser norteada por regras técnicas similares às da atividade privada.[170]

Portanto, não há como se admitir a ideia estremada de Estado mínimo, na figura de um exclusivo Estado de polícia, haja vista que semelhante proceder implica uma profunda vulnerabilidade do cidadão perante a busca desenfreada de lucro, ante a já mencionada concepção predatória própria do mercado.

Fato é que houve efetivamente uma redução da participação direta do Estado na prestação de serviços públicos e atividades econômicas diretas, mas, como corolário dessa redução, aumenta-se a necessidade da atuação estatal como agente diretor das atividades privadas como forma de consecução dos objetivos estabelecidos no artigo 3º da Constituição Federal.

Altera-se com isso a concepção da forma de realização da alteração social, mas não há como se propor a impossibilidade de atuação

---

[169] DINIZ, *op. cit.*, p. 109.
[170] JUSTEN FILHO, 1998, p. 109.

estatal como agente indutor e fiscalizador das atividades privadas com o escopo de efetivação da justiça social.

O aumento da participação dos agentes privados na prestação de atividades econômicas e serviços públicos implica, como consectário lógico, em um progressivo aumento da responsabilidade social dos atores privados na implementação dos objetivos do Estado brasileiro, não podendo, assim, ser escusada a participação privada na efetivação da justiça social, na medida em que a liberdade de iniciativa privada não pode ser alcançada, olvidando-se na busca dos preceitos constitucionais dirigentes estabelecidos.

Não há, portanto, como conceder aos agentes econômicos privados a titularidade de direitos, poderes e prerrogativas para agir no mercado, sem submetê-los a deveres e responsabilidades sociais. Dessa forma, discorda-se da posição de Fábio Konder Comparato quando afirma a impossibilidade de se falar em uma função social da empresa e tampouco em incongruência ao sustentar a aplicabilidade da função social às empresas.[171]

Semelhante proceder significa conceder a certos grupos privilegiados o que Marcelo Neves denominou uma relação de sobreintegração ao sistema jurídico, o que implica uma falta generalizada de inclusão no sistema jurídico, assim entendida como a inexistência de direitos e deveres partilhados reciprocamente, gerando a esses grupos privilegiados a possibilidade de uso, desuso e abuso do sistema jurídico conforme seus interesses e criando uma categoria de sobrecidadão para quem o direito "não se apresenta como horizonte do agir e vivenciar político-jurídico (...), mas antes como meio de consecução de seus objetivos econômicos, políticos e relacionais".[172]

É imperativa uma atuação estatal que objetive a superação dessa relação de sobreintegração de certos atores privados ao sistema jurídico, por meio da alteração de estruturas sociais que imponha a inserção dos agentes privados em uma relação de direitos e deveres para a consecução da justiça social, sem qualquer transação com privilégios.

---

[171] "É imperioso reconhecer, por conseguinte, a incongruência em se falar numa função social das empresas. No regime capitalista, o que se espera e exige delas é, apenas, a eficiência lucrativa, admitindo-se que, em busca do lucro, o sistema empresarial como um todo exerça a tarefa necessária de produzir ou distribuir bens e de prestar serviços no espaço de um mercado concorrencial. Mas é uma perigosa ilusão imaginar-se que, no desempenho dessa atividade econômica, o sistema empresarial, livre de todo controle dos Poderes Púbicos, suprirá naturalmente as carências sociais e evitará os abusos, em suma promoverá a justiça social." (COMPARATO, Fábio Konder. Estado, empresa e função social. *Revista dos Tribunais*, São Paulo, ano 85, v. 732, p. 38-45, out. 1996. p. 43).

[172] NEVES, *op. cit.*, p. 249-250.

E, nesse aspecto, estamos de acordo com a posição de Comparato quando afirma, em outro clássico artigo publicado em 1986:

(...) os deveres sociais do controlador de empresas, estabelecido em tese em algumas normas de direito Positivo, somente poderão ser desempenhados com clareza e cobrados com efetividade quando os objetivos sociais a serem atingidos forem impostos no quadro de uma planificação vinculante para o Estado e diretiva da atividade econômica privada.[173]

Nesse contexto de maior participação de agentes privados em detrimento da atuação estatal direta, imperativo calibrar toda liberdade de iniciativa a deveres que lhes são correlatos, dentre os quais uma atuação que objetive a redução de desigualdades sociais e regionais.

A atividade empresarial, portanto, não apresenta uma natureza não instrumental. Como afirma Marçal Justen Filho, a empresa[174] não é um meio de realização de interesses meramente privados, haja vista que a ordem econômica é instrumento de realização de certos valores fundamentais.[175] A "empresa é instrumento fundamental para a realização dos objetivos contidos no artigo 3º da CF/88",[176] de tal sorte que a "realização do princípio da legitimidade do lucro deve dar-se simultaneamente e conjuntamente com o resguardo da dignidade da pessoa humana e da possibilidade de satisfação do bem de todos".[177]

Conforme leciona o autor:

(...) os direitos e garantias relacionados com a ordem econômica são derivações daqueles impostos como princípios gerais. Assim, o valor fundamental assumido pela Constituição é a dignidade da pessoa humana (art. 1º, inc. III). Todos direitos de natureza econômica e relacionados com a atividade empresarial têm pertinência com esse postulado e não podem ser a ele contrapostos. As faculdades de desenvolver atividades econômicas e de buscar o lucro são instrumentos de realização da dignidade de todas as pessoas humanas envolvidas, sejam os empresários,

---

[173] COMPARATO, Fabio Konder. Função social da propriedade dos bens de produção. *Revista de Direito Mercantil, Industrial, Econômico e Financeiro*, São Paulo, n. 63, p. 72-79, jul./ set. 1986.

[174] Conforme salienta Rubens Requião: "o conceito de empresa se firma na idéia de que é ela o *exercício de atividade produtiva*. E do exercício de uma atividade não se tem senão uma idéia abstrata." (REQUIÃO, Rubens. *Curso de direito comercial*. 23. ed. São Paulo: Saraiva, 1998. 1 v., p. 59).

[175] JUSTEN FILHO, 1998, p. 128.

[176] *Ibid.*, p. 128.

[177] *Ibid.*, p. 119.

sejam os demais integrantes da comunidade (direta e indiretamente relacionados com a empresa).[178]

A atividade empresarial privada deve se pautar pela busca dos objetivos estabelecidos pelo Estado brasileiro, pois do contrário não se legitima ante a não realização de sua função social. Por outro lado, consagra-se a ideia de que a realização dos objetivos estabelecidos pela Constituição não decorre apenas na atuação estatal, dependendo, nas palavras de Justen Filho, de uma "tomada de posição de cada brasileiro, no âmbito de sua vida social e pessoal".[179]

Por essa razão, não se legitima a atividade econômica privada apenas pela realização do lucro, ou seja, a liberdade de iniciativa econômica que é movida pela busca do lucro não apresenta caráter absoluto.

De acordo com Marçal Justen Filho:

> (...) o que dá sustentação constitucional ao instituto da empresa é sua vocação para realização da dignidade de cada pessoa humana. É possível, então, estabelecer algum tipo de paralelo entre os institutos da propriedade e da empresa. Seria possível reconhecer a cada qual deles um certo papel fundamental na estruturação do sistema econômico. A maior relevância está na funcionalização constitucional de ambos os institutos. Tal como se passa com a propriedade, a empresa somente se legitima na medida em que seja a via de afirmação de valores que transcendem seu titular. Há vinculação entre as faculdades atribuídas ao empresário e a realização de valores não referidos diretamente a ele.[180]

A atuação dos agentes privados, portanto, deve se pautar pela consecução de objetivos constitucionais que permitam a alteração da estrutura social, havendo uma vinculação da liberdade de iniciativa com a consecução de valores constitucionais consagrados, sem os quais não se legitima a atuação de qualquer agente privado.

Essa conformação da atividade privada a objetivos consagrados constitucionalmente importa na maior atividade regulatória estatal, evitando que o caráter egoístico da atuação privada impeça a consecução da justiça social. Justamente nesse aspecto surge a legitimação de uma maior regulação estatal, o que obscurece os argumentos de violação do

---

[178] *Ibid.*, p. 117.
[179] JUSTEN FILHO, 1998, p. 129.
[180] *Ibid.*, p. 130.

principio da liberdade de iniciativa e da autonomia privada quando as intervenções visam justamente a consagração dos maiores valores constitucionais estabelecidos.[181]

Conforme José Fernando de Castro Farias, trata-se de "assegurar a liberdade individual dando-lhe ao mesmo tempo um fundamento social, pois doravante é preciso que a vontade individual seja conforme a obrigação social de realizar a 'solidariedade social', a fim de garantir o equilíbrio da sociedade".[182]

Na realidade, a atividade empresarial e, portanto, a atuação dos agentes privados no mercado, apresenta uma vinculação aos objetivos constitucionais estabelecidos por todo o Estado brasileiro, pois as disposições contidas no artigo 3º da Constituição não são estabelecidas como deveres impostos apenas ao Estado, mas a toda a sociedade.

Essa afirmação fundamenta a constatação de ter a empresa a necessidade de desenvolver uma função social,[183] assim entendida como "vinculação dos efeitos da relação material sujeito-objeto com a sociedade. Falar em função social é dispor sobre a instrumentalidade da relação de propriedade em relação à construção da sociedade".[184]

Portanto, ao estabelecer-se que o conteúdo da atividade empresarial, como elemento da propriedade da pessoa jurídica, necessita preencher o conteúdo da função social, afirma-se que "o modo como o proprietário se apropria do objeto e os resultados de sua apropriação devem ser condizentes com as diretrizes normativas ligadas ao bem-estar da sociedade".[185]

Conforme afirma Cristiane Derani:

> o Estado social rompe com o individualismo liberal do Código de Napoleão e acrescenta, ao direito ao domínio individual limitado pelas leis ou regulamentos, o ônus da atividade que resulte para além da satisfação individual. A existência da propriedade individual é justificada pela realização de atividades individuais que construam a vida social fundada em valores de bem-estar. Não se desenvolvendo a relação entre o sujeito e objeto na dinâmica da satisfação social, não há proteção

---

[181] No mesmo sentido: DINIZ, *op. cit.*, p. 126.

[182] FARIAS, José Fernando Castro. *A origem do direito de solidariedade*. Rio de Janeiro: Renovar, 1998. p. 228.

[183] Nesse sentido: TOMASEVICIUS FILHO, Eduardo. A função social da empresa. *Revista dos Tribunais*, São Paulo, v. 810, n. 92, p. 33-50, abr. 2003.

[184] DERANI, Cristiane. A propriedade na Constituição de 1988 e o conteúdo da "função social". *Revista de Direito Ambiental*, São Paulo, ano 7, v. 28, p. 58-69, jul./set. 2002. p. 59.

[185] *Ibid.*, p. 61.

jurídica, porque a função social é um dado determinante da existência jurídica da propriedade.[186]

Por essa razão, a disposição contida no artigo 170, III, da Constituição, ao estabelecer como princípio da ordem econômica o cumprimento da função social da propriedade, se dirige também à propriedade dos meios de produção e, segundo Cristiane Derani, "reformula uma prática distorcida de ação social traduzida na privatização dos lucros e socialização das perdas", de forma que a repercussão social própria da apropriação dos bens de produção só será também a concretização da função social desses bens "quanto esta repercussão estiver de acordo com políticas públicas de bem-estar social que interferem no próprio conteúdo da propriedade, instituição jurídica, e não apenas de se detém a liminar o uso e gozo do objeto".[187]

É imperativa a visão de uma sociedade como unidade de cooperação, em que não há de se falar em ausência de papel do Estado ou do próprio dever estatal de estabelecimento de políticas públicas, para a transformação social em busca de uma sociedade justa. Todavia, esse dever estatal não é exclusivo, pois, aos indivíduos, ou seja, aos atores privados, impõem-se o dever e responsabilidade da busca da justiça social, mediante a qual se restabelecem os laços sociais a partir de uma visão de conjunto, por meio do qual o indivíduo passa a se ver como parte do todo que constitui o Estado.

Nas palavras de Cristiane Derani, o "indivíduo deve ser um agente comprometido com a formação social da qual faz parte. Não se pode inverter a visão da sociedade como cooperação para a de sociedade como serva do agir individual".[188]

6.5 O mercado de saúde privada

O sistema econômico de mercado, como salientado, apresenta falhas estruturais em todos os setores da economia, mas em alguns deles, pela própria estrutura, essas falhas se mostram mais contundentes, como no mercado de saúde suplementar.

Inicialmente, importa salientar que a atuação dos agentes privados na prestação da assistência à saúde pode se desenvolver basicamente de três formas.

---

[186] *Ibid.*, p. 62.
[187] DERANI, Cristiane. A propriedade na Constituição de 1988 e o conteúdo da "função social". *Revista de Direito Ambiental*, São Paulo, ano 7, v. 28, p. 58-69, jul./set. 2002. p. 64.
[188] *Ibid.*, p. 69.

A primeira delas consiste na atuação privada sem qualquer vínculo com o Estado, por meio de prestação de típica atividade econômica que notadamente se desenvolve por intermédio de prestação de serviços médicos em clínicas ou hospitais privados, caracterizando típica relação de consumo mediante contratos individuais.

A segunda forma de atuação dos agentes privados no mercado de saúde no Brasil consiste na atividade complementar ao Sistema Único de Saúde. Nessa hipótese, o prestador de assistência privada à saúde desenvolve atividade vinculada ao SUS, ou seja, presta atividade em nome do Poder Público, celebrando convênio ou contrato de direito público, de modo que a relação estabelecida é uma relação típica de prestação de serviço público, pois não há celebração entre o usuário e o fornecedor de um contrato de direito privado, pois o usuário não efetua pagamento pela prestação do serviço, o que é feito pelo Poder Público através de tabelas de valores previamente estabelecidas. Nessas hipóteses, devem ser dadas preferências aos prestadores privados que se caracterizem como entidades filantrópicas ou sem fins lucrativos, conforme estabelece o artigo 199, §1º, da Constituição Federal, *in verbis*:

> As instituições privadas poderão participar de forma complementar do Sistema Único de Saúde, segundo as diretrizes deste, mediante contrato de direito público ou convênio, tendo preferência as entidades filantrópicas e as sem fins lucrativos.[189]

Por fim, a terceira forma de prestação de assistência privada à saúde consiste no sistema de saúde suplementar, representado pela atuação dos planos de saúde por meio de uma especial relação em que uma pessoa jurídica se apresenta como terceiro pagador que vende serviços médicos mediante pré-pagamento, atuando como intermediários entre os consumidores e os prestadores dos serviços e gerando especial proteção dos riscos de se adoecer.

Apresentadas essas três formas de prestação de serviços de saúde, observa-se que o problema da regulação estatal não se apresenta no sistema de saúde complementar, pois a prestação de atividade privada nessa hipótese se dá por meio de contrato ou convênio de direito público que submete o prestador ao poder normativo do Estado, que impõe as diretrizes da prestação dos serviços de saúde.

---

[189] BRASIL, 1988.

Da mesma forma, a atuação dos atores privados na forma de prestação de serviços médicos como profissionais liberais, ou mesmo de atuação de entidades privadas que atuam mediante prévio pagamento, rege-se basicamente por meio de normas de proteção do consumidor e de vigilância sanitária, não sendo marcantes as deficiências do mercado a justificar intervenções globais nesse mercado, sendo suficientes intervenções pontuais.

É, portanto, no mercado de saúde suplementar que se evidenciam as mais graves falhas de mercado que justificam uma atuação mais global do Estado para suprir suas deficiências, pois é nesse mercado, também, que se observam as maiores vulnerabilidades do consumidor conforme se buscará demonstrar.

Importa trazer à colação que a Constituição Federal, em seu artigo 199, *caput*, estabeleceu ser a assistência à saúde livre à iniciativa privada.

Mas, no artigo 197 da Constituição Federal, vincou tratar a assistência privada à saúde de serviço de relevância pública. A despeito dos caracteres que pretendeu dar o constituinte a esse termo, fato objeto de estudo em capítulo a parte, já é permitido observar que nesse dispositivo constitucional está expressa a necessidade de uma atuação positiva do Estado nesse mercado por meio de regulamentação, fiscalização e controle.

Com efeito, nesse setor, a atuação estatal é imperativa, pois o mercado de planos de saúde apresenta especificidades que se evidenciam como falhas de mercado que não permitem a atuação privada independente de regulação estatal, sob pena de prejuízos indeléveis aos consumidores, expressas pelas falhas de cobertura e exclusão de procedimentos, não cumprimento de normas de atendimento de procedimentos médicos de emergência, ausência de cobertura ou deficiência de cobertura para doenças crônicas e degenerativas, além das majorações expressivas de preços em faixas etárias mais avanças e, portanto, mais necessitadas dos atendimentos dos serviços de saúde, mecanismo esse que é uma forma de desestímulo à manutenção desses consumidores no contrato.

O mercado de planos de saúde, portanto, é eivado de falhas e essas justificam a regulação como instrumento de sua correção e proteção do consumidor.

Dentre as falhas observadas no mercado de saúde suplementar, costumam-se destacar as seguintes: *demanda inelástica ao preço, a existência de informações assimétricas e falhas de mecanismo como a baixa mobilidade dos fatores de produção que contribuem para a existência de um sistema de custos crescentes.*[190] [191]

6.5.1 Demanda inelástica ao preço

No mercado de planos de saúde os consumidores pagam para se proteger dos riscos de adoecerem, ou seja, pagam para agentes privados que intermedeiam a relação entre o paciente e o prestador de serviços médicos, os quais arcarão com os custos finais do tratamento.

O pagamento é efetuado com vistas a uma utilização potencial dos serviços médicos e diagnósticos, cuja cobertura é previamente estabelecida em contrato.

Verifica-se nesse mercado, entretanto, que não há uma escolha deliberada do consumidor pelos serviços de saúde, mas uma necessidade. Ou seja, no mercado de consumo de planos de saúde a escolha é determinada pela necessidade de assegurar-se dos riscos de adoecer e, por consequência, apresentam-se motivações extraeconômicas determinadas pela necessidade da cura, o que implica dizer que, perante a necessidade de proteger-se dos riscos de adoecer, o consumidor se encontra disposto a pagar o que for preciso para atenuar ou resolver seus problemas de saúde, ou seja, a demanda é inelástica ao preço, quer dizer, o custo, por si só, não impedirá ou desestimulará a aquisição do bem ou serviço.[192] Constata-se que as famílias estão dispostas a efetuar o pagamento de certos preços para assegurarem-se dos riscos de adoecer (demanda inelástica ao preço) o que permite a prática de "preços de monopólio" em busca de maiores lucros.

---

[190] Sobre o problema dos custos crescentes na assistência à saúde transcrevo a análise do prêmio Nobel de economia Paul Krugman: "Por que parecemos incapazes de manter a tampa fechada sobre os custos da assistência médica? A resposta — o pequeno segredo asséptico da assistência médica — é simples: de fato, recebemos alguma coisa em troca do nosso dinheiro. Na realidade, os especialistas em assistência médica são unânimes em afirmar que a força motriz por trás dos custos crescentes não é a ganância, nem a ineficácia, nem o envelhecimento da população, nem o progresso tecnológico. As despesas médicas eram pequenas não porque os médicos eram baratos ou os hospitais eram bem administrados, mas sim em razão da limitação dos serviços oferecidos pela medicina, independentemente da magnitude de sua propensão ao gasto. No entanto, a partir dos anos 40, todos os anos trouxeram novos avanços da medicina: novas técnicas de diagnósticos capazes (com elevadas despesas) de identificar problemas que até então eram objeto de suposição; novos procedimentos cirúrgicos capazes de (com elevadas despesas) corrigir problemas que até então apenas seguiam seu curso natural; novas terapias capazes (com relevadas despesas) de curar, ou, pelo menos, mitigar condições que até então apenas prolongavam indefinidamente para o sofrimento dos pacientes. Gastamos cada vez mais com tratamentos médicos porque continuamos efetuando novas descobertas úteis cuja aquisição exige (muito) dinheiro" (KRUGMAN, 1999, p. 204).

[191] OCKÉ-REIS; ANDREAZZI; SILVEIRA, *op. cit.*, p. 161.

[192] *Ibid.*, p. 161.

6.5.2 Informações assimétricas

Os consumidores dos serviços de saúde não dispõem de conhecimentos técnicos suficientes para saber da eficiência dos tratamentos médicos que lhes são prescritos pelos profissionais de medicina. Da mesma forma, sendo o pagamento dos tratamentos médicos efetuados pelo operador do plano de saúde, o consumidor desconhece os custos, ou seja, o preço não se apresenta como incentivo ou desestímulo para a utilização dos serviços.

Verifica-se, também, que o profissional de medicina, para receber mais pelos serviços prestados e perante os baixos reembolsos que lhe são feitos pelas operadoras, tendem a indicar tratamentos ou serviços diagnósticos por vezes desnecessários para o especial tratamento de que necessita o consumidor.

Não há, portanto, entre os três agentes desse mercado, ou seja, o consumidor, o médico e o operador dos planos de saúde, plena circulação das informações de custos e qualidades do tratamento, o que implica desequilíbrio e, por que não dizer, abusos de todas as partes.

Por consequência, apresentam-se as principais falhas de mercado decorrentes desse desequilíbrio de informação: "o risco moral (*moral hazard*) e seleção adversa (*adverse selection*), por parte dos consumidores e provedores, e seleção de risco (*cream skimming* ou *cherry picking*), por parte dos fornecedores".[193]

Segundo Macera e Saintive, o risco moral se observa tanto na relação paciente/provedor, quanto na relação operadora/provedor. Na primeira hipótese, observa-se que a presença de um terceiro pagador acarreta a ausência de eficiente sistema de incentivos para racionalizar o uso dos serviços médicos e na relação da operadora/provedor, na ausência de incentivos para racionalizar o uso dos serviços, o risco moral se verifica na possibilidade de auferir maiores ganhos econômicos com a indicação de tratamentos por vezes desnecessários, por exemplo, a manutenção de internações por períodos superiores aos necessários. Em síntese, portanto:

> (...) o risco moral conduz a uma sobreutilização dos serviços de saúde, que é incorporada ao cálculo dos gastos esperados, determinando a elevação dos prêmios/mensalidades por parte das operadoras e, conseqüentemente, o aumento dos gastos com saúde.[194]

---

[193] MACERA, Andrea Pereira; SAINTIVE, Marcelo Barbosa. *O mercado de saúde suplementar no Brasil*. Brasília: SEAE/MF, 2004. p. 04. (Documento de trabalho n. 31). Disponível em: <http://www.seae.fazenda.gov.br/central_documentos/documento_trabalho/2004-1/doctrab31.pdf>. Acesso em: 11 mar. 2010.

[194] *Ibid.*, p. 04.

MERCADO DE SAÚDE PRIVADA – AS DEFICIÊNCIAS DO MERCADO COMO JUSTIFICATIVA DA IMPRESCINDIBILIDADE...

A seleção adversa acarreta a tendência do sistema de incorporar pessoas com maiores riscos de saúde. A explicação que se apresenta ao problema é que perante os cálculos atuariais efetuados pelas operadoras de planos de saúde, chega-se a um preço a ser pagos pelos usuários; diante dos custos crescentes dos tratamentos, os preços/mensalidades tendem a se elevar, levando aqueles que possuem melhores condições de saúde a não adquirir o produto (planos de saúde), o que é feito por indivíduos que detêm maiores expectativas de apresentarem problemas de saúde e estão dispostos a pagar preços mais elevados para assegurarem-se do risco. Isso cria uma espiral inversa que tende a incluir consumidores que geram cada vez mais custos ao sistema, acarretando um aumento progressivo do preço.[195]

Em decorrência desse aumento potencial dos custos, Macera e Saintive salientam que as operadoras tendem a criar barreiras à entrada de pessoas com maiores risco de saúde, ou seja, justamente aqueles que mais necessitam da prestação dos serviços de saúde suplementar, mediante crescentes restrições a pessoas com doenças preexistentes ou imposição de limites de cobertura, prática conhecida como *cream skimming* ou *cherry picking*. Assim, esclarecem os autores, "as operadoras tenderiam, portanto, a concentrar seus esforços de venda em indivíduos de baixo risco. A ineficiência toma forma de aumento dos custos administrativos e de exclusão, além de estimativas de risco para clientes específicos".[196]

6.5.3 Falhas de mobilidade

No mercado de assistência à saúde, não é possível a plena e imediata alteração dos fatores de produção para adequação às variações de preços como modo de equilíbrio e limite aos custos de operação. Os custos envolvidos na alteração territorial da prestação do serviço — decorrente da necessidade de celebração de contratos com os provedores dos serviços médicos e busca por novas carteiras de clientes — impedem a ampliação da base territorial de atuação sem o consequente repasse dos custos para as mensalidades dos planos de saúde.

Ao consumidor, da mesma forma, não é dada a facilidade da busca de outras operadoras de planos de saúde, pois os *custos de transação*[197] — assim entendidos todos os custos associados à troca dos

---

[195] MACERA; SAINTIVE, *op. cit.*, p. 04.

[196] *Ibid.*, p, 04.

[197] OCKÉ-REIS; ANDREAZZI; SILVEIRA, *op. cit.*, p. 172.

fornecedores, como a busca e informações, carências, verificação da rede de atendimento — são impeditivos da troca, pelos consumidores, das operadoras de planos de saúde, sem contar as influências extraeconômicas que desfavorecem a troca por outra operadora de plano de saúde, como a reputação das operadoras, que acaba por favorecer um mercado oligopolista.

Conforme salienta Ocké-Reis, Andreazzi e Silveira, constata-se:

> (...) a existência de custos de transação associados à corretagem, carência, reputação do prestador e tempo da busca de um novo plano. A rigor, excetuando-se a situação hipotética da competição perfeita, acredita-se que tal custo tenderia a subir em outras estruturas de mercado, por exemplo, de configuração oligopolista, dados os obstáculos para verificar — supondo condições próximas de preço e cobertura — prestadores de igual qualidade na carteira dos planos de saúde concorrentes, sabendo-se que o mercado relevante é o local. Dentro de certas margens de barganha, como a reputação (qualidade) da rede credenciada é um critério decisivo de escolha do plano, a sua troca representaria um custo de transação proibitivo para o consumidor.
>
> Nesse quadro, a realização de um novo contrato — sobretudo quando o segurado é compelido à mudança — pode mesmo significar dispêndios financeiros adicionais, perda de qualidade na atenção médica e, em casos extremos, sérios danos à saúde do consumidor. Em geral, isso ocorre com planos individuais, mas ocorre também com planos empresariais, que abrangem uma soma de indivíduos não organizados, sem poder de barganha sobre os contratos realizados pela patrocinadora.[198]

No mercado de saúde suplementar, dentro desse quadro, que não pretende ser exaustivo por se tratar de um trabalho jurídico e não de ciências econômicas, pode-se observar a existência de evidentes falhas de mercado que tendem à ineficiência do mercado e implicam prejuízos crescentes aos consumidores, refletidos diante dos custos crescentes.

Nesse mercado, portanto, o consumidor não é soberano e é justamente essa constatação que justifica a regulação do Estado, pois conforme lição de Figueras, citado e traduzido por Ocké-Reis, Andreazzi e Silveira:

> (...) a demanda é o resultado de preços e quantidades que o consumidor está disposto a pagar. O preço que os produtores conseguem depende do que os consumidores gostariam de consumir, assim como dos seus

---

[198] OCKÉ-REIS; ANDREAZZI; SILVEIRA, *op. cit.*, p. 172.

bens substitutos. Sem dúvida, isto não ocorre no mercado de serviços de saúde, onde as falhas de mercado se multiplicam. Em primeiro lugar, a principal demanda dos recursos sanitários provêm na realidade de decisões adotadas pelo provedor (o médico). Em segundo lugar, os consumidores se encontram muito limitados para julgar a qualidade dos serviços. Ademais, a demanda com que, muitas vezes, se requerem os serviços de urgência restringem a possibilidade de uma escolha livre.[199]

A liberdade de iniciativa nas atividades relacionadas à assistência privada à saúde, portanto, não permite a assunção pelo Estado de uma postura omissiva perante as falhas de mercado indicadas, impondo a conclusão de tratar-se de atividades em que a regulação estatal é imprescindível.

Pelo contrário, a assistência privada à saúde, notadamente na saúde suplementar, representada pelo mercado de planos de saúde, não possui condições estruturais de atingir equilíbrio de informações que favoreça a prestação de um serviço adequado livre de riscos de abusos praticados contra os consumidores.

A regulação estatal dos contratos de planos de saúde é forma de evitar abusos e violações aos direitos dos usuários de planos de saúde, instrumento, também, de restabelecimento da responsabilidade social das empresas operadoras de planos de saúde.

Logo, a atuação do Estado sobre o mercado de assistência à saúde se funda na necessidade dos agentes econômicos conduzirem-se de forma consentânea aos objetivos constitucionais dirigentes, única alternativa ao reconhecimento da legitimidade da atividade privada em setores relacionados a aspectos sensíveis da vida do ser humano, tal qual o direito à saúde.

---

[199] FIGUERAS, 1991 *apud ibid.*, p. 164.

CAPÍTULO 7

NATUREZA JURÍDICA DA ASSISTÊNCIA PRIVADA À SAÚDE

ATIVIDADES ECONÔMICAS, SERVIÇOS PÚBLICOS OU TERCEIRO GÊNERO?

7.1 Introdução

A atividade regulatória estatal,[200] conforme já assinalado, sempre existiu em todas as fases históricas e nas diversas modalidades de Estado. Uma das primeiras formas de justificar a atuação do Estado na economia se deu por meio do conceito de serviços públicos,[201] conceito

---

[200] Para Gaspar Ariño são três os principais modelos de regulação do Estado: "a) consideração de setor como atividade regulamentada, isto é, minuciosamente regulada pelo Estado em sua totalidade, e especialmente em seus preços, apesar da atividade se considerar como um todo como atividade comercial ou industrial privada; a administração a regula *de fora* e o faz com particular intensidade pela transcendência social e econômica do setor (...); b) configuração do setor como serviço público em mãos privadas, o qual significará a assunção do Estado da titularidade sobre essa atividade, embora a delegue ou conceda a gestão para particulares, por razões econômicas; a Administração nessa hipótese não só estabelece uma regulação jurídica exterior, mas também assume poderes de direção e controle internos dos serviços; e c) a estatização do setor, que consiste essencialmente em transformar empresas privadas em empresas estatais, nessa hipótese a Administração não só manda em virtude de seu poder de império, mas por sua condição de domínio" (ARIÑO ORTIZ, Gaspar. *Economía y Estado*: crisis y reforma del sector público. Madrid: Marcial Pons, 1993. p. 267, tradução livre).

[201] De acordo com Eros Grau o "Estado não pratica intervenção quanto presta serviço público, ou regula a prestação de serviço público. Atua, no caso, em área de sua própria titularidade, na esfera pública. Por isso mesmo dir-se-á que o vocábulo intervenção é, no contexto, mais correto do que a expressão atuação estatal: intervenção expressa atuação estatal em área de titularidade do setor privado; atuação estatal, simplesmente,

esse decorrente da concepção liberal de Estado, na medida em que apenas admite a intervenção do Estado na economia com relação àquelas atividades estritamente relacionadas com os fins do Estado. Embora hoje se discuta a pertinência da noção de serviços públicos, fato é que a Constituição Federal brasileira adotou a noção de serviços públicos e estabeleceu a distinção entre serviços públicos propriamente ditos e atividades econômicas.

De acordo com Gaspar Ariño Ortiz, para captar o conceito de serviço público, é importante observar que referido conceito nasce em um período ideológico marcado pela separação do Estado e da sociedade civil, período esse em que se considerava as tarefas do Estado distintas das tarefas da sociedade, de modo que um dos objetivos do liberalismo que deu margem ao surgimento do conceito de serviço público foi justamente determinar exatamente o campo de atuação do Estado.[202]

Assim, em uma noção preliminar, pode-se afirmar que os serviços públicos são regidos primordialmente por normas de direito público, ainda que prestados pela iniciativa privada por meio de concessão ou permissão, pois remanesce a titularidade do serviço com o Estado.

Por conseguinte, os serviços públicos são regidos por princípios que lhe são próprios,[203] os quais justificam uma maior limitação da atuação privada quando admitido seu exercício por particulares, inclusive mediante uma maior regulação da atividade para adequá-las às finalidades e objetivos do Estado brasileiro, sem que isso possa ser considerado uma indevida intervenção do Estado na liberdade de iniciativa privada, pois, como afirma Eros Grau, nessa hipótese o Estado atua em área de sua titularidade, ao passo que a intervenção se daria nas hipóteses em que o Estado atuasse nas áreas próprias do setor privado.[204]

---

expressa significado mais amplo. Pois é certo que essa expressão, quando não qualificada, conota inclusive atuação na esfera do público. Por isso que o vocábulo e expressão não são absolutamente, mas apenas relativamente, intercambiáveis. Intervenção indica, em sentido forte (isto é, na sua conotação mais vigorosa), no caso, atuação estatal em área de titularidade do setor privado; atuação estatal, simplesmente, ação do Estado tanto na área de titularidade própria quanto em área de titularidade do setor privado. Em outros termos, teremos que intervenção conota atuação estatal no campo da atividade econômica em sentido estrito; atuação estatal, ação do Estado no campo da atividade econômica em sentido amplo" (GRAU, Eros Roberto. *A ordem econômica na Constituição de 1988*. 8. ed. São Paulo: Malheiros, 2003. p. 124-125).

[202] ARIÑO ORTIZ, *op. cit.*, p. 288.

[203] Conforme lição de Maria Sylvia Zanella Di Pietro, são princípios próprios do regime de serviços públicos: "o da continuidade do serviço público, o da mutabilidade do regime jurídico e o da igualdade dos usuários" (DI PIETRO, Maria Sylvia. *Direito administrativo*. 13. ed. São Paulo: Atlas, 2001. p. 100).

[204] GRAU, 2003, p. 124.

Em outras palavras, conquanto não se possa sustentar a impossibilidade de regulação estatal de atividades econômicas em razão de sua submissão aos ditames da justiça social,[205] por outro lado, os limites da regulação dos serviços públicos são mais vagos, pois se está diante do exercício de uma atividade relacionada às finalidades precípuas do Estado.

Na verdade, tratando-se de serviços públicos, a regulação estatal é mais ampla, na medida em que não se limita a adequação das atividades à ordem econômica mediante a fixação de regras de conduta e controle, apresentando, portanto, características que avançam da simples regulação econômica para uma regulação social.

Nessas hipóteses, se dá uma relação de sujeição especial, conforme lição de Alexandre Santos Aragão, casos em que a atuação da Administração Pública não se verifica apenas por meio do poder de polícia tradicional. Referida relação de sujeição especial é decorrente da existência de uma relação prévia do administrado com o Poder Público que pode se dar por meio da assinatura de um contrato ou do requerimento de uma autorização, mas que permite a submissão do particular a poderes administrativos mais específicos e a injunções necessárias ao cumprimento dos objetivos sociais, sem com isso ocorrer ofensa ao princípio da legalidade. Em síntese, conclui Alexandre Aragão que a "lei e a anuência do particular se somam para conferir amplos poderes regulatórios ao Estado".[206]

Maria Sylvia Zanella Di Pietro, ao analisar a regulação dos serviços públicos denominados não exclusivos do Estado, como a saúde e a educação, salienta:

> Para estas áreas, o conceito de regulação econômica não se adapta inteiramente, porque a finalidade não é de ordem econômica, mas de ordem social. Daí ser preferível conceito mais amplo, em que estejam presentes os dois elementos já assinalados [de regulação econômica] (fixação de regras de conduta e controle) mas se amplie o terceiro elemento, referente à finalidade da regulação, que é proteger o interesse público ou, mais precisamente, o interesse dos usuários dos serviços públicos exclusivos e não exclusivos do Estado.[207]

---

[205] Conforme seção 6.4 supra.

[206] ARAGÃO, Alexandre Santos. *Agências reguladoras e a evolução do direito administrativo econômico.* 2. ed. Rio de Janeiro: Forense, 2009. p. 140-141.

[207] DI PIETRO, Maria Sylvia. Limites da função reguladora das agências diante do princípio da legalidade. *In*: DI PIETRO, Maria Sylvia (Coord.). *Direito regulatório*: temas polêmicos. 2. ed. Belo Horizonte: Fórum, 2009. p. 22.

Ante a existência de distinção entre serviços públicos e atividades econômicas, não se justifica a afirmação da morte dos serviços públicos, como proposto por autores como Carlos Ari Sundfeld, que afirma a "inutilidade, a essa altura, do velho conceito de serviços públicos".[208] Para Dinorá Adelaide Musetti Grotti:

> (...) o serviço público passou a ter uma outra dimensão. Assim entendemos que, embora não seja mais empregada para as finalidades apontadas pela Escola Clássica e não seja mais operatória para caracterizar sozinha o Direito Administrativo e a competência do juiz administrativo (o que é irrelevante nos países de jurisdição una), a noção jurídica de serviços públicos subsiste como um dos importantes modos de atuação administrativa, assegurada por um regime jurídico próprio.[209]

Segundo Marçal Justen Filho, injustificável a afirmação de morte do serviço público, pois em todos os países do mundo existem atividades que não se submetem inteiramente ao regime jurídico privado, pois objetivam satisfações "solidarísticas das necessidades individuais e coletivas". Portanto, segundo o autor, a despeito das divergências de denominação entre os diversos sistemas jurídicos, "sempre existe um núcleo reconduzível ao que se denomina, entre nós, serviços públicos"; assim:

> [O] serviço público somente desaparecerá se e quando houver viabilidade de satisfação dos direitos fundamentais mediante atuação privativa da iniciativa privada, sem a intervenção estatal — alternativa que não se afigura plausível, pois conduz ao desaparecimento da justificativa da existência do próprio Estado.[210]

Portanto, as modificações da noção de serviço público são decorrentes da própria alteração da concepção do Estado como provedor primordial das necessidades sociais e bens coletivos, sendo necessária a adaptação da noção à nova concepção do Estado Democrático de Direito.[211]

---

[208] SUNDFELD, Carlos Ari. Introdução às agências reguladoras. *In*: SUNDFELD, Carlos Ari. (Coord.). *Direito administrativo econômico*. São Paulo: Malheiros, 2006. p. 32.

[209] GROTTI, Dinorá Adelaide Musetti. Teoria dos serviços públicos e sua transformação. *In*: SUNDFELD, Carlos Ari (Coord.). *Direito administrativo econômico*. São Paulo: Malheiros, 2006. p. 43.

[210] JUSTEN FILHO, 2006, p. 507.

[211] RIBAS, Paulo Henrique. O serviço público como meio de concretização de direitos fundamentais. *In*: BACELLAR FILHO, Romeu Felipe; BLANCHET, Luiz Alberto (Coord.). *Serviços públicos*: estudos dirigidos. Belo Horizonte: Fórum, 2007. p. 89.

E é justamente no âmbito da seguridade social que se justifica a análise e o estudo da distinção entre serviços públicos e atividades econômicas com o escopo de se verificar qual a natureza da participação dos atores privados, ante a diversidade de regime jurídico a ser aplicado às atividades e os princípios setoriais a que se encontram submetidos, pois essa análise resvala nos limites da regulação estatal da atividade, com especial relevo ao direito à saúde, o qual nos interessa para fins deste trabalho, haja vista que a Constituição Federal de 1988 estabelece tanto a participação pública como a participação privada no exercício de atividades relacionadas à seguridade social, conforme disposição do artigo 194 da Constituição Federal.

> Art. 194. A seguridade social compreende um conjunto integrado de ações de iniciativa dos Poderes Públicos e da sociedade destinadas a assegurar os direitos relativos à saúde, à previdência e à assistência social.[212]

Observa-se, portanto, que a ordenação setorial da seguridade social indica a obrigatoriedade de atuação do Poder Público na efetivação dos direitos à saúde, à previdência e à assistência social e não haveria de ser diferente, pois a efetivação dos direitos sociais por meio da seguridade social está atado às cláusulas transformadoras do artigo 3º da Constituição Federal.

Não obstante, não é apenas o Estado que detém legitimidade para a realização das atividades relacionadas a esses direitos sociais, ante a expressa previsão de participação da sociedade como consorte na efetivação dos direitos de seguridade social.

Conforme afirma Daniel Pulino em tese de doutorado pela Pontifícia Universidade Católica de São Paulo, embora a Constituição de 1988:

> (...) tenha estruturado um sistema — o sistema de seguridade social — de máxima relevância para atingimento dos próprios fins por ela mesmo eleitos como fundamentais à construção da República brasileira, e conquanto tenhamos visto que, justamente pela imbricação que há no assegurar os direitos relativos à saúde, previdência social e assistência social com os fins maiores da Constituição, as ações de seguridade social constituem basicamente deveres a serem conferidos pelo Estado correlatamente a direitos públicos subjetivos dos beneficiários, não seria correto, a rigor, afirmarmos que apenas o Estado teria legitimidade para

---

[212] BRASIL, 1988.

empreender atividades afetas à seguridade social, já que, inequivocamente, a própria Constituição, expressamente, prevê a participação da sociedade na matéria.[213]

De fato, no âmbito da seguridade social em que se encontra inserido o direito à saúde, são estabelecidos princípios setoriais que se afinam aos ditames do artigo 3º da Constituição de 1988 como objetivos a serem atingidos pelo Estado,[214] mas, ao mesmo tempo, estabelece-se a participação privada em seu âmbito ao estabelecer que essas atividades são livres à iniciativa privada, conforme se denota dos artigos 197, 199 e 227:

> Art. 197. *São de relevância pública* as ações e serviços de saúde, cabendo ao Poder Público dispor, nos termos da lei, sobre *a regulamentação, fiscalização e controle, devendo sua execução ser feita diretamente ou através de terceiros e, também, por pessoas físicas ou jurídicas de direto privado*. (...)
>
> Art. 199. A assistência à saúde *é livre à assistência privada*. (...)
>
> Art. 227. É dever da família, da sociedade e do Estado assegurar à criança e ao adolescente, com absoluta prioridade, o direito à vida, à saúde, à alimentação, à educação, ao lazer, à profissionalização, à cultura, à dignidade, ao respeito, à liberdade e à convivência familiar e comunitária, além de colocá-la a salvo de toda forma de negligência, discriminação, exploração, violência, crueldade e opressão.
>
> §1º O Estado promoverá programas de assistência integral à saúde da criança e do adolescente, *admitida a participação de entidades não governamentais e obedecendo aos seguintes preceitos*: (...).[215]

Embora também haja previsão de participação de entidades privadas em outros âmbitos da seguridade social, como na previdência

---

[213] PULINO, Daniel. *Regime de previdência complementar*: natureza jurídico-constitucional e seu desenvolvimento pelas entidades fechadas. Tese (Doutorado em Direito Constitucional) – Pontifícia Universidade Católica, São Paulo, 2007. f. 27.

[214] Conforme excerto já citado de Gilberto Bercovici: "Os princípios constitucionais fundamentais, como os mencionados no artigo 3º, têm a função, entre outras, de identificação do regime constitucional vigente, ou seja, fazem parte da fórmula política do Estado, que o individualiza, pois esta diz respeito ao tipo de Estado, ao regime político, aos valores inspiradores do ordenamento, aos fins do Estado etc. Também define e delimita a identidade da Constituição perante seus cidadãos e a comunidade internacional. Em suma, a fórmula política é a síntese jurídico-política dos princípios ideológicos manifestados na Constituição, O que contraria essa fórmula política afeta a razão de ser da própria Constituição. O art. 3º da CF, além de integrar a fórmula política é, na expressão de Pablo Lucas Verdú, a 'cláusula transformadora' da Constituição (...)." a qual "explicita o contraste entre a realidade social injusta e a necessidade de eliminá-la. Desse modo, ela impede que a Constituição considere realizado o que ainda está por se realizar, implicando a obrigação do Estado em promover a transformação da estrutura econômico-social" (BERCOVICI, 2005, p. 36-37).

[215] BRASIL, 1988.

e na assistência social, conforme previsão dos artigos 202 e 204, ambos da Constituição Federal, interessa-nos a análise do papel do particular prestador das atividades de saúde, haja vista que, conforme expressa dicção do artigo 197 da Constituição Federal, estabelece-se não só a *relevância pública* da atuação particular nessas atividades, como a expressa vinculação das atividades privadas ao controle e fiscalização do Poder Público, evidenciando, já nesse juízo sumário, uma expressa relação de sujeição especial do particular junto ao Poder Público para além daquele estabelecido no artigo 174 da Constituição Federal.

> Art. 174. Como agente normativo e regulador da atividade econômica, o Estado exercerá, na forma da lei, *as funções de fiscalização, incentivo, planejamento,* sendo este determinante para o setor público e indicativo para o setor privado.[216]

Verifica-se da redação do presente dispositivo que, como agente regulador da atividade econômica, o papel do Estado será de fiscalização e incentivo, próximo da denominada "polícia administrativa", mas no âmbito do direito à saúde existe a necessidade não só da regulamentação da atividade, como também do controle, indicando, assim, a existência de uma maior vinculação da atuação do particular ao poder regulatório do Estado, o que é evidenciado pela existência de indiscutível intervenção estatal nos contratos de planos de saúde por meio da Agência Nacional de Saúde Suplementar (ANS).

Por conseguinte, na análise da participação do particular na prestação de atividades privadas à saúde, importa verificar se sua atuação se dá no âmbito de setor público, por meio do exercício de um serviço público não privativo, ou se a atuação é de âmbito privado e, portanto, regido por princípios próprios da atividade econômica, ou se trata de um terceiro gênero.

Logo, a importância da distinção entre serviços públicos e atividades econômicas no âmbito da assistência privada à saúde não descura da dificuldade da classificação, tampouco olvida das posições doutrinárias que propõem a própria extinção da referida classificação ante a existência de confluência cada vez mais intensa entre os âmbitos públicos e privados evidenciado, por exemplo, pelas figuras dos direitos difusos, coletivos e sociais.

Ocorre que nos termos anteriormente expostos, a análise da atuação do Estado com relação aos agentes privados prestadores de

---

[216] *Ibid.*

atividades relacionadas com a saúde justifica a distinção entre serviços públicos e atividades econômicas como meio de inserção da atividade no setor público ou privado, cujo reflexo será a maior ou a menor intensidade da regulação estatal.

Conforme afirma Eros Grau, portanto, "as classificações (...) não são verdadeiras ou falsas, porém úteis ou inúteis. Prestando-se uma delas a apresentar ou representar determinado objeto de modo a torná-lo compreensível, nos aspectos que se queira indicar, útil resultará".[217]

7.2 Breves anotações doutrinárias sobre a noção de serviços públicos

Os primeiros doutrinadores instados a conceituar serviço público remontam à França do século XIX e dados seus esforços e sua defesa do conceito foram considerados membros da chamada Escola do Serviço Público.[218]

Como expoente dessa Escola temos Duguit, que parte de um postulado sociológico que visa fundamentar a realidade jurídica na realidade social, seu conceito, portanto acaba decorrendo de uma visão mais sociológica do que jurídica.[219]

Para o autor, conforme leciona Dinorá Grotti, os serviços públicos não são determináveis abstratamente, mas surgem em decorrência natural do estado momentâneo das relações sociais, alteram-se com o decurso do tempo, na medida em que mudam os elementos objetivos da interdependência social.[220]

Dessa forma, Duguit acabou por nos legar um conceito bastante amplo acerca do tema, chegando a confrontá-lo com a própria noção de soberania como elemento estrutural do Estado, afirmando que o "Estado não é, como se pretende fazer crer e se acreditou que era, uma soberania, é ele uma cooperação de serviços públicos".[221]

---

[217] GRAU, 2003, p. 124.

[218] De acordo com Gaspar Ariño Ortiz, o termo "serviços públicos" encontrado em um texto de Rosseau em que a expressão *"service public"* aparece pela primeira vez como referida a todas aquelas matérias que constituem assuntos coletivos dos cidadãos, mas para Rosseau o conceito ainda não é um conceito jurídico, mas político que inclui qualquer atividade estatal, incluindo o exército, mas já inclui a ideia de ações que assegurem aos cidadãos a satisfação de uma necessidade (ARIÑO ORTIZ, *op. cit.*, p. 286).

[219] GROTTI, Dinorá Adelaide Mussetti. *O serviço público e a Constituição brasileira de 1988.* São Paulo: Malheiros, 2003. p. 33.

[220] *Ibid.*, p. 33.

[221] DUGUIT, 1923 *apud* CRETELLA JÚNIOR, José. *Administração indireta brasileira.* Rio de Janeiro: Forense, 2000. p. 36.

O objetivo do autor foi substituir a noção de soberania, pela noção de serviço público, como fundamento do direito público, pois a prestação de serviço público impõe-se como obrigação dos governantes para com os governados, inclusive como própria justificação da existência dos primeiros.

Para Duguit, "a noção fundamental que está no fundo de todo serviço público é a obrigação fundamental, imposta a todos os governantes, de assegurar o cumprimento de certa forma de atividade que tenha capital importância para a vida social".[222]

Temos, pois, para Duguit que a ideia de substituir o conceito da soberania como peça central do direito público pelo de serviço público se deve ao fato de que esse seria a justificação mais firme da existência de governos e Estados.

Nas palavras do autor:

> Constitui serviço público toda atividade cuja realização deva ser assegurada [...] pelos governantes, porque é indispensável à realização e ao desenvolvimento da interdependência social, sendo de tal natureza que não pode ser efetuada por completo senão por meio da intervenção da força governante.[223]

Perceba-se que a ideia de manutenção da *interdependência social* é o ponto crucial do conceito de serviço público dado por Duguit. Com isso, não seria qualquer das atividades estatais uma prestação de serviço público, mas tão somente aquelas que remontem à própria justificação de um Estado, isto é, aquelas que por sua relevância se imporiam aos governantes como meio de se assegurar o bem comum.

Fiquemos, pois, com a ideia de manutenção da *interdependência social* como justificadora do conceito de serviço público, o qual, em decorrência desse atributo, só poderia ser prestado em sua plenitude em termos de eficiência e qualidade por meio da intervenção da força governante, é essa a ideia central de Duguit.

Para Jèze, outro membro da chamada Escola de Serviço Público, no entanto, a noção de serviços públicos se pauta em três ideias essenciais: "procedimento de direito público sobre o privado, satisfação regular e contínua de certas necessidades de interesse geral e possibilidade de constante alteração da organização por ato unilateral do

---

[222] DUGUIT, 1923 *apud* RAMOS, Juan P. *Ensayo jurídico y social sobre la concesión de servicios públicos*. Buenos Aires: Libreria y Casa, 1937. p. 126, tradução livre.

[223] *Ibid.*, p. 126, tradução livre.

Poder Público".[224] De acordo com Jèze, lei e a jurisprudência dirão se se trata ou não de serviço público.

Jèze procura conceituar os serviços públicos tomando por base o regime jurídico especial ao qual estão submetidos. Assim, para sabermos se estamos diante de uma atividade estatal que poderíamos denominar serviço público, devemos buscar em seu regime jurídico elementos para fazê-lo.

De acordo com o citado autor,

> (...) sempre que se esta em presença de serviço público propriamente dito, se verifica a existência de regras jurídicas especiais, de teorias jurídicas especiais que, em sua totalidade tem por objeto facilitar o funcionamento regular e contínuo do serviço público, satisfazendo, do modo mais rápido e completo possível as necessidades de interesse geral.[225]

A questão mais crítica no âmbito do conceito de Jèze decorre da circunstância de que, para o autor, o conceito de serviço público advém de seu regime jurídico especial. Mas que regime seria esse? Sob que princípios estariam regidos?

Com isso, percebemos que em Jèze não encontramos respostas para o problema do que seja serviço público, mas o autor acaba por apresentar uma característica intrínseca dos serviços públicos que se mostra de grande valia, qual seja, seu regime jurídico apresenta características peculiares que permitirão justificar, posteriormente, as prerrogativas e sujeições a que se encontra sujeito um concessionário prestador de serviço público, pois o regime jurídico a que encontra submetido visa atender o "interesse geral".

Até esse momento, portanto, podemos trabalhar com dois elementos que estão a possibilitar a elucidação do conceito a que nos propusemos, são eles: a *intercoerência social* e o *regime jurídico especial*.

A abstração, todavia, permanece, o que nos conduz a Zanobini, o qual definiu serviços que busquem a intercoerência social de uma forma mais pragmática. Esclarece o autor italiano que "para que seja serviço público é necessário que seja declarado de competência de um ente público, como se estivesse orientado a um dos fins desse ente".[226]

Zanobini retoma a mesma ideia de Duguit, ou seja, a ideia de serviços públicos como atividades justificadoras da existência do Estado

---

[224] GROTTI, 2003, p. 35.

[225] JÈZE, 1949 *apud* CRETELLA JÚNIOR, *op. cit.*, p. 37.

[226] ZANOBINI, 1935 *apud* RAMOS, *op. cit.*, p. 126, tradução livre.

e voltadas à satisfação do bem comum. Mas com esse autor já estamos mais próximos de uma ideia que nos permitiria solucionar problemas práticos, pois, por meio de uma consulta à Constituição de um Estado, iríamos buscar quais seriam os fins estabelecidos pelo Poder Constituinte para aquele período político específico.

Assim, ainda que uma lei infraconstitucional denomine determinada atividade como serviço público, com todos os consectários lógico-jurídicos que disso decorreria, como, por exemplo, sua delegação apenas sob o regime de concessão ou permissão, não bastaria para afirmarmos que estamos efetivamente diante de uma atividade que assim se denomine, para tanto é necessária a remição à Constituição do Estado em busca do que esta denominou como fins estatais.

Ainda que a lei diga tratar-se de serviços públicos, se não se atender ao requisito fundamental desse conceito, que é a implementação de finalidades do Estado, estaremos diante de mera atividade econômica em sentido estrito e o regime jurídico a aplicar será o dessa atividade, a despeito da legislação infraconstitucional dizer o contrário, pois nessa hipótese estar-se-ia ampliando um conceito constitucional por normas jurídicas hierarquicamente inferiores, em usurpação de competência do Poder Constituinte e, portanto, tratar-se-ia de uma norma inconstitucional.[227]

Eros Roberto Grau[228] distingue serviço público da atividade econômica em sentido estrito, colocando ambos como espécimes de atividade econômica em sentido amplo.

O autor tece críticas àqueles que buscam conceituar serviço público por meio de seu regime jurídico, afirmando que determinada atividade fica sujeita a regime de serviço público porque é serviço público e não o inverso.

Procura, então, o autor, o conceito em Duguit e Rui Cirne Lima, chegando à conclusão de que serviço público é "a atividade indispensável à consecução da coesão social". De modo que o que estaria a justificar uma atividade como serviço público seria o interesse social.

Conclui, por fim, que o serviço público é por demais indeterminado, de maneira que a "indeterminação dos conceitos se resolve com a historicidade das noções",[229] devendo, pois, a noção de serviço público ser construída sobre as ideias de coesão social e interdependência social.

---

[227] GRAU, 2003, p. 159.

[228] GRAU, Eros Roberto. *A ordem econômica na Constituição de 1988*. 6. ed. São Paulo: Malheiros, 2001. p. 159.

[229] *Ibid.*, p. 158.

FERNANDO DE OLIVEIRA DOMINGUES LADEIRA
REGULAÇÃO ESTATAL E ASSISTÊNCIA PRIVADA À SAÚDE – LIBERDADE DE INICIATIVA E RESPONSABILIDADE SOCIAL...

A proposta de Eros Grau é, portanto, uma síntese clara e objetiva daquilo que objetivaram os autores da chamada Escola do Serviço Público, pelo que ficamos com seu conceito, ou como diz o próprio autor, *noção*:

> Serviço público, assim, na noção que dele podemos enunciar, é a atividade explicita ou supostamente definida pela Constituição como indispensável (...) à realização e ao desenvolvimento da coesão social e da interdependência social (Duguit), ou, em outros termos, a atividade explícita ou supostamente definida pela constituição como existencial relativamente à sociedade em determinado momento histórico (Cirne Lima).[230]

Portanto, a determinação do que seja serviço público só pode ser obra do Constituinte; ao legislador infraconstitucional é vedado ampliar a *noção* dada, pois não dispõe de competência para modificar os fins do Estado.[231] [232]

O problema da determinação do que seja serviço público, portanto, é tarefa que há de ser feita em cada *momento histórico*, pois os fins estatais variam no tempo, a cada vez em que emerge o poder constituinte originário num dado período revolucionário.

Com isso podemos afirmar que o que outrora não pudesse ser entendido como serviço público, sob as égides de um Estado liberal, pode passar a sê-lo em um Estado social, pois os fins de um e de outro são distintos, ao menos em amplitude. Em essência, o Estado liberal pretende ser apenas um Estado de garantia, cujas atividades se limitariam a controle social para manutenção da paz, ao passo que o Estado social busca o fornecimento de bens e serviços fruíveis pelos

---

[230] *Ibid.*, p. 159.

[231] Esta é a opinião de Manoel Ferreira Filho, que a afirma que "a revolução é o veículo do Poder Constituinte originário, que este não se manifesta sem a revolução, que a revolução 'tem' o Poder Constituinte" (FERREIRA FILHO, Manoel Gonçalves. *Curso de direito constitucional*. 23. ed. São Paulo: Saraiva, 1996. p. 22).

[232] Importante trazer à colação o entendimento doutrinário de Carmen Lúcia Antunes Rocha a respeito da possibilidade do legislador infraconstitucional poder elevar à categoria de serviços públicos toda e qualquer atividade. De acordo com a autora, "há que se relevar, todavia, que não apenas o constituinte originário ou derivado define serviço público, podendo também o legislador infraconstitucional erigir a esta condição atividades dotadas dos atributos que as submetem a este regime, observados, evidentemente, os limites definidos na Carta Magna, tais como os referentes à ordem econômica". A autora também estabelece um conceito para serviços públicos dizendo: "Serviço público é a atividade prestada pela entidade pública a quem o direito entregou a competência para o seu desempenho ou por alguém em seu nome e responsabilidade" (ROCHA, Cármen Lúcia Antunes. *Estudos sobre concessão e permissão de serviço público no direito Brasileiro*. São Paulo: Saraiva, 1996. p. 20; 27).

governados. De todo modo, só se a atividade atender a manutenção da intercoerência social será efetivamente serviço público.

Para Cristiane Derani, a única forma de se identificar um serviço público se encontra na circunstância de que essas atividades devem ser desenvolvidas para o interesse coletivo. Para a autora, "a propriedade social (bem coletivo) este no coração do desenvolvimento dos serviços públicos. Estes representam bens coletivos que deveriam permitir uma redução das desigualdades, colocando à disposição de todos oportunidades comuns".[233] Segundo a autora:

> (...) serviço público é uma atividade de interesse coletivo de natureza econômica ou não, decorre do exercício do Poder Público, funda-se na solidariedade social e objetiva a coesão social. Quando de natureza econômica retira a atividade econômica total ou parcialmente do mercado e passa a ser uma atividade em regime diferenciado.[234]

7.3 Serviços públicos e a expansão dos fins do Estado

Na realidade, o conceito de serviço público está relacionado ao surgimento do próprio Estado e, no início, foi um instrumento de delimitação de atuação da iniciativa privada e do próprio Estado.

A ideia de serviço público e os conceitos que nos foram legados, pelos autores apresentados anteriormente, da denominada "escola de serviço público", foi uma construção histórica estritamente vinculada a uma tentativa de delimitar as esferas do Estado e da sociedade civil.

Indiscutível que, por ser uma construção histórica, não há efetivamente qualquer precisão na noção de serviços públicos, mas o fato é que seu estudo está estritamente vinculado à ideia de regulação do Estado na economia e com a possibilidade de atuação mais próxima do Estado na conformação dos agentes econômicos, objetivando o atendimento do interesse público.

Portanto, na busca de uma delimitação do que seja serviço público, conforme salienta Gaspar Ariño Ortiz, importa reter que: (i) são atividades estatais; (ii) são atividades a serviço do público para satisfazer uma necessidade coletiva da sociedade; e que (iii) esse conceito nasce ideologicamente por um princípio fundamental, a separação do Estado e da sociedade, decorrente da ideologia do Estado liberal.[235]

---

[233] DERANI, Cristiane. *Privatização e serviços públicos*: as ações do Estado na produção econômica. São Paulo: Max Limonad, 2002. p. 65.

[234] *Ibid.*, p. 70.

[235] ARIÑO ORTIZ, *op. cit.*, p. 286.

Paradoxalmente, ainda segundo Gaspar Ariño Ortiz, a Revolução Francesa e a consequente instituição do Estado liberal implicaram progressiva extinção dos corpos intermediários, como as antigas corporações, de forma que o indivíduo se viu sozinho, o que obrigou o Estado a cada vez mais assumir atividades que antes estavam a cargo da sociedade civil organizada, como os serviços públicos assistenciais, tal qual saúde e educação, de modo que o nascimento dessas atividades como serviços públicos ocorreu justamente quando ideologicamente houve a separação do Estado e da sociedade e quando se deixou o indivíduo politicamente isolado perante o Estado.[236]

Dentro dessa visão histórica, na medida em que se desenvolve a ideologia liberal e a separação do Estado e da sociedade civil, com o desmantelamento das corporações de trabalho antes existentes, surge a necessidade de o Estado atuar para assegurar utilidades públicas aos cidadãos, mas para que fosse admitida a atuação do Estado nessas esferas foi preciso considerar que referidos campos de atuação eram domínio próprio do Estado, ou seja, que a titularidade da atividade exercida lhe pertencia.

Com a passagem do Estado liberal ao Estado social foram aumentando as necessidades de atuação estatal para assegurar outros direitos exigidos pela sociedade e, nesse contexto, aumentaram-se as esferas de intervenção do Estado na economia. Para tanto, foi necessário que se considerassem essas prestações de utilidades pelo Estado como atividades de titularidade estatal, pois do contrário estaria o Estado indevidamente interferindo na esfera privada. Por conseguinte, uma vez consideradas algumas atividades como de titularidade do Estado, passou-se a exigir do particular ato estatal de autorização para o desenvolvimento das mesmas atividades e é por meio desse contexto histórico que se chega efetivamente à técnica de serviço público.

Para o autor espanhol, portanto, a construção do conceito de serviço público é uma construção histórica, surgida da necessidade de regulação da atividade privada e pela procura de uma justificativa para essa atuação que não conflitasse com a ideologia liberal predominante no século XIX. Portanto, foi o Estado angariando a titularidade das mais diversas atividades inicialmente por meio da ideia de domínio público, como ocorreu na construção de estradas de ferro, ou seja, para regular como seriam construídas as estradas de ferro pela iniciativa privada, era preciso intervir e, para não conflitar com a ideologia

---

[236] *Ibid.*, p. 287.

liberal dominante, surge o entendimento de que se trata de atividade de domínio público, ao mesmo tempo em que se permitia o exercício privado mediante ato de concessão que justificava a intervenção estatal na atividade. Segundo o autor, a ideia de serviço público surgiu em consonância com uma ideia de prestação indireta por meio de ato de concessão, pois naquele período a ideologia não admitia a prestação direta da atividade e somente após a Primeira Guerra Mundial verifica-se propriamente a ampliação da ideia da prestação direta dos serviços públicos pelo Estado.[237]

Ainda segundo Gaspar Ariño Ortiz, o ato de declaração de um setor como serviço público é o que se denomina *publicatio* e significa que tal atividade se incorpora às atribuições do Estado, sendo excluídas da iniciativa privada, de forma que os particulares deixam de poder atuar sem um prévio ato de concessão.[238] Essa *publicatio*, ou seja, transferência da titularidade da atividade para o Estado, é histórica e gradual, e é sintetizada pelo autor em três etapas:

1) Regulação de polícia progressivamente intensa (assim em matéria de iluminação pública, de eletricidade, gás ou de telefones): é uma etapa que dura pouco. 2) A utilização especial ou privativa do domínio público como título de intervenção administrativa em aquelas tarefas de serviços públicos que as exigem (disposição de ruas, de canais, de fios telefônicos, ou de canos de gás): toda atuação que necessita da utilização especial do domínio será submetida a uma intervenção também especial, com base neste título dominial. 3) A declaração da atividade, enquanto tal, como serviço público cuja titularidade pertence à Administração (necessite ou não de utilização especial do domínio público): o título de intervenção já não é o domínio, senão a reserva de titularidade a favor do Estado, que exige a prévia concessão.[239]

7.4 Serviços públicos privativos e não privativos

Conforme Eros Roberto Grau, os serviços públicos e a atividade econômica em sentido estrito são espécies de atividades econômicas em sentido amplo, cuja definição deve ser buscada de acordo com o critério material consistente na imprescindibilidade quanto a realização das finalidades do Estado.

---

[237] ARIÑO ORTIZ, *op. cit.*, p. 280-281.

[238] ARIÑO ORTIZ, *op. cit.*, p. 288.

[239] *Ibid.*, p. 288.

Ocorre que algumas atividades privadas apresentam estrita relevância para os fins do Estado brasileiro, ainda que possam ser prestadas pelos particulares independente de ato de concessão ou permissão, hipótese em que estaríamos diante de atividade econômica em sentido estrito, fosse o exercício da atividade realizado pelos particulares, ou diante de serviço público não privativo fosse a atividade realizada pelo próprio Estado.

Na 6ª edição da obra *A ordem econômica na Constituição de 1988*, Eros Grau pronunciava:

> Cumpre distinguir, desde logo, os serviços públicos privativos dos serviços públicos não privativos. Entre os primeiros, aqueles cuja prestação é privativa do Estado (União, Estado-membro ou Município), ainda que admitida a possibilidade de entidades do setor privado desenvolvê-los, apenas e tão-somente, contudo, em regime de concessão ou permissão (art. 175 da Constituição de 1988). Entre os restantes — serviços públicos não privativos — aqueles que têm por substrato atividade econômica que tanto pode ser desenvolvida pelo Estado, enquanto serviço público, quanto pelo setor privado, caracterizando-se tal desenvolvimento, então, como modalidade de atividade econômica em sentido estrito. Exemplos típicos de serviços públicos não privativos temos nas hipóteses de prestação dos serviços de educação e saúde. Quando sejam eles prestados pelo setor privado — arts. 209 e 199 da Constituição de 1988 — atuará este exercendo atividade econômica em sentido estrito. De outra parte, tanto a União quanto os Estados-membros e os Municípios poderão (deverão) prestá-los, exercendo, então, atividade de serviço público.[240]

Para o autor, portanto, ainda que determinadas atividades econômicas estivessem estritamente vinculadas aos fins do Estado estabelecidos na Constituição de 1988, ou seja, vinculados ao núcleo básico de direitos cujo dever de assegurar compete precipuamente ao Estado, entre os quais se citam os estabelecidos no artigo 3º da Constituição Federal, desde que fossem prestadas por particulares, estaríamos diante do setor privado, hipótese em que prevaleceriam princípios próprios de atividades econômicas que limitam a atuação estatal em atenção à denominada "liberdade de iniciativa econômica".

Ocorre que na 12ª edição da mesma obra *A ordem econômica na Constituição de 1988*, observa-se que o autor reviu sua anterior posição, para entender que diante de atividades vinculadas a imperativos de

---

[240] GRAU, 2001, p. 147.

intercoerência social e coesão,[241] ainda que o exercício da atividade seja efetuado por particulares sem a necessidade de prévio ato de concessão ou permissão (artigo 175 da CF), implica tratar-se do que se denomina serviço público, ou seja, serviço público não privativo, que se distingue dos demais por não exigir ato formal de delegação da atividade:

> Cumpre distinguir, desde logo, os serviços públicos privativos dos serviços públicos não privativos. Entre os primeiros, aqueles cuja prestação é privativa do Estado (União, Estado-membro ou Município), ainda que admitida a possibilidade de entidades do setor privado desenvolvê-los, apenas e tão-somente, contudo, em regime de concessão ou permissão (art. 175 da Constituição de 1988). Entre os restantes — serviços públicos não privativos — aqueles que em edições anteriores deste livro equivocadamente afirmei terem por substrato atividade econômica que tanto pode ser desenvolvida pelo Estado, enquanto serviço público, quanto pelo setor privado, caracterizando-se tal desenvolvimento, então, como modalidade de atividade econômica em sentido estrito. Exemplos típicos de serviços públicos não privativos, manifestar-se-iam nas hipóteses de prestação dos serviços de educação e saúde.

> *O raciocínio assim desenrolado era evidentemente errôneo, visto ter partido de premissa equivocada, qual seja, a de que a mesma atividade caracteriza ou deixa de caracterizar serviço público conforme esteja sendo empreendida pelo Estado ou pelo setor privado. Isso, como se vê, é insustentável.*

Assim, o que torna os chamados serviços públicos não privativos distintos dos privativos é a circunstância de os primeiros poderem ser prestados pelo setor privado independentemente de concessão, permissão ou autorização, ao passo que os últimos apenas poderão ser prestados pelo setor privado sob um desses regimes.

Há, portanto, serviço público mesmo nas hipóteses de prestação dos serviços de educação e saúde pelo setor privado. Por isso mesmo, é que os artigos 209 e 199 declaram expressamente serem livres à iniciativa privada a assistência à saúde e o ensino — não se tratassem, saúde e ensino, de serviços públicos razão não haveria para as afirmações dos preceitos constitucionais. (...)

Seja como for, temos que serviços de educação e saúde, em qualquer hipótese, quer estejam sendo prestados pelo Estado, quer por particulares, configuram serviço público — serviço público não privativo, como vimos.[242] [243]

---

[241] GRAU, Eros Roberto. *A ordem econômica na Constituição de 1988*. 12. ed. São Paulo: Malheiros, 2007. p. 135.

[242] GRAU, 2007, p. 135.

[243] Ante a mudança de entendimento de Eros Grau, parece que também não mais se sustenta o entendimento esposado pelo autor sobre o conceito de serviços de relevância pública apresentado na Revista de Direito Sanitário, v. 5, n. 2, jul. 2004. Naquela oportunidade, ao tratar da adjetivação dos serviços de saúde como serviços de relevância pública, demonstra o autor posicionamento que não considera a assistência privada à saúde

134 | FERNANDO DE OLIVEIRA DOMINGUES LADEIRA
REGULAÇÃO ESTATAL E ASSISTÊNCIA PRIVADA À SAÚDE – LIBERDADE DE INICIATIVA E RESPONSABILIDADE SOCIAL...

Celso Antônio Bandeira de Mello, por sua vez, admite a existência de serviços públicos privativos cujo exercício se dá diretamente pelo Estado ou por meio de concessão, permissão e autorização, mas com relação a alguns não detém o Estado a exclusividade, sendo também livre seu exercício à iniciativa privada, serviços em cuja "categoria ingressam os serviços que o Estado deve desempenhar, imprimindo-lhes regime de Direito Público, sem, entretanto, proscrever a livre iniciativa do ramo de atividades em que se inserem",[244] os quais, segundo o autor, são quatro na Constituição Federal, ou seja, os serviços de saúde (artigos 196 e 197 da Constituição de 1988), de educação (artigos 205, 28, 211 e 213 da Constituição de 1988), de previdência social (artigos 201 e 202 da Constituição de 1988) e de assistência social (artigos 203 e 204 da Constituição de 1988).[245]

Não obstante a desnecessidade de ato formal de delegação do serviço ao particular, salienta Bandeira de Mello, "ficam todos eles submetidos a um tratamento normativo mais estrito do que o aplicável ao conjunto das atividades privadas. Assim, o Poder Público, dada a grande relevância social que possuem, os disciplina com um rigor especial".[246]

Nem por isso, contudo, entende Celso Antônio Bandeira de Mello que referidos serviços quando prestados por particulares continuem caracterizando-se como serviços públicos, *i.e.*, ainda que apresentem especial relevância social, se prestados por particulares, não se constituem em serviços públicos, pois o "Estado jamais poderia pretender

---

como serviço público, conforme se denota do excerto que transcrevo: "A Constituição reconhece a existência de atividades econômicas (área titulada pelo setor privado) e de serviços públicos (área titulada pelo setor público). Serviços de relevância pública são serviços contidos na área de atividade econômica, própria do setor privado, não obstante de 'relevância pública' (isto é, 'serviços de relevância pública'). Veja-se que o artigo 129, II, da Constituição menciona 'efetivo respeito dos Poderes Públicos e dos serviços de relevância pública', fazendo-nos crer que estes últimos não são serviços ou prestados pelo Estado ('Poderes Públicos'). Com isso, no entanto, estaríamos a excluir a possibilidade de atribuir-se o predicado 'serviços de relevância pública' a serviços públicos, o que não parece admissível. Pois é certo que, havendo política pública de saúde, que é dever do Estado (Const., art. 196), o serviço (e as ações) de saúde, quando prestado pelo Estado, deve ser entendido como serviço público. E o artigo 197 da Constituição Federal define como de relevância pública as ações e serviços de saúde. (...) A única função cumprida pelo conceito de relevância pública no quadro constitucional parece ser a de ensejar que o Ministério Público atue, em relação a eles, nos termos do que dispõe o artigo 129, II, da Constituição." (*Id.* O conceito de "relevância pública" na Constituição de 1988. *Revista de Direito Sanitário*, São Paulo, v. 5, n. 2, p. 74-75, jul. 2004).

[244] BANDEIRA DE MELLO, Celso Antonio. *Curso de direito administrativo*. 17. ed. São Paulo: Malheiros, 2004. p. 635.

[245] BANDEIRA DE MELLO, *op. cit.*, p. 636.

[246] *Ibid.*, p. 636.

outorgá-los em concessão a alguém, sob pena de ferir os direitos de prestá-los que assistem às demais pessoas que preencham os requisitos legais necessários à comprovação de suas habilitações".[247]

No mesmo sentido, posiciona-se Marçal Justen Filho, o qual reconhece que certos serviços públicos não são monopolizados pelo Estado, hipóteses em que, quando "desempenhados pelo Estado, serão serviços públicos. Porém, os particulares podem assumir essas atividades, hipótese em que haveria atividade econômica",[248] tal qual atividades de educação, saúde e assistência social.

A questão, portanto, é polêmica.

De acordo com Gaspar Ariño Ortiz, essas atividades, ainda que prestadas por particulares, apresentam intensa regulação estatal e são, por alguns, denominadas "serviços públicos virtuais, impróprios, ou atividades de interesse coletivo".[249] São atividades que embora não apresentem um ato formal de declaração de titularidade da atividade para o Estado (*publicatio*), são elas todas as atividades intensamente reguladas na medida em que o Estado conserva poderes de ordenação ao longo do exercício da atividade, por se revestirem de interesse geral para a coletividade.[250]

Não obstante essa intensa regulação, observa o autor que não são efetivamente serviços públicos, na medida em que inexiste ato de declaração de titularidade da atividade para o Estado, embora em alguns casos haja exigência de autorização para o exercício das mesmas, mas esse ato é diverso de ato formal de delegação de prestação de serviços.[251]

A despeito de não admitir referidas atividades como partes do conceito de serviço público, ante a ausência do ato formal de delegação, não afasta a necessidade de intensa regulação da atividade, ou seja, a despeito de inexistir uma *publicatio* declarada, ou seja, declaração de titularidade da atividade para o Estado que imporia a necessidade de concessão ou permissão para seu exercício por particulares, nessas atividades também se observa uma intensa regulação que pode ser denominada *"publicatio em sentido lato"*,[252] a qual impõe intenso controle do Estado na prestação das atividades diante do especial interesse público nelas existentes.

---

[247] *Ibid.*, p. 649.

[248] JUSTEN FILHO, 2006, p. 497.

[249] ARIÑO ORTIZ, *op. cit.*, p. 306.

[250] *Ibid.*, p. 307.

[251] ARIÑO ORTIZ, *op. cit.*, p. 310.

[252] *Ibid.*, p. 301.

Dessa forma, para Gaspar Ariño Ortiz, não há a necessidade de incluir essas atividades como serviços públicos para admitir uma especial atividade regulatória, haja vista que ainda que não se entenda serem referidas atividades privadas serviços públicos virtuais ou impróprios, é intensa a atividade de ordenação estatal, o que torna desnecessária a busca por incluí-las no conceito de serviço público, permitindo restringir esse conceito apenas àquelas atividades em que haja ato formal de declaração de titularidade pelo Estado (*publicatio*). Conforme afirma o autor:

> (...) no fundo, tanto em um caso como em outro se consegue um resultado análogo, que é o que a declaração de serviço público pretende: um título especial de intervenção especialmente intensa, justificando que se tratam de atividades indispensáveis para a vida da sociedade; e isso pode obter-se pela via da referibilidade subjetiva (titularidade "declarada"), bem como pela via da regulamentação detalhada de atividades privadas, que apresentaram sempre um caráter social (atividades assistenciais).[253]

Em síntese, portanto, para Gaspar Ariño Ortiz é imperativo que haja a exclusividade da titularidade da atividade para o Estado para considerá-la como serviço público, mas nem por isso afasta a necessidade de intensa regulação das atividades ante o especial interesse público existente, sem com isso incorrer-se em qualquer violação da liberdade iniciativa.

Para o autor, portanto, não é preciso ampliar o conceito de serviços público, já impreciso, para obter resultado similar decorrente da admissão da intensa regulação estatal.

No mesmo sentido, manifesta-se Musetti Grotti que não admite a extensão do conceito de serviços públicos para hipóteses em que não é reservada da titularidade da atividade para o Estado, pois, nas hipóteses em que a doutrina denomina serviços públicos impróprios ou virtuais, os titulares são os particulares que os exploram. Assim, estender o conceito para:

> (...) as atividades consideradas pela doutrina serviços públicos impróprios, objetivos ou virtuais, corre-se o risco de que o mesmo venha a "perder seus sentido descritivo de atividade prestacional da Administração" e, portanto, de torná-lo completamente inservível.[254]

---

[253] *Ibid.*, p. 302, tradução livre.
[254] GROTTI, 2003, p. 128.

De acordo com Jean Rivero, considerar como serviço público atividades por simplesmente apresentarem ligações com o interesse geral é puramente subjetivo e "demasiado vago para lhe ser reconhecido algum valor jurídico" e, portanto, não aceita o autor a utilização do conceito de serviços público virtual ou impróprio.[255]

Alexandre Santos Aragão entende que apesar da plausibilidade da tese exposta, no sentido de serem referidas as atividades de educação e saúde serviços públicos, denomina-os como serviços compartidos, hipótese em que:

> (...) quando explorado por particulares são atividades econômicas privadas, eventualmente, de interesse público ou regulamentadas (...), e, quando exploradas pelo Poder Público, são serviços públicos sociais, espécie classificatória do gênero serviço público caracterizada, ao contrário dos demais serviços públicos, pela inexistência de reserva estatal.[256] [257]

7.5 Os serviços de saúde

Expostas as considerações doutrinárias sobre a distinção entre serviços públicos, atividades econômicas e serviços virtuais ou impróprios, resta a apresentação da posição adotada no presente trabalho.

Conforme assinalado, o desenvolvimento do conceito de serviços públicos é decorrente de um período histórico dominado pelo liberalismo econômico em que se pretendia delimitar, de forma evidente, as esferas de atuação do Estado para evitar interferências indevidas na atuação privada, considerados campos vedados ao Estado.

Por conseguinte, entendia-se que, salvo nas hipóteses de prestação de serviços públicos, era vedado ao Estado interferir ou prover o fornecimento de bens e serviços aos indivíduos.

Sempre se buscou limitar as hipóteses de atuação estatal na prestação de serviços públicos, exigindo-se ato formal de declaração de titularidade pública (*publicatio*).[258]

---

[255] RIVERO, Jean. *Direito administrativo*. Coimbra: Almedina, 1981. p. 493.

[256] ARAGÃO, Alexandre Santos de. *Direito dos serviços públicos*. 2. ed. Rio de Janeiro: Forense, 2008. p. 185.

[257] Vale salientar que Alexandre Aragão ao fundamentar seu entendimento faz menção à classificação apresentada por Eros Roberto Grau, que, como vimos, também entendia que na hipótese de exercício de referidas atividades de interesse público pelo particular estaríamos diante das atividades econômicas, mas conforme assinalado houve a alteração do posicionamento doutrinário na 12ª edição da *obra Ordem Econômica na Constituição de 1988*.

[258] Observa-se, entretanto, que o desenvolvimento da teoria dos serviços públicos se deu de forma inversa ao que aparentemente se imagina em primeira análise. Na realidade,

Ocorre que o Estado brasileiro, no sentido do raciocínio até o presente momento desenvolvido, não é um Estado liberal, haja vista a necessidade de implementação das cláusulas transformadoras estabelecidas no artigo 3º da Constituição Federal.

Por conseguinte, não se critica, mas, sim, se defende a regulação estatal na economia com o escopo de incentivar e implementar a atuação dos agentes privados no desenvolvimento de sua responsabilidade social.

Feitas essas considerações, observo, como por mais de uma vez já mencionado, que os serviços de saúde são parte de uma gama mais ampla de atividades de seguridade social.

Todavia, foi estabelecida a liberdade de iniciativa na assistência privada à saúde. Ocorre, contudo, que foi expressamente declarado pela Constituição Federal a *relevância pública* dos serviços de saúde de tal forma que, ainda que prestados pela iniciativa privada, não perderiam referido caráter.

Evidente, portanto, que a adjetivação da atividade como atividade de *relevância pública*, por si só, é o reconhecimento, por parte do constituinte, de não se tratar de uma atividade privada qualquer.

Já se antevê, por conseguinte, a existência de um vínculo jurídico mais estreito com o Poder Público que é evidenciado pela Constituição Federal no confronto entre os artigos 174 e 197:

> Art. 174. Como agente normativo e regulador da atividade econômica, o Estado exercerá, na forma da lei, as funções de *fiscalização, incentivo e planejamento*, sendo este *determinante para o setor público e indicativo para o setor privado*. (...)
>
> Art. 197. São de relevância pública as ações e serviços de saúde, cabendo ao Poder Público dispor, nos termos da lei, sobre sua *regulamentação, fiscalização e controle*, devendo sua execução ser feita diretamente ou através de terceiros e, também, por pessoa física ou jurídica de direito privado.[259]

Ao contrário do artigo 174 da Constituição Federal que estabelece as atribuições do Estado como agente normativo e regulador em atividades de *fiscalização, incentivo e planejamento*, em se tratando de

---

inicialmente a atividade era da esfera privada, mas a crescente intervenção estatal justificou o desenvolvimento da teoria dos serviços públicos para justificar as atuações do Estado, até finalmente chegar-se aos atos de delegação denominados concessão, permissão e autorização de serviços públicos.

[259] BRASIL, 1988.

serviços de saúde, as atividades estatais, além de não se resumirem à fiscalização e incentivo, vão além, para estabelecer a exigência de *controle*. A ideia de controle apresentada pela Constituição Federal não se constitui em mera distinção semântica do termo "planejamento".

O controle evidencia não só a necessidade de planejamento estatal para o desenvolvimento do setor, assim entendido como a organização das atividades econômicas para previsão e obtenção de resultados previamente colimados,[260] mas também a imperatividade de uma atuação mais intensa do Estado, uma atuação mais estreita e rígida perante o setor a ser regulado, cuja omissão estatal evidencia omissão relevante do Poder Público. Não são, portanto, o planejamento e o controle a mesma coisa, do que se conclui que a exigência pela Constituição Federal do controle no setor da saúde é o reconhecimento da sensibilidade e fragilidade dos direitos envolvidos.

Independente da natureza jurídica da atividade, observa-se que a relevância pública atribuída aos serviços de saúde, sejam públicos, sejam privados, conforme salientam Ferraz e Benjamin, é o reconhecimento de que "mantém o Estado um poder de intervenção em nível mais elevado que em relação a outros serviços prestados por particulares".[261]

Para os citados autores, portanto, da relevância pública da atividade de saúde decorreria as seguintes características:

a) a saúde é direito público subjetivo exigível contra o Estado e contra todos os que, mesmo que entes privados, sob a chancela deste, a garantam;

b) a saúde é sempre assegurada através da atuação de uma função pública estatal, mesmo quando prestada por particulares, sendo que apenas as suas 'ações e serviços' não têm exercício exclusivo ao Estado, por isso mesmo, são consideradas de relevância pública;

c) como função pública estatal, cabe ao Estado a direção da prestação de serviços e ações de saúde, devendo aquele fixar as diretrizes e parâmetros para o exercício destes; com isso, pode dizer que é limitada a liberdade dos prestadores privados;

d) as desconformidades nos serviços e ações permitem que o Estado exerça todo seu múnus, inclusive com a utilização do instituto da desapropriação;

---

[260] SILVA, 2007, p. 809.
[261] FERRAZ, Antonio Augusto Mello de Camargo; BENJAMIN, Antonio Herman de Vasconcellos. O conceito de "Relevância Pública" na Constituição Federal. *Revista de Direito Sanitário*, São Paulo, v. 5, n. 2, p. 77-89, jul. 2004. p. 87.

e) como direito público subjetivo, a saúde cria uma séria de interesses na sua materialização, interesses esses que ora são tipicamente públicos, ora difusos, coletivos, individuais homogêneos ou individuais simples; f) tais interesses, quando contrariados, dão legitimidade a uma série de sujeitos, públicos e privados, para buscarem, judicialmente, sua proteção (para tanto pode-se utilizar, além de outros estatutos, a Lei nº 7.347/85 e o Código de Defesa do Consumidor).[262]

O Estado brasileiro não se configura constitucionalmente como Estado liberal, desse modo a doutrina clássica dos serviços públicos que visava originariamente estabelecer esferas devidamente delimitadas para a atuação estatal não possui plena serventia, na medida em que a regulação estatal e a limitação do poder econômico se justificam pela própria natureza social do Estado estabelecida constitucionalmente por meio da previsão e necessidade de implementação de direitos sociais, fruto do caráter dirigente da Magna Carta de 1988.

Segundo Paulo Modesto, o apego à classificação binária entre serviços públicos e atividades econômicas, na verdade, é a busca de um modelo de soma zero, segundo o qual a ampliação da atuação estatal por meio de titularidade de serviços públicos, necessariamente implica a retirada dessa titularidade das esferas particulares, que não mais poderá prestá-la sem instrumento formal de delegação. Nesse modelo, prossegue o autor citado, *tertiun non datur* e se trata de modelo nitidamente liberal, nas quais as fronteiras são nítidas com clara repercussão sobre o regime jurídico.[263]

Essa busca da delimitação das fronteiras público-privadas é, portanto, própria de doutrinas de matizes liberais, sendo nesse sentido as lições de Vital Moreira:

> Na representação liberal o Estado detinha o monopólio do público e a administração pública era a administração estadual. Estabelecer a fronteira entre o Estado e a sociedade era o mesmo que estabelecer a divisória entre a administração pública e os particulares. A administração pública relevava do Estado. Os particulares eram administrados, não podiam ser administração, nem compartilhar dela. A relação entre as esferas

---

[262] *Ibid.*, p. 88-89.

[263] MODESTO, Paulo. Reforma do estado, formas de prestação de serviços públicos e parcerias público-privadas: demarcando as fronteiras dos conceitos de serviço público, serviços de relevância pública e serviços de exploração econômica para as parcerias público-privadas. *Revista Eletrônica de Direito Administrativo Econômico*, Salvador, n. 2, maio/jul. 2005. Disponível em: <http://www.direitodoestado.com.br>. Acesso em: 13 out. 2009.

do Estado e da sociedade, do público e do privado, da Administração e dos particulares era claramente representada mediante uma "metáfora espacial" (Birikinshaw, Harden & Lewis, 1990:281), representando duas áreas separadas por uma fronteira. O crescimento da actividade do Estado, a ampliação da administração pública fizeram deslocar a fronteira; mas não levaram a alterar o paradigma. Podia variar a proporção relativa a cada área, não a idéia de dicotomia e da fronteira. Na versão liberal teríamos o Estado mínimo e a sociedade civil máxima; na versão do Estado totalitário, teríamos o Estado máximo e a sociedade civil mínima. Trata-se somente de dois extremos de um *continuum*, que no "Estado social" do capitalismo avançado fez aumentar substancialmente a esfera dos Estados totalitários protagonizada pelos fascismos e pelos socialismos de Estado. As mudanças na fronteira eram por princípio de soma zero: o que era apropriado pelo Estado deixava de pertencer à sociedade.[264]

A necessidade de fronteiras nítidas, contudo, não mais se justifica, pois a regulação estatal da economia é uma necessidade e uma realidade imprescindível para a implementação da justiça social, de tal forma que não existe óbice para que se afirme existirem zonas híbridas que admitem vínculos mais estreitos de regulação estatal em razão da especial relevância da atividade para a consecução dos fins estatais e é justamente dentre essas que se incluem os serviços de saúde, constitucionalmente adjetivados como serviços de relevância pública.

Afirma-se, portanto, que é prescindível incluir a assistência à saúde como serviço público nas hipóteses de execução pela iniciativa privada para justificar a estreita vinculação aos poderes de fiscalização, controle e regulamentação estatais, pois a justificativa para isso pode e deve ser buscada justamente na existência de objetivos a serem implementados pelo Estado.

Sem contar que a ampliação indeterminada do conceito de serviços públicos leva a seu esgarçamento[265] e, portanto, à inutilidade da classificação. Outrossim, outras repercussões decorreriam da ampliação do conceito de serviços públicos para abarcar a saúde, dentre as quais se destacam a incongruência com a inexistência de instrumento formal de delegação aos particulares que é exigido para toda delegação de serviço público, conforme dispõe o artigo 175 da Constituição Federal, além de repercussões na esfera da responsabilidade civil, pois, em se tratando de serviços públicos, a disciplina é ditada pelo artigo 37, §6º, da Constituição Federal.

---

[264] MOREIRA, 1997 *apud* MODESTO, *op. cit.*, p. 03.

[265] MODESTO, *op. cit.*, p. 07.

Portanto, sem se valer da ampliação do conceito de serviços públicos, reconhece-se que os serviços de relevância pública de saúde são atividades que, ainda que prestadas pela iniciativa privada, são dotadas de intensa regulação, justificadas quer pela ineficiência do sistema de mercado na defesa dos consumidores, quer pela relevância constitucionalmente reconhecida dos direitos envolvidos e é dessas nuances que decorre seu regime jurídico peculiar.

Nesse sentido a lição de Marlon Alberto Weichert:

> Ao se qualificar um serviço como de relevância pública indica-se a existência de uma importância adicional nesse serviço, o qual deverá ser prestigiado pela administração (...).
>
> No entanto, a importância desse conceito se faz mais sensível quando se trata de um serviço prestado pela iniciativa privada. Isso porque, enquanto serviço de relevância pública, a sua prestação não poderá ficar ao mero sabor do mercado, ou da lei da oferta e da procura (esperando que a má qualidade afete a procura). O Estado, em se tratando de um serviço de relevância pública, tem o dever de exigir certos patamares mínimos de qualidade à população. Não é por menos que o artigo 197 especifica que cabe ao Poder Público regulamentar, fiscalizar e controlar a execução dos serviços de saúde, mesmo quando prestados pela iniciativa privada.
>
> Com isso, o controle público sobre a atividade privada tem um plus em relação àquela fiscalização prevista no artigo 174 da Constituição da República (...).
>
> Deverá, pois, o serviço privado sofrer severo controle do Poder Público, pois os interesses com que trabalha são relevantes, e indisponíveis.[266]

Dessa feita, conforme salienta Paulo Modesto:

> [e]ssas considerações abrem espaço para uma reflexão sobre o alcance do conceito de serviço público nas atividades em que, embora obrigado a atuar, o Estado não assume a responsabilidade em último plano sobre a atividade quando ela é exercida por particulares em regime de liberdade de iniciativa, assegurada expressamente pela Lei Fundamental. Essa reflexão permite a aceitação de formas variadas de parceria entre o Poder Público e os particulares, com e sem fins de lucro, no atendimento a necessidades coletivas não assumidas como próprias e exclusivas do Estado pelo direito positivo. Não parece adequado aplicar em bloco, a essas atividades, as obrigações de serviço público. Mas também não parece razoável considerá-las atividades econômicas em sentido

---

[266] WEICHERT, *op. cit.*, p. 129-130.

estrito, desvinculadas completamente dos princípios da continuidade, igualdade, mutabilidade, quando desempenhadas por particulares. Se for compreendido isto, bem como reconhecida a possibilidade de aplicar a estas atividades alguns princípios tutelares estranhos à atividade econômica em sentido estrito, são criadas condições para o adequado tratamento do conceito constitucional dos *serviços de relevância pública*.[267]

A conclusão que extraímos do quanto exposto, portanto, é que os serviços de relevância pública de saúde não podem ser considerados serviços públicos, haja vista o reconhecimento de liberdade de iniciativa assegurada em seu exercício.

Por outro lado, são atividades que, ainda que prestadas por particulares, são dotadas de intensa regulação, ante a relevância dos direitos sociais envolvidos, ou seja, o direito social à saúde é parte do denominado "mínimo existencial"[268] assegurador da dignidade da pessoa humana, de tal forma que o regime jurídico da atividade privada não é marcado pela prevalência da livre concorrência, pois essa, na verdade, não existe nos serviços de saúde, particularmente na saúde suplementar,[269] sendo o regime jurídico dessas atividades privadas dotados de contornos próprios, marcados por intenso controle estatal que limita a liberdade de iniciativa, sendo, assim, zona jurídica intermediária, com configurações similares aos denominados "serviços de interesse econômico geral do direito europeu", os quais, conforme definição do artigo 86 do Tratado de Instituição da Comunidade Europeia,[270] designam as atividades de serviço comercializáveis que preencham missões de interesse geral, estando, por conseguinte, sujeitas a obrigações específicas de serviço público, dentre as quais se destaca a necessidade de prestação de um serviço adequado, da continuidade da prestação.

---

[267] MODESTO, *op. cit.*, p. 19.

[268] BARCELLOS, Ana Paula de. *A eficácia dos princípios constitucionais*: o princípio da dignidade humana. 2. ed. Rio de Janeiro: Renovar, 2008. p. 288.

[269] *Vide* seção 6.5 supra.

[270] Disponível em: <http://www.europa.eu.int>.

CAPÍTULO 8

A REGULAÇÃO E A ASSISTÊNCIA À SAÚDE

8.1 A regulação e a efetivação dos direitos sociais

Conforme procuramos assinalar, a Constituição Federal de 1998 incorporou direitos sociais e finalidades a serem atingidos por meio de políticas públicas, o que permite a qualificação do Estado brasileiro como um Estado Democrático de Direito.

Nesse contexto, apresenta, a Constituição Federal, inúmeras diretrizes a serem atingidas com o escopo de modificação das estruturas sociais e, para sua consecução, ganha relevo os mecanismos de regulação estatal para a correção de ineficiências técnicas que o mercado é incapaz de solucionar.

No que se refere à ordem econômica e social, a necessidade de implementação de finalidades e programas expressamente estabelecidos já restou apreciado e é justamente nesse contexto que se insere o direito à saúde como capítulo da ordem social.

De fato, o artigo 196 dispõe:

> A saúde é direito de todos e dever do Estado, garantido mediante políticas públicas sociais e econômicas que visem à redução do risco de doença e de outros agravos e ao acesso universal e igualitário às ações e serviços para sua promoção, proteção e recuperação.[271]

Verifica-se já nesse primeiro artigo dedicado à Seção II, do Capítulo II, do Título VIII, da Constituição Federal, a necessidade de

---

[271] BRASIL, 1988.

implementação de políticas públicas sociais e econômicas para garantir o direito à saúde.

Desde logo, portanto, estabeleceu-se a necessidade de atuação positiva do Estado em todas as atividades relativas à saúde, quer por meio de prestação de políticas públicas que inclui a prestação direta da atividade econômica, quer atuando positivamente para regular a atuação dos agentes privados que executem a assistência privada à saúde.

Apresenta o dispositivo Constitucional uma vedação clara a uma postura omissiva do Estado, de tal sorte que, além da prestação direta dos serviços de saúde, mostra-se necessária, inclusive, a implementação de políticas de caráter econômico para possibilitar o pleno exercício do direito à saúde.

Ocorre que a Constituição da República também prevê a possibilidade de agentes privados executarem serviços de saúde ao estabelecer que a assistência à saúde é livre à iniciativa privada, conforme se depreende da redação do artigo 199 da Constituição Federal.

Não obstante a liberdade de iniciativa privada no que se refere à assistência à saúde, isso não configura óbice para a regulação estatal, como, de fato, não existe nenhuma esfera privada que se encontre imune à regulação estatal.

O direito à saúde é aspecto nuclear na Constituição Federal, sendo parte do que se denomina mínimo ético, ou seja, núcleo de valores básicos a serem preservados, haja vista que é elemento indispensável para a dignidade da pessoa humana.

Por conseguinte, o Estado tem o dever de regular as atividades privadas de saúde para garantir sua adequada prestação, especificamente porque a assistência à saúde é considerada serviço de relevância pública, sendo essa adjetivação incontrastável evidência da importância nuclear que a atividade exerce na consecução dos objetivos da Constituição Federal.

A regulação estatal perante os agentes econômicos que prestam o serviço de saúde deve buscar corrigir as imperfeições do mercado, haja vista que a conformação dirigente do Estado Democrático de Direito impõe a criação de vetores para que a atuação privada seja elemento da modificação das estruturas sociais, sem com isso buscar uma estatização de toda a atividade, pois não pretende o Estado brasileiro qualquer transposição ao socialismo e, por essa razão, preserva-se o capitalismo como sistema econômico, mas a margem deixada aos agentes privados não é absoluta e encontra seus limites justamente no poder/dever do Estado promover a regulação estatal para conformar a atuação privada aos objetivos públicos.

Conforme observa Sebastião Botto de Barros Tojal:

[a] ordem econômica da Constituição de 1988, mundo do dever-ser, exige, para sua realização, um processo dialético de implicação-conformação entre mercado e Estado no sentido de preservação daquele, proporcionado pela sua permanente transformação. Essa transformação não corresponde, sob hipótese alguma, a um processo autárquico do próprio mercado, até porque sua história depõe o contrário. Ao revés, a contínua transformação do mercado, vetorialmente guiada para a realização da nova ordem econômica e social, exige a atuação do Estado como agente integrador desse processo, conferidor da necessária medida de racionalidade, que não é apenas instrumental, mas essencialmente substantiva, porque comprometida com a justa distribuição da riqueza social.[272]

Verifica-se, portanto, que a implementação de vetores para a atuação privada é justamente o objeto da regulação estatal, ainda que implique em imposição de comportamento aos agentes privados, visto que não podem os agentes privados se esquivar das imposições do Poder Público sob argumentos cuja aplicação encontra respaldo apenas no Estado liberal, mas não em uma estrutura de Estado Democrático de Direito em que a Constituição está permeada de valores a serem atingidos, entre os quais o direito à dignidade humana do qual a saúde é núcleo integrante.

Elucidativas nesse aspecto as palavras de Sebastião Botto de Barros Tojal, segundo o qual "dessume-se que a Constituição da Saúde de 1988 é uma empresa a cuja execução estão obrigados o Estado e a própria sociedade civil. (...) Seus princípios orientam toda e qualquer exploração econômica dos serviços de saúde".[273]

Dessa forma, os particulares também são destinatários do caráter dirigente do Estado Democrático de Direito, que inclui a regulação estatal das atividades de assistência privada à saúde.

Por conseguinte, nas palavras de Sebastião Tojal:

(...) qualquer iniciativa que contrarie tais formulações há de ser repelida veementemente, até porque fere ela, no limite, um direito fundamental da pessoa humana. Este ponto é central. De acordo com a Constituição

---

[272] TOJAL, Sebastião Botto de Barros. Constituição dirigente de 1988 e o direito à saúde. *In*: MORAES, Alexandre (Coord.). *Os 10 anos de Constituição Federal*: temas diversos. São Paulo: Atlas, 1999. p. 37.

[273] *Ibid.*, p. 43.

de 1988, o direito à saúde integra o rol dos direitos fundamentais da pessoa humana, estando sua proteção intimamente vinculada ao próprio caráter do direito que se procura tutelar. Afrontam, pois, o direito à saúde também as iniciativas de estruturação das ações e serviços de saúde que não tenham total adequação ao texto constitucional, adequação que não é apenas formal, situada, por exemplo, no plano da repartição de competências das esferas de poder da Federação, mas também e principalmente material, na perspectiva de realização de uma nova ordem econômica e social, da qual a Constituição da Saúde é vetor fundamental.[274]

Essa nova leitura da estrutura do Estado proposta por uma Constituição dirigente e até mesmo a alteração do papel dos agentes privados para a busca de uma justiça social estabelecida pelo artigo 170 da Constituição Federal justifica a reflexão sobre a responsabilidade social dos agentes privados.

Na estrutura de um Estado que visa assegurar a busca da igualdade material não há como olvidar-se da existência de outros atores na sociedade para além dos órgãos estatais.

Desse modo, os agentes econômicos não podem ignorar o problema da efetivação dos direitos sociais, na medida em que a liberdade de iniciativa não encontra substrato constitucional nos princípios da ordem econômica, salvo por meio dos ditames da justiça social.

Conforme salienta Vidal Serrano Nunes Junior, "o modelo econômico adotado foi conformado constitucionalmente à luz do princípio da justiça social, revelando, na verdade, que a livre iniciativa, na espécie, surge como um tipo de liberdade-função".[275]

Nessa linha de raciocínio, observa o autor que na medida em que a Constituição Federal adotou como objetivo da ordem econômica a justiça social, referido princípio se apresenta como modulador da intervenção do Estado em matéria econômica para proteção dos chamados vulneráveis, evitando a exposição da parte economicamente mais fraca da relação econômica, assim conclui o autor:

> Exatamente por isso, a previsão constitucional presume que, de um lado, nossa economia se funda na livre-iniciativa e, de outro, tem como objetivo maior propiciar dignidade a todos, conforme os ditames da justiça social (art. 170, *caput*).

---

[274] *Ibid.*, p. 44.

[275] NUNES JUNIOR, Vidal Serrano. *A cidadania social na Constituição de 1988*: estratégias de positivação e exigibilidade judicial dos direitos sociais. São Paulo: Verbatim, 2009. p. 115.

Assim, qualquer norma constitucional atinente a direitos sociais, sobretudo aquelas de caráter programático, devem ter seu conteúdo analisado à luz do princípio em causa, que junge o Estado a interferir em matéria econômica na busca da justiça social.[276]

Verifica-se, portanto, que existe na ordem econômica brasileira uma restrição ao princípio da liberdade de iniciativa que apenas se justifica perante sua finalidade de transformação social, visto que a exigência da função social da propriedade fortalece essa conclusão.

A autonomia privada, nesse contexto, deve ser balizada pela efetivação dos direitos sociais, do que se conclui que, na ordem jurídica constitucional brasileira, existe aplicação horizontal dos direitos fundamentais nas relações privadas.

A liberdade de iniciativa e, como corolário lógico, a autonomia privada pode sofrer restrições por meio da eficácia imediata dos direitos fundamentais nas relações privadas, pois expressamente o texto constitucional não reconhece a autonomia privada, salvo objetivando a igualdade material.

Nunes Junior salienta:

> (...) toda e qualquer atividade econômica só pode ser validamente desenvolvida em consonância com tal princípio de conformação [ditames de justiça social], o que implica a vedação *ex vi* constitucionais de toda e qualquer atividade econômica que vulnere a dignidade da pessoa humana.[277]

Não existe caráter absoluto na liberdade de iniciativa e também não há qualquer atuação inconstitucional do Estado ao intervir sobre o mercado, pois "só se pode pensar em atividade econômica validamente desenvolvida uma vez obedecidos aos valores chancelados pela Constituição".[278]

A leitura da atuação estatal na esfera econômica apenas como indicação ao privado (artigo 174 da Constituição Federal) não pode ser interpretada como impossibilidade de restrições ao exercício de atividades econômicas, e o fundamento para essas restrições pode ser buscado na própria circunstância da liberdade de iniciativa só se

---

[276] *Ibid.*, 117.
[277] NUNES JUNIOR, *op. cit.*, p. 163.
[278] *Ibid.*, p. 166.

justificar e apresentar um caráter teleológico de realização da justiça social.

Ocorre que se encontra consolidado na cultura jurídica o caráter maléfico do Estado e essa caracterização do Estado é fruto da incorporação ideológica da figura do Estado como um Estado liberal mínimo. Como salientado, houve uma mudança de paradigma, construiu-se, por meio da Constituição Federal de 1988, a perspectiva de um Estado Democrático de Direito que possui o dever de implementar modificação da ordem social.

Imperioso, portanto, o fortalecimento do papel do Estado e de suas instituições para a implementação dos objetivos preestabelecidos pelo constituinte, e, assim, a análise das condutas regulatórias estatais na economia, no seio das relações privadas, deve apresentar uma leitura condizente com os princípios fundamentais da ordem econômica e do Estado brasileiro.

Esse fortalecimento do Estado dirigente da ordem econômica deve ser implementado por meio não só da criação de políticas públicas, mas também mediante a fiscalização e incentivos (positivos e negativos) aos agentes privados que não justifiquem o exercício da atividade econômica ao não implementarem atuações condizentes com sua responsabilidade social de realização dos direitos sociais.

A participação dos agentes privados na economia só encontra sua razão de ser se objetivar a igualdade material, de tal sorte que a análise simplesmente liberal da não intervenção estatal e da autorregulação dos contratos não se coaduna com a estrutura do Estado brasileiro.

Perde, portanto, a liberdade de iniciativa e a autonomia privada o caráter absoluto que lhe fora concedido pela doutrina liberal e a possibilidade de sua limitação por meio da eficácia imediata de direitos fundamentais possui plena justificativa dentro da estrutura do Estado brasileiro.

8.2 Novos instrumentos de regulação: introdução ao tema agências reguladoras

A regulação da assistência privada à saúde é instrumento utilizado pelo Estado para mitigar as falhas de mercado, viabilizando, assim, um sistema de anteparo que busca, na verdade, a preservação dos direitos dos indivíduos.

É intensa, portanto, a regulação das atividades que se relacionam com direito à saúde, como salientado, atividades de relevância pública, ainda que exercidas pela atividade privada. Essa intensa regulação se reflete na existência de diplomas legais específicos relacionados ao tema, assim como inúmeras normas jurídicas infralegais emanadas de agências reguladoras.

Conforme exposto, foi adotado o conceito amplo de regulação, incluídas as interferências sobre o mercado mediante normas jurídicas emanadas do Poder Legislativo, assim como normas jurídicas conjunturais oriundas do Poder Executivo.

Entretanto, no específico setor de assistência privada à saúde, a regulação é efetivada por meio de atuação de agências reguladoras, valendo anotar as existências de duas agências reguladoras que atuam no setor, ou seja, a Agência Nacional de Vigilância Sanitária e a Agência Nacional de Saúde Suplementar, o que justifica o ingresso no tema "agências reguladoras", ainda que de forma superficial ante sua complexidade, para a apresentação dos principais aspectos relacionados a essa nova realidade do direito.

8.2.1 A legitimidade da atuação das agências reguladoras

O surgimento e a expansão das agências reguladoras guardam relação com a complexidade da sociedade e do Estado contemporâneo, cuja legitimidade transpassa o simples respeito à legalidade, para a aferição da obtenção de resultados concretos que revertam em melhorias sociais para os indivíduos.

Conforme salienta Diogo de Figueiredo Moreira Neto, na administração burocrática de corte positivista havia grande centralização e verticalização e sua atuação se concentrava na busca de eficácia de legalidade como referentes jurídicos, sendo relegada a referenciais metajurídicos "a eficiência, legitimidade, efetividade ou equilíbrio".[279]

Mas não basta o respeito às leis para que um Estado seja considerado legítimo, pois imperioso que a atuação do Poder Público permita mudança da realidade fática, conforme os objetivos propostos constitucionalmente que obtenha respaldo legitimador da sociedade.

A mudança de perspectiva legitimadora, da legalidade para a atuação concreta e eficiente consubstanciada na realização dos anseios sociais constitucionalmente estabelecidos implica a necessidade de operacionalização de nova forma de atuação governamental, tornando-a mais próxima das realidades concretas e dos temas a serem regulados,

---

[279] MOREIRA NETO, *op. cit.*, p. 95.

sendo esse fenômeno denominado "politicização", assim considerado, nas palavras de Gustavo Gozzi, "uma legitimação de tipo sublegal, baseada em processos empíricos de busca do consenso (sobretudo a distribuição do dinheiro)".[280]

Conforme salienta Gustavo Gozzi:

> (...) a racionalidade weberiana, que é a racionalidade do Estado de direito, é incompatível com a nova racionalidade que tem de compor as solicitações do ambiente com a lógica legal-racional do sistema político. Se o modelo do poder weberiano se funda na conformidade das ações administrativas com as normas jurídicas, no Estado social, pelo contrário, como escreve C. Offé, as premissas da ação são resultados concretos. (...) É daí que se origina a contradição fundamental que envolve hoje a lógica da racionalidade administrativa, porquanto, por um lado, ela deve conformar-se com as normas, por outro, tem de estar orientada para fins precisos.[281]

Essa mudança de perspectiva da legitimidade estatal resultou em reformas administrativas, por meio das quais a gerência dos serviços públicos e o controle da atuação privada em setores específicos passaram a ser exercidos de forma descentralizada, rompendo-se a unidade administrativa, mediante a maior descentralização.[282]

De acordo com Giorgio Pastori:

> (...) respeitando a unidade do poder político governamental, dentro da área da administração, verifica-se, desde o início do século, o recurso cada vez mais generalizado, a órgãos, a empresas autônomas, ao mesmo tempo em que o Governo, pouco a pouco, mediante intervenção, anexa novos campos de ação e coloca novas exigências de promoção operacional nos diversos setores econômicos-sociais. (...) [A] ação administrativa deverá ser colocada numa relação imediata com os objetivos a atingir e com as instituições políticas e sociais, num quadro constante de interdependência entre escolhas e resultados.[283]

O surgimento de agências reguladoras, com especialização técnica específica nos setores a serem por elas regulados, é mecanismo de

---

[280] GOZZI *apud* ESTADO CONTEMPORÂNEO. *In*: BOBBIO, Norberto; MANTTEUCCI, Nicola; PASQUINO, Gianfranco. *Dicionário de política*. 13. ed. Brasília: Ed. UnB, 2008. 1 v., p. 408.

[281] GOZZI *apud* BOBBIO; MANTTEUCCI; PASQUINO, *op. cit.*, p. 407-408.

[282] MORAES, Alexandre. Agências reguladoras. *In*: MORAES, Alexandre. (Org.). *Agências reguladoras*. São Paulo: Atlas, 2002. p. 18.

[283] PASTORI *apud* Administração Pública *In*: BOBBIO; MANTTEUCCI; PASQUINO, *op. cit.*, p. 14-15.

CAPÍTULO 8
A REGULAÇÃO E A ASSISTÊNCIA À SAÚDE | 153

consecução da *eficiência* que é exigência Constitucional na atuação da Administração Pública.

Importa salientar que nessa nova configuração da legitimidade, em que se preconiza a busca da eficiência, não se justifica, nem se autoriza o uso de todo e qualquer meio de atuação para sua consecução. Torna-se importante a verificação e controle dos meios procedimentais adotados pelos diversos agentes do setor regulado, os quais devem também estar relacionados aos fundamentos constitucionais e objetivos a serem implementados pelo Estado.

Os fins estabelecidos são prospectivos e sua consecução se apresenta como utopia, no sentido adotado por José Eduardo Faria, isto é, um "horizonte de sentido", mas a análise dos meios que são utilizados para sua implementação demandam análise concreta, cujos mecanismos e procedimentos utilizados no presente devem ser hábeis a efetivamente implementar os objetivos propostos no futuro, ou seja, a efetivação dos objetivos.[284]

As metas e os objetivos são projetos que devem estar devidamente estruturados para viabilizar execução sem desvios demagógicos, viabilizando a visão do horizonte transformado como uma perspectiva concreta.

A adoção dos meios e a escolha dos fins não são arbitrárias, pois a execução do projeto deve estar sempre afinada com os objetivos estabelecidos pela Constituição de um Estado em um momento histórico específico.

Nesse contexto, a legitimidade das agências reguladoras se depreende da inserção de todos os atores sociais, com atuações específicas em setores altamente especializados, em bitola única no trilho em construção para a efetivação da implementação dos direitos sociais e implementação dos objetivos e metas estabelecidas pelo artigo 3º da Constituição Federal.

Não há na criação de órgãos regulatórios independes, outrossim, violação à legitimidade democrática, ainda que previsto mandato por prazo determinado a seus dirigentes,[285] haja vista que a previsão de

---

[284] FARIA, José Eduardo. Democracia e governabilidade: os direitos humanos à luz da globalização econômica. *In*: FARIA, José Eduardo. *Direito e globalização econômica*: implicações e perspectivas. São Paulo: Malheiros, 1998. p. 153.

[285] Em sentido contrário, anota-se a posição de Celso Antônio Bandeira de Mello, segundo o qual a existência de mandatos por prazo determinado "seria o mesmo que engessar a liberdade administrativa do futuro Governo". Prossegue o autor afirmando que semelhante medida viola a essência da República, pois não permitiria ao Governante impor suas orientações políticas para o período em que eleito. Em sendo assim, "[f]ora possível

mandatos fixos aos dirigentes das agências reguladoras objetiva a não alteração das políticas regulatórias de setores sensíveis ao talante do viés político ideológico do governante, objetivando, assim, a continuidade e a segurança jurídica imprescindíveis para a eficiência do setor, não sendo da essencialidade da democracia a possibilidade do Governante eleito dispor da máquina do Estado como bem entende.[286]

Conforme salienta Marques Neto:

> (...) a legitimidade democrática pressupõe não só o respeito à lei e à Constituição, mas o respeito às institucionalizações. E o acúmulo democrático, num país de feições patrimonialistas como o Brasil, tem sido feito em grande medida pelo fortalecimento das instituições. A própria possibilidade de contar com instituições estáveis, ainda que restrinja um tanto a margem do governante, por outro lado lhe confere a garantia de que as pautas políticas por ele perseguidas terão respaldo e sustentação institucional quando implementadas.[287]

O estabelecimento de órgãos regulatórios independentes concede estabilidade ao setor regulado e às regras setoriais, favorecendo a previsibilidade de expectativas tão caras à manutenção da coesão social na presente sociedade complexa.

Por outro lado, as políticas regulatórias implementadas pelas agências independentes não são livres de ditames legais e constitucionais, pelo contrário, a regulação implementada por esses órgãos deverá observar as políticas de Estado, assim entendidas "aquelas definidas, por lei, no processo complexo que envolve o Legislativo e o Executivo", nas quais vêm estabelecidas as premissas e os objetivos do Estado em dado momento histórico para determinado setor da economia.[288]

No âmbito da assistência à saúde, observa-se que o estabelecimento de políticas de Estado para o setor é encontrado no âmbito constitucional no artigo 196 da Constituição Federal, ao afirmar que

---

a um dado governante outorgar mandatos a pessoas de sua confiança garantindo-as por um período que ultrapassasse a duração de seu próprio mandato, estaria estendendo sua influência para além da época que lhe correspondia (o primeiro mandato de alguns dos dirigentes da ANATEL é de sete anos) e obstando a que o novo Presidente imprimisse com a escolha de novos dirigentes, a orientação política e administrativa que foi sufragada nas urnas. Em última instância, seria uma fraude contra o povo" (BANDEIRA DE MELLO, *op. cit.*, p. 161).

[286] MARQUES NETO, Floriano de Azevedo. *Agências reguladoras independentes*: fundamentos e seu regime jurídico. Belo Horizonte: Fórum, 2009. p. 81.

[287] MARQUES NETO, 2009, p. 84.

[288] *Ibid.*, p. 85.

é dever do Estado o estabelecimento de políticas sociais e econômicas que visem à redução de doenças e outros agravos, além de prever, no específico para o setor público, a busca e o acesso universal e igualitário, tudo em conformidade ao disposto no artigo 3º da Constituição Federal.

A legislação infraconstitucional de criação da ANS, ou seja, a Lei nº 9.961 de 28 de janeiro de 2000, explicita a política de Estado para o setor ao prever, no artigo 3º, que a ANS terá por finalidade institucional promover a defesa do interesse público na assistência suplementar à saúde, regulando as operadoras setoriais, inclusive quanto às suas relações com prestadores e consumidores, contribuindo para o desenvolvimento das ações de saúde no País.

A forma de ser implementada a defesa do interesse público no setor, por seu turno, é estabelecida no artigo 4º da Lei nº 9.961/2000, determinando a observância dos ditames previstos na Lei nº 9.656/98, que estabelecem as diretrizes básicas no âmbito de assistência ao consumidor e regula as cláusulas básicas dos contratos e aspectos econômicos financeiros das operadoras de planos de saúde, aspectos esses que serão mais bem elucidados no capítulo seguinte.

Isso não afasta a possibilidade de mudança da intensidade da regulação do setor ou da forma de condução de referida regulação, ora privilegiando aspectos econômicos, ora assistenciais. Essas diretrizes são estabelecidas por meio de políticas de governo, as quais são, no âmbito da saúde suplementar, estabelecidas pelo Conselho Nacional de Saúde Suplementar, órgão criado pela MP nº 2.177-44 de 2001, que é órgão colegiado integrante do Ministério da Saúde e composto por integrantes do Poder Executivo, o Ministro Chefe da Casa Civil, Ministro do Planejamento, Orçamento e Gestão, Ministro da Saúde e Ministro da Justiça.

O CONSU estabelece, por meio de diretrizes a serem seguidas pela Agência Nacional de Saúde Suplementar, as políticas de governo e é no cotejo das políticas de Estado estabelecidas pela legislação e as políticas de governo evidenciadas nas atuações do órgão colegiado vinculado ao Ministério da Saúde que se desenvolvem as políticas regulatórias.

As políticas regulatórias, nas palavras de Floriano de Azevedo Marques Neto:

(...) são caracterizadas pelas opções do ente incumbido da atividade regulatória acerca dos instrumentos de regulação a seu dispor com vistas à consecução das pautas de políticas públicas estabelecidas para o setor regulado. A definição de políticas regulatórias envolve a ponderação a respeito da necessidade e da intensidade da intervenção. Envolve a escolha dos meios e instrumentos que, no âmbito das competências regulatórias, melhor se coadunam para, de forma eficiente, ensejar o atingimento das políticas públicas setoriais.

Não se admite que o manejo de políticas regulatórias contrarie, negue ou esvazie as políticas públicas. Porém, será no âmbito das políticas regulatórias que será definido o *timing* e o resultado de uma política setorial.[289]

Portanto, a atuação de agências regulatórias é instrumento de realização da eficiência e de obtenção de segurança jurídica em setores altamente especializados; sua independência, ademais, concede a esse novo instrumento de regulação a busca de neutralidade ideológica efetivada pelo afastamento do viés político, sem com isso violar o princípio da legitimidade democrática, na medida em que o fortalecimento institucional, por meio da independência desses órgãos públicos, permite a busca, eficiência e a efetivação de políticas de Estado.

8.2.2 A eficiência como lastro de constitucionalidade da atuação das agências

Para Tércio Sampaio Ferraz, a rigor, seria admissível apenas as delegações legislativas nominadas, respeitado o procedimento estabelecido no artigo 68 da Constituição Federal.[290]

Reconhece-se à luz da doutrina, contudo, conforme salienta Tércio Sampaio Ferraz, a existência de outra forma de delegação legislativa, sem nomeação constitucional, mas que se observa no fenômeno regulamentar de implementação de leis que contenham princípios e diretrizes gerais e, também, na regulação autônoma de regras de consecução de serviços públicos.[291]

Para citado autor, essa delegação inominada é inadmissível em se tratando de reserva absoluta de lei[292] e também não pode implicar abdicação de função legislativa,[293] conforme exposto de forma expressa no artigo 25 da ADCT.

---

[289] MARQUES NETO, 2009, p. 88.
[290] FERRAZ JUNIOR, Tércio Sampaio. Agências reguladoras: legalidade e constitucionalidade. *Revista Tributária e de Finanças Públicas*, São Paulo, ano 8, v. 35, p. 143-158, nov./dez. 2000. p. 146.
[291] *Ibid.*, p. 147.
[292] *Ibid.*, p. 148.
[293] *Ibid.*, p. 149.

Observados os limites anteriormente estabelecidos, ou seja, o respeito à reserva absoluta de lei e também a não abdicação da função legislativa, para Tércio Sampaio Ferraz, admitem-se delegações instrumentais às agências independentes, desde que tenha havido prévia decisão política do Congresso Nacional sobre os temas nucleares a serem regulados pelas agências, emergindo essa medida da "necessidade de lidas com a complexidade social e econômica em termos de ciências e saberes especializados".[294]

No modelo do Estado regulador, a menor atuação direta do Estado na prestação de serviços públicos e no exercício de atividades econômicas no regime de monopólio aumenta a participação privada, o que, somado à complexidade dos diversos setores econômicos, torna imprescindível a maior flexibilização da atuação estatal. Nesse contexto, denota-se a introdução do *princípio da eficiência*,[295] o qual se apresenta como a base constitucional para a delegação instrumental de edição de atos regulatórios pelas agências reguladoras.

O princípio da eficiência introduziu nova forma de responsabilidade ao Estado, a responsabilidade de corrigir imperfeições de mercado, implicando a análise da atuação administrativa em seus resultados.[296]

De acordo com Tércio Sampaio Ferraz Junior:

(...) o princípio da eficiência traz para a discussão constitucional da delegação de competências um elemento novo. A eficiência cria para a Administração uma responsabilidade que não se reduz nem ao risco administrativo (responsabilidade pelo risco), nem à igualdade perante os encargos públicos (responsabilidade institucional), mas antes as incorpora em nome da obrigação imposto ao Poder Público ao exercer funções reguladoras no mercado de evitar assimetrias de informação que funcionem como um incentivo para o comportamento oportunista dos agentes privados, levando o mercado a uma disfunção (responsabilidade pelo êxito). (...) O princípio da eficiência cria, pois, uma outra forma de responsabilidade (...) afinal, o princípio da eficiência tem por característica disciplinar a atividade administrativa nos seus resultados e não apenas na sua consistência interna (legalidade estria, moralidade, impessoalidade). Por assim dizer, é um princípio para fora e não para dentro. Não é um princípio condição, mas um princípio fim, isto é, não impõe apenas limites (condição formal de competência), mas impõe resultados (condição material de atuação).[297]

---

[294] *Ibid.*, p. 150.
[295] *Ibid.*, p. 150.
[296] FERRAZ JUNIOR, 2000, p. 151.
[297] *Ibid.*, p. 151.

E conclui o autor:

> Entende-se, assim, a possibilidade de que uma delegação (instrumental) venha a inserir-se na competência do Estado como agente normativo e regulador da atividade econômica, basicamente nas funções de fiscalização e incentivo, ambas em termos do princípio da eficiência. Ou seja, o princípio da eficiência exige que a Administração, em vista do mercado, seja dotada de competências reguladoras de natureza técnica e especializada sob pena de paralisia. Isto é, é impossível exigir eficiência da Administração sem dar-lhe competência para alocar fins específicos e encontrar meios correspondentes. A especialização técnica é exigência da eficiência.[298]

O princípio da eficiência é o lastro de constitucionalidade da delegação instrumental às agências independentes, a qual não se confunde como mera atividade de regulamentação de fiel cumprimento de lei, pois, como afirma Tércio Ferraz, nessa hipótese, o princípio da eficiência ficaria vazio tanto no aspecto de eficácia constitucional quanto no de controle constitucional.[299]

Não obstante, é imperativo que a diretriz a ser adotada pela atividade regulatória das agências seja tomada pelo Legislativo, ou seja, "não basta que a delegação tenha por objetivo fins genéricos do tipo interesse público (ainda que setorial), mas é preciso que as finalidades sejam postas na forma de princípios finalísticos de ação, (...) exige-se algum detalhamento desses interesses".[300]

Fica, pois, a cargo das agências a busca pelos fins viáveis e meios adequados para a consecução dos fins estabelecidos, sendo a flexibilidade da atuação de agências especializadas instrumento mais ágil que atende às exigências da sociedade contemporânea.

Em se tratando da assistência privada à saúde, a regulação deve se desenvolver sem retirar a participação privada nas atividades, não obstante a constante orientação e intervenção sobre a atividade, objetivando a defesa do cidadão por meio da manutenção do equilíbrio interno do setor regulado.

Nessa perspectiva, portanto, encontra-se a justificativa da constituição de um órgão específico, ou seja, agências reguladoras que são dotadas de intensa especialização técnica para evitar abusos aos direitos

---

[298] *Ibid.*, p. 151.

[299] *Ibid.*, p. 154.

[300] FERRAZ JUNIOR, 2000, p. 155.

dos usuários dos serviços privados, sem descurar da busca de equilíbrio, atingido por meio da neutralidade e da transparência de que devem ser dotados esses órgãos.

Para Floriano Azevedo Marques Neto, devem as agências reguladoras buscar a regulação não por imposição de pautas regulatórias, mas pela busca do consenso e mediação, visando à previsibilidade das expectativas, mantendo equidistância dos interesses de modo a exercer com prudência e proporcionalidade suas competências.[301]

8.2.3 Características das agências reguladoras

As agências reguladoras são órgãos públicos, com regime especial, que exercem atividades típicas de Estado e não de Administração, pois atuam no exercício da regulação do setor por meio de edição de atos normativos de conjuntura que são mais do que simples instrumentos de execução de lei e é nesse aspecto que são distintas das autarquias, pois como salienta Floriano Azevedo Marques são dotadas de "poderes extroversos" que:

> (...) transcendem às comezinhas funções administrativas (...), exercem as agências funções típicas de Estado tanto no que toca ao seu caráter institucional (essencialidade, estabilidade e indelegabilidade das funções típicas que lhe são cometidas), quanto no que tange ao caráter mais amplo de suas funções, que desbordam dos lindes de singelas funções administrativas.[302]

O autor cita, como características específicas dos poderes das agências reguladoras, os seguintes:

> i) *poder normativo*, consistente em editar comandos gerais para o setor regulado (complementando os comandos legais crescentemente abertos e indefinidos); ii) *poder de outorga*, consistente na prerrogativa de emissão em consonância com as políticas públicas aplicáveis ao setor, de atos concretos de licenças, autorizações, injunções, com vistas a franquear ou interditar o exercício de uma atividade regulada a um particular; iii) *poder de fiscalização do setor*, a qual se revela tanto pelo monitoramento das atividades reguladas (de modo a manter-se permanentemente informada sobre as condições econômicas, técnicas e de mercado do setor), quanto na aferição das condutas dos regulados de modo a

---

[301] MARQUES NETO, 2009, p. 51.
[302] MARQUES NETO, 2009, p. 57-58.

impedir o descumprimento de regras ou objetivos regulatórios; iv) *poder sancionatório*, consistente tanto na aplicação de advertências, multas ou mesmo cassações de licenças, como também prerrogativa de obrigar o particular a reparar um consumidor ou corrigir os efeitos de uma conduta lesiva a algum valor ou interesse tutelado pelo regulador; v) *poder de conciliação*, que se traduzem na capacidade de, dentro do setor, conciliar ou mediar interesses de operadores regulados, consumidores isolados ou em grupos de interesses homogêneos, ou ainda, interesses de agentes econômicos que se relacionam com o setor regulado (malgrado não explorem diretamente a atividade sujeita a regulação setorial) no âmbito da cadeia econômica; e por fim vi) *poderes de recomendação*, consistentes na prerrogativa, muitas vezes prevista em lei que cria a agência, de o regulador subsidiar, orientar ou informar o poder político, recomendando medidas ou decisões a serem editadas no âmbito das políticas públicas.[303]

Não são, portanto, as agências reguladoras independentes simples autarquias de regime especial, haja vista que não é da essência das autarquias o exercício de atividades típicas de Estado, evidenciado na regulação de setores específicos da economia, sendo essa a característica essencial das agências reguladoras.

Por consequência, não estão as agências reguladoras submetidas ao poder hierárquico da Administração Pública, sua independência extrai-se não apenas da previsão de mandatos por períodos determinados a seus dirigentes, mas, sim, na impossibilidade de revogação dos atos regulatórios emanados das agências reguladoras pelos chefes do Poder Executivo.

As agências reguladoras independentes, portanto, ao estarem submetidas às políticas de Estado e apenas em menor medida às políticas de Governo, proporcionam previsibilidade na atuação dos agentes privados e a previsibilidade é essencial para permitir investimentos nos setores de sua atuação, mormente em se tratando de setores de alta especialização técnica que demandam investimentos vultosos da iniciativa privada.

O agente privado, como capitalista, não está disposto a arriscar seu capital em negócios incertos em que a alteração da regulação de acordo com o viés político ideológico dos governantes coloque em risco seus investimentos.

---

[303] *Ibid.*, p. 60-61.

A existência de instituições neutras e independentes, mas vinculadas aos fins estatais, torna atrativo o setor regulado à iniciativa privada.

No específico setor da saúde privada, ademais, restaram salientadas as inúmeras deficiências do sistema de autonomia econômica, as quais colocam o consumidor em situação de desvantagem e favorecem o abuso pelos detentores do poder econômico.

Um dos instrumentos de redução da deficiência é justamente o aumento de atores privados atuando nesse específico setor econômico, mas na inexistência de segurança jurídica não haveria interesse da iniciativa privada em ingressar no ramo da assistência privada à saúde. Em certa medida, portanto, a existência de agências reguladoras no setor da saúde proporciona a segurança para os investimentos, ao mesmo tempo em que favorece o controle da atuação privada, permitindo, assim, a atração da iniciativa privada e aumentando a concorrência e, por consequência, favorecendo a melhoria da prestação dos serviços e fornecimento dos produtos.

8.2.4 As principais agências reguladoras do setor de saúde

No específico setor da saúde suplementar, em que atuam as operadoras de planos de saúde, a regulação setorial se inicia com a edição da Lei nº 9.656/98, cujos antecedentes históricos serão apresentados no capítulo seguinte.

A Lei nº 9.656/98 apresenta disciplina minuciosa dos contratos de planos de saúde, mas prevê, também, que as especificidades do tema, entre as quais a disciplina contratual, serão discriminadas por intermédio da atuação de agência reguladora, ou seja, por meio da Agência Nacional de Saúde Suplementar.

A Agência Nacional de Saúde Suplementar foi criada por meio da Lei nº 9.961/2000 para promover a defesa do interesse público na assistência suplementar à saúde, regulando a atuação de operadoras de planos de saúde e sua relação com consumidores e prestadores de serviços.

A Agência Nacional de Saúde Suplementar, portanto, visa tornar efetivas as disposições e políticas de Estado para os contratos de planos de saúde estabelecidos na Lei nº 9.656/98, sendo impositivas suas determinações para as operadoras de planos de saúde, mediante controle prévio de operadoras por meio de análise de mecanismos econômico-financeiros para ingresso no setor, como também pela imposição de sanções nas hipóteses de descumprimento de suas normas, inclusive mediante intervenção na direção das pessoas jurídicas operadoras de planos de saúde.

Mas, no âmbito da assistência privada à saúde, atua, de forma concomitante, mas em esfera distinta, outra agência reguladora, a Agência Nacional de Vigilância Sanitária (Anvisa), criada pela Lei nº 9.782/99, cuja atividade regulatória não busca a disciplina de contratos e controle de operadoras de planos de saúde, mas o âmbito de prevenção de doenças e registro de medicamentos, ou seja, a finalidade da Anvisa é promover a proteção da saúde da população por intermédio do controle sanitário da produção e da comercialização de produtos e serviços submetidos à vigilância sanitária, inclusive dos ambientes, dos processos, dos insumos e das tecnologias a eles relacionados, bem como controle dos portos/aeroportos de fronteiras.[304]

Sua atuação se relaciona, mais especificamente, no controle da atividade fim dos agentes públicos e privados que atuam na assistência à saúde.

Compete à Anvisa, entre outras atribuições estabelecidas pelo artigo 7º da Lei nº 9.782/99, executar políticas e diretrizes de vigilância sanitária; intervir, temporariamente, na administração de entidades produtoras, que sejam financiadas, subsidiadas ou mantidas com recursos públicos, assim como prestadoras de serviços e produtos exclusivos ou estratégicos para o abastecimento do mercado nacional; autorizar a produção e comercialização de produtos que envolvam riscos à saúde, estabelecidos pelo artigo 8º da Lei nº 9.782/99; anuir com importação e exportação desses mesmos produtos; conceder registro de produtos; interditar, como medida de vigilância sanitária, os locais de fabricação, controle, importação, armazenamento, distribuição e venda de produtos e de prestação de serviços relativos à saúde, em caso de violação da legislação pertinente ou de risco iminente à saúde.[305]

Em síntese, portanto, verifica-se que a atuação de agências reguladoras no setor da saúde objetiva não apenas a defesa do consumidor, mas também a previsibilidade de expectativas e a eficiência de atuação dos agentes privados, sua atuação estará legitimada na medida em que permitir a condução desses agentes na efetivação das políticas de Estado, sendo o núcleo dessas políticas e efetivação da justiça social.

---

[304] Cf. artigo 6º da Lei nº 9.782/1999.

[305] As finalidades e atribuições da ANVISA são encontradas nos artigos 6º, 7º e 8º da Lei nº 9.782, de 26 de janeiro de 1999.

8.3 A regulação e as teorias da captura

A regulação por intermédio de agências reguladoras teve sua origem nos EUA notadamente nos anos 1930, período do *New Deal* em que houve avanço em práticas regulatórias para correção de falhas de mercado.[306]

Contudo, interessa ter presente que o sistema jurídico norte-americano é baseado no *common law* e não no sistema romano-germânico, por conseguinte a aceitação de práticas regulatórias, quer por meio da legislação, quer por meio de órgãos administrativos, é mais restrita.

A ideologia e a crença no liberalismo econômico são mais intensas nos Estados Unidos da América do que no Brasil, a conformação constitucional norte-americana, em que inexiste determinações constitucionais expressas no sentido de implementação de justiça social, favorece essa linha de pensamento, sendo que as dificuldades das tentativas de implementação de sistema de seguros sociais, ou mesmo de um sistema de saúde de caráter universal conta com uma oposição decorrente da própria estrutura ideológica do sistema norte-americano, sendo que atualmente se observa a busca por profundas reformas patrocinadas pelo "movimento conservador radical" que, nos últimos 30 anos, tem procurado impor a redução do Estado que apresentou a partir do *New Deal* uma ampliação em sua capacidade de atuação.[307]

A discussão, portanto, do debate norte-americano acerca do risco de captação desenvolvido por economistas da *Escola de Chicago* a respeito da possibilidade das agências reguladoras serem influenciadas e mesmo captadas pelos setores regulados, não pode ser analisada sem ter presente o contexto na qual está inserida.

A crítica mais intensa à regulação econômica por intermédio de órgãos regulatórios no debate norte-americano é formulada pela Teoria Econômica da Regulação, segundo a qual as vantagens da regulação na correção de falhas de mercado seriam invalidadas pela dominação dos órgãos reguladores, pelos setores regulados dotados de maior capacidade de articulação e poder econômico.

Segundo George J. Stigler, em artigo denominado *Teoria Econômica da Regulação*, frisa que, "em regra, a regulação é adquirida pela

---

[306] MATTOS, Paulo (Coord.). *Regulação econômica e democracia*: o debate norte-americano. São Paulo: Ed. 34, 2004. p. 14.

[307] KRUGMAN, Paul. *A consciência de um liberal*. Rio de Janeiro: Record, 2010. p. 125 *et seq.*

indústria, além de concebida e operada fundamentalmente em seu benefício".[308]

De acordo com autor, a regulação acaba por não beneficiar o público regulado após algum período, passando a atuar no estrito interesse dos setores regulados que dominam os órgãos encarregados da regulação. Sustenta que a regulação atua como instrumento de uso do poder coercitivo estatal para permitir a *cartelização* do mercado. Em sendo assim, a hipótese Stigler é que a indústria busca do Estado a atuação regulatória em seu benefício na forma de quatro formas básicas: (i) sistema de subsídios diretos; (ii) sistema de controle de entradas, no sentido de que "toda indústria ou toda ocupação que tem poder político suficiente para utilizar o Estado procurará controlar o acesso à entrada. Além disso, a política regulatória muitas vezes será moldada de forma a retardar a taxa de crescimento de novas empresas";[309] (iii) a contenção de produção de produtos similares e complementares; e (iv) a fixação de preços.[310]

Para Stigler, são essas as quatro formas de benefícios políticos que a indústria busca do Estado e as obtém por meio da aplicação da lógica econômica na prática política, ou seja, a indústria que está interessada na prática da regulação deve buscar os fornecedores adequados e esses são os partidos políticos. Na medida em que a adoção da prática regulatória terá implicações na possibilidade de eleição ou não de um político, deverá a indústria arcar com custos eleitorais mediante doações vultosas de campanha para manutenção da estrutura partidária.

Para o autor:

> (...) a indústria que procura a regulação deve estar preparada para arcar com as duas coisas que um partido precisa: votos e recursos financeiros. Os recursos podem ser providos por contribuições de campanha, levantamento de fundos (o homem de negócios encabeça uma comissão para angariar fundos), além de outros métodos indiretos, tais como o emprego de trabalhadores do partido. Os votos de apoio à medida são reunidos e os de oposição são dispersos, tudo isso mediante custosos programas para educar (ou deseducar), membros da indústria e de outras indústrias interessadas.[311]

---

[308] STIGLER, George J. A teoria da regulação econômica. *In*: MATTOS, Paulo (Coord.). *Regulação econômica e democracia*: o debate norte-americano. São Paulo: Ed. 34, 2004. p. 23-48.

[309] *Ibid.*, p. 27.

[310] *Ibid.*, p. 28.

[311] STIGLER, *op. cit.*, p. 37.

Richard A. Posner sustenta que são basicamente duas as teorias que fundamentam a regulação: (i) a Teoria do Interesse Público, segundo a qual "os mercados são extremamente frágeis e estão prontos para funcionar de maneira bastante ineficiente (ou não equitativa) se deixados à sua própria sorte",[312] contudo, como crítica a essa teoria, afirma que nem sempre se observa nos mercados regulados o efetivo aumento de riqueza e bem-estar da população esperado; e (ii) a Teoria da Captura, segundo a qual as grandes indústrias controlam as instituições, dentre as quais aquelas responsáveis pela regulação,[313] ou seja, com o passar do tempo as agências reguladoras acabam sendo dominadas pelo mercado regulado.

Contudo, como afirma Posner, a Teoria da Captura também não é satisfatória, pois é desprovida de fundamento teórico, visto que não explica por que o único grupo de interesse a influir nas instituições regulatórias seria a indústria, sem considerar a possibilidade de influência dos próprios consumidores.[314]

De acordo com Posner, a Teoria da Captura é questionada por três conjuntos de evidências: primeiro, nem todas as agências reguladoras são caracterizadas pelo virtuosismo, tornando injustificável sua captura; em segundo lugar, existem mercados separados com interesses conflitantes regulados por uma única agência; e, por fim, a teoria ignora que, muitas vezes, os interesses promovidos pelas agências são justamente os interesses dos consumidores e não da indústria.[315]

Outra versão da Teoria da Captura é justamente a Teoria Econômica da Regulação de Stigler que também é analisada por Posner. Segundo Posner, a Teoria Econômica da Regulação parte do pressuposto comportamental que a política também é regulada pela lógica do mercado, ou seja, leis de oferta e procura,[316] o que justificaria naqueles mercados de improvável cartelização, em razão do elevado número de atores, a busca por práticas regulatórias a partir de pressupostos apresentados pelo autor. Entretanto, como salienta o autor, a teoria econômica não possui condições de dizer em quais mercados é possível predizer a prática de regulação,[317] assim como revela fraqueza, pois é levada ao seu extremo:

---

[312] POSNER, Richard A. Teorias da regulação econômica. *In*: MATTOS, Paulo (Coord.). *Regulação econômica e democracia*: o debate norte-americano. São Paulo: Ed. 34, 2004. p. 49-80. p. 50.

[313] *Ibid.*, p. 56.

[314] *Ibid.*, p. 58.

[315] *Ibid.*, p. 58.

[316] POSNER, *op. cit.*, p. 60.

[317] *Ibid.*, p. 64.

(...) torna-se bastante inverossímil, porque exclui a possibilidade de que a sociedade, preocupada com a habilidade de grupos de interesse em manipular o processo eleitoral em favor deles, estabeleça instituições que capacitem considerações genuínas de interesse público a influenciar a formação de políticas públicas.[318]

As críticas à Teoria Econômica da Regulação, em seu fundamento central de captação pelos setores regulados pela indústria, também foram analisadas por Peltzman, o qual procedeu ao estudo dos principais mercados regulados nos Estados Unidos da América, como o transporte rodoviário de cargas, transporte ferroviário, transporte aéreo, telecomunicações de longa distância, corretagem de valores e depósitos bancários.[319]

Após análise dos setores indicados, conclui Peltzman que a Teoria Econômica da Regulação, conquanto fundamente que os agentes políticos são maximizadores do seu próprio interesse, não é uma teoria sem fragilidades, notadamente por não explicar corretamente a razão pela qual a prática regulatória se dá apenas em alguns setores da economia e não em todos, como prática universal, ou seja, ela não é suficiente para explicar a origem da regulação. Para Peltzman, portanto, a resposta oferecida pela Teoria Econômica da Regulação é muito genérica, pois se limita a afirmar que "políticos procuram setores nos quais possam maximizar os seus ganhos e evitam ou deixam de regular setores politicamente menos atraentes".[320]

Evidente que a Teoria da Captura, nessa inserida à Teoria Econômica da Regulação, possui valia ao apresentar ao debate a possibilidade de captação dos órgãos reguladores por parte dos interesses a serem regulados.

Contudo, trazendo os ensinamentos da Escola de Chicago para a realidade brasileira, observamos que a regulação econômica não é novidade em nosso sistema constitucional, o que é atual é a regulação por intermédio de agências reguladoras.

A crítica dirigida exclusivamente para a possibilidade de captação das agências reguladoras é insuficiente, na medida em que as teorias econômicas de regulação não se voltam apenas para a prática

---

[318] *Ibid.*, p. 67.
[319] PELTZMAN, Sam. A teoria econômica da regulação depois de uma década de desregulação. *In*: MATTOS, Paulo (Coord.). *Regulação econômica e democracia*: o debate norte-americano. São Paulo: Ed. 34, 2004. p. 81-127.
[320] *Ibid.*, p. 96.

das agências reguladoras, pelo contrário, Stigler, ao sustentar serem os políticos maximizadores dos próprios interesses, volta-se para essa classe de forma geral e não exclusivamente tomando-os como os titulares de cargos em agências reguladoras.

Na verdade, a origem da regulação, por intermédio de agências em nosso ordenamento jurídico, objetiva a especialização técnica e agilidade, ou seja, a direção por cargos técnicos, a burocratização como instrumento de insulamento da politização.

Esse insulamento técnico, ainda que não permita afirmar existir imunidade absoluta à possibilidade de captura, é instrumento que torna mais dificultoso o processo de interferências políticas e, portanto, de uso das agências como mecanismo de favorecimento dos setores regulados.

A possibilidade de captura ou de atuação dos órgãos reguladores em favor de facções é existente, como é existente em todos os setores da Administração Pública, quer que seja da administração pública direta ou indireta, de todos os três Poderes.

As tentativas de imputar à regulação por intermédio de agências e o direcionamento econômico em favor de grupos determinados têm como ideologia de fundo a crítica ao papel do Estado na economia, isto é, o entendimento ideológico de que o Estado é um mal a ser combatido e não fortalecido, pois minimizar seus poderes favorecerá que as forças do mercado produzam a maximização do bem-estar coletivo.

Entretanto, nossa realidade constitucional não autoriza esse conduzir político de redução do papel do Estado. A omissão do Estado no direcionamento da economia para fins de implementação de práticas de redução de desigualdade social e de justiça social não é alternativa aceitável.

Ademais, a doutrina que fundamenta a necessidade de desregulação, fundada notadamente na Teoria da Captura, e com forças a partir da década de 1970 nos Estados Unidos da América, possui nítido componente ideológico[321] que objetiva a extinção dos avanços observados com o *New Deal*. Contudo, o que se observa com as práticas de desregulação implementadas nos Estados Unidos da América é um intenso empobrecimento da população e aumento das desigualdades sociais aos níveis existentes em 1920, conforme salienta Paul Krugman.[322]

Evidente que a simples importação de dados estrangeiros de países que possuem características sociais próprias não é prática

---

[321] Nesse sentido: KRUGMAN, *op. cit.*, p. 125 *et seq.*
[322] *Ibid.*, p. 24; 304.

científica avalizável, contudo, o mesmo deve ser dito de importação de doutrinas sobre a regulação sem considerar as características próprias da sociedade e do setor a ser regulado.

Em sendo assim, observa-se que a regulação na estrutura constitucional brasileira encontra respaldo na medida de ser imperativa a atuação comissiva do Estado como instrumento de direcionamento das práticas econômicas para fins que os particulares não podem se esquivar, ou seja, implementação dos direitos sociais, valendo anotar que não existem elementos empíricos que tornem as Teorias da Captura universais. Suas fragilidades as tornam insuficientes como elementos de fundamentação da desregulação.

Por outro lado, tendo em vista a possibilidade de interferências nos agentes reguladores, a resposta para minimizar essa situação se encontra no próprio sistema constitucional brasileiro, no fortalecimento dos órgãos de fiscalização e controle, assim como na assunção, pelos próprios Poderes Legislativo e Executivo, de sua responsabilidade de fiscalizar a atuação das agências e movimentar o Poder Judiciário para reparar os eventuais desvios.

A independência dos órgãos reguladores não é entendida como imunidade à fiscalização.

Salutar, ademais, dotar as agências reguladoras de instrumentos de comunicação direta com a sociedade civil, permitindo e institucionalizando a participação dos setores a serem regulados nos conselhos gestores, colocando em situação de paridade representantes da comunidade civil e também das empresas, além de representantes do Poder Legislativo para participação no debate das normas regulatórias a serem implementadas, tornando, assim, a democratização dos órgãos reguladores instrumento para obstar uma possível captação e também inviabilizar a inércia dos agentes reguladores.

CAPÍTULO 9

A ASSISTÊNCIA PRIVADA À SAÚDE
A SAÚDE SUPLEMENTAR

9.1 Introdução

A Constituição Federal estabeleceu um sistema de saúde pública de caráter universal, ante a previsão da integralidade de atendimento estabelecido pelo artigo 198, inciso II, da Constituição Federal. Ao lado da atuação do Poder Público nos serviços de saúde, prevê a Constituição Federal, em seu artigo 199, a liberdade de iniciativa nas prestações dos serviços de saúde.

A atuação privada na assistência à saúde, por seu turno, pode ocorrer basicamente de duas formas:

A primeira delas é a atuação de forma complementar ao sistema público, mediante a celebração de convênio ou contrato com o Poder Público, de forma que as contraprestações pelos serviços prestados são subvencionadas pelo Poder Público, garantindo-se prestação de forma gratuita à população.

> Art. 199, §1º As instituições privadas poderão participar de forma complementar do Sistema Único de Saúde, segundo diretrizes deste, mediante contrato de direito público ou convênio, tendo preferência as entidades filantrópicas e as sem fins lucrativos.[323]

A disciplina infraconstitucional da participação complementar encontra-se na Lei Orgânica da Saúde (Lei nº 8.080/90):

---

[323] BRASIL, 1988.

Art. 24. Quando as suas disponibilidades forem insuficientes para garantir a cobertura assistencial à população de uma determinada área, o Sistema Único de Saúde (SUS) poderá recorrer aos serviços ofertados pela iniciativa privada.

Parágrafo único. A *participação complementar* dos serviços privados será formalizada mediante *contrato ou convênio*, observadas, a respeito, *as normas de direito público*.

Art. 25. Na hipótese do artigo anterior, as entidades filantrópicas e as sem fins lucrativos terão preferência para participar do Sistema Único de Saúde (SUS).

Art. 26. Os critérios e valores para a remuneração de serviços e os parâmetros de cobertura assistencial serão estabelecidos pela direção nacional do Sistema Único de Saúde (SUS), aprovados no Conselho Nacional de Saúde.

§1º Na fixação dos critérios, valores, formas de reajuste e de pagamento da remuneração aludida neste artigo, a direção nacional do Sistema Único de Saúde (SUS) deverá fundamentar seu ato em demonstrativo econômico-financeiro que garanta a efetiva qualidade de execução dos serviços contratados.

§2º Os serviços contratados submeter-se-ão às normas técnicas e administrativas e aos princípios e diretrizes do Sistema Único de Saúde (SUS), mantido o equilíbrio econômico e financeiro do contrato.

§3º (Vetado).

§4º Aos proprietários, administradores e dirigentes de entidades ou serviços contratados é vedado exercer cargo de chefia ou função de confiança no Sistema Único de Saúde (SUS).[324]

Nessas hipóteses, a participação privada ocorre por meio de vínculo contratual ou por meio de convênio entre o Poder Público e a iniciativa privada, submetendo-se o particular, em decorrência do vínculo especial estabelecido, ao poder de controle da execução dos atos praticados, tratando-se, na realidade, de forma de prestação de serviços públicos por expressa determinação legal, conforme a redação do artigo 43 da Lei nº 8.080/90, que segue transcrita:

Art. 43. A gratuidade das ações e serviços de saúde fica preservada *nos serviços públicos contratados*, ressalvando-se as cláusulas dos contratos ou convênios estabelecidos com as entidades privadas.[325]

---

[324] BRASIL. Lei nº 8.080, de 19 de setembro de 1990. Dispõe sobre as condições para a promoção, proteção e recuperação da saúde, a organização e o funcionamento dos serviços correspondentes e dá outras providências. *Diário Oficial da União*, Brasília, DF, 20 set. 1990.

[325] *Ibid.*

Por força do vínculo formal, a submissão às determinações do poder se fundamenta no próprio caráter público da atividade, ou seja, é fruto do poder normativo da Administração Pública, e não é outra a conclusão que se extrai do artigo 7º da Lei nº 8.080/90:

Art. 7º As ações e serviços públicos de saúde e *os serviços privados contratados ou conveniados que integram o Sistema Único de Saúde (SUS),* são desenvolvidos de acordo com as diretrizes previstas no art. 198 da Constituição Federal, obedecendo ainda aos seguintes princípios:

I - *universalidade de acesso aos serviços de saúde em todos os níveis de assistência;*

II - integralidade de assistência, entendida como conjunto articulado e contínuo das ações e serviços preventivos e curativos, individuais e coletivos, exigidos para cada caso em todos os níveis de complexidade do sistema;

III - preservação da autonomia das pessoas na defesa de sua integridade física e moral;

IV - igualdade da assistência à saúde, sem preconceitos ou privilégios de qualquer espécie;

V - direito à informação, às pessoas assistidas, sobre sua saúde;

VI - divulgação de informações quanto ao potencial dos serviços de saúde e a sua utilização pelo usuário;

VII - utilização da epidemiologia para o estabelecimento de prioridades, a alocação de recursos e a orientação programática;

VIII - participação da comunidade;

IX - descentralização político-administrativa, com direção única em cada esfera de governo:

a) ênfase na descentralização dos serviços para os municípios;

b) regionalização e hierarquização da rede de serviços de saúde;

X - integração em nível executivo das ações de saúde, meio ambiente e saneamento básico;

XI - conjugação dos recursos financeiros, tecnológicos, materiais e humanos da União, dos Estados, do Distrito Federal e dos Municípios na prestação de serviços de assistência à saúde da população;

XII - capacidade de resolução dos serviços em todos os níveis de assistência; e

XIII - organização dos *serviços públicos* de modo a evitar duplicidade de meios para fins idênticos.[326]

---

[326] *Ibid.*

Nessa primeira hipótese de participação privada na assistência à saúde, não se exige a contraprestação do particular pelos serviços, o que é feito pelo Poder Público, garantindo-se, por consequência, a universalidade do atendimento. A assistência complementar à saúde, inclusive, é parte integrante do Sistema Único de Saúde.

A outra forma de participação privada nos sistemas de saúde ocorre mediante contraprestação do particular e, nessa hipótese, pode ocorrer o pagamento direto pelo serviço prestado (*out of pocket*) ou por meio de pagamento indireto, ou por meio de seguros privados de assistência à saúde, ou planos de saúde, hipóteses em que surge a figura do terceiro pagador, sendo essa a seara da denominada "saúde suplementar".

A saúde suplementar não integra o Sistema Único de Saúde, ainda que deva observar suas diretrizes.

Na realidade, não existe definição constitucional para o termo "saúde suplementar", pois a Constituição Federal apenas faz menção à atuação complementar do particular na assistência à saúde.

O termo "suplementar", ademais, não reflete plenamente a realidade da atuação privada no sistema de saúde privado brasileiro, pois o significado de suplementar é: "1. Fornecer suplemento para; acrescer alguma coisa a. 2. servir de suplemento ou aditamento a. 3. suprir ou compensar a deficiência de".[327]

Como salientado, entretanto, o serviço público de saúde é universal e de caráter integral, não distinguindo entre aqueles que dispõem de recursos ou não para seu ingresso no sistema como usuário, ou seja, o sistema privado de saúde brasileiro basicamente apresenta características de atuação dúplice e não suplementar e essa característica é revelada de forma elucidativa pelos números de atendimentos no sistema público por pessoas usuárias de planos de saúde, valendo salientar que os dados abaixo indicados são deficitários, pois se referem apenas a atendimentos de usuários de planos de saúde identificados, de modo que se pode antever serem superiores os números de atendimentos.

---

[327] FERREIRA, Aurélio Buarque de Holanda. *Novo dicionário básico da língua portuguesa*. São Paulo: Nova Fronteira, 1944.

TABELA 1

Atendimentos identificados no Sistema de Internações Hospitalares do SUS (SIH/SUS) para beneficiários de Planos Privados de Saúde, segundo especialidade – set. 1999 a dez. 2005

Especialidade	Total	
	Quantidade	%
Cirurgia geral	294.113	32,17
Clínica médica	278.790	30,49
Crônico e FPT (fora de possibilidade terapêutica)	194.611	21,29
Obstetrícia	46.047	5,04
Pediatria	5.435	0,59
Psiquiatria	3.934	0,43
Psiquiatria – hospital/dia	1.629	0,18
Reabilitação	698	0,08
Tisiologia	559	0,06
Não identificada	88.481	9,68
Total	914.297	100,00

Fonte: Sistema de Controle de Impugnações DIDES/ANS SIH/ DATASUS/MS – BMR/ ANS – dez. 2007.[328]

Observa-se que 914.297 usuários de planos e seguros-saúde no Brasil foram atendidos na rede pública ou privada complementar, subvencionados pelo SUS, revelando o caráter dúplice e não suplementar do sistema privado de saúde no Brasil.

Outra característica da imprecisão terminológica do termo "saúde suplementar" é a inexistência de distinção, como partes integrantes da saúde suplementar, da atuação privada mediante contraprestação por pagamento direto e da atuação mediante contraprestação por meio da figura do terceiro pagador (seguradoras ou planos de assistência privada à saúde).

---

[328] AGÊNCIA NACIONAL DE SAÚDE SUPLEMENTAR. *Caderno de informação de ressarcimento e integração com o SUS*. Brasília: ANS, 2008. Disponível em: <http://www.ans.gov.br/portal/upload/informacoesss/Caderno_Ressarcimento_Junho2008.pdf>. Acesso em: 1º dez. 2009.

Não obstante, a referência à regulação em assistência privada à saúde suplementar indica a análise e intervenção do Poder Público sobre a atuação de operadoras de planos de assistência privada à saúde, nesse conceito, incluídos planos e seguros-saúde, e isso porque são nessas hipóteses que marcadamente se observam as falhas de mercado já indicadas e, portanto, é nessa seara que se encontram as vulnerabilidades mais evidentes do consumidor.

Ademais, o número de usuários de planos de saúde e seguros-saúde no Brasil é considerável, conforme se denota dos dados abaixo indicados:[329]

TABELA 2
Beneficiários de Planos de Saúde, por cobertura assistencial
(Brasil – 2003-2009)

Ano	Beneficiários em planos de assistência médica com ou sem odontologia	Beneficiários em planos exclusivamente odontológicos	Beneficiários em planos privados de saúde
Dez./2003	31.424.015	4.456.054	35.880.069
Dez./2004	33.419.355	5.549.276	38.968.631
Dez./2005	35.166.159	6.503.736	41.669.895
Dez./2006	37.046.792	7.704.489	44.751.281
Dez./2007	38.918.096	9.299.164	48.217.260
Dez./2008	41.117.061	11.069.367	52.186.428
Jun./2009	41.495.325	11.845.568	53.340.893

Fonte: Sistema de Informações de Beneficiários – ANS/MS – jun. 2009.

---

[329] AGÊNCIA NACIONAL DE SAÚDE SUPLEMENTAR. *Informação em Saúde Suplementar.* Disponível em: <http://www.ans.gov.br/portal/site/informacoesss/iss_dados_gerais.asp>. Acesso em: 1º nov. 2009.

TABELA 3
Taxa de cobertura (%) de Planos Privados de Saúde (Brasil – 2003-2009)

Ano	Beneficiários em planos de assistência médica com ou sem odontologia	Beneficiários em planos exclusivamente odontológicos
2003	17,7	2,2
2004	18,1	2,7
2005	18,5	3,3
2006	19,2	3,7
2007	19,9	4,4
2008	21,0	5,3
2009	21,7	6,2

Fontes: Sistema de Informações de Beneficiários – ANS/MS – jun. 2009; e População – IBGE/Datasus/2009.

Nota: Taxa de cobertura refere-se ao percentual da população coberta por Plano Privado de Saúde.

Verifica-se que no Brasil, conforme dados anteriormente expostos, existem 53.340.893 usuários de planos de assistência privada à saúde, incluídos nesse universo os beneficiários de planos odontológicos, o que indica que 21,7% da população é usuária do sistema de saúde privado suplementar.

Evidente, portanto, que a magnitude do setor indica que as constatadas falhas de mercado colocam em risco potencial de violação os direitos de grande número de consumidores.

Embora não se exclua a atuação do particular na assistência privada à saúde, por meio do pagamento direto, como parte da saúde suplementar, a adoção corrente do termo "saúde suplementar" se refere, basicamente, para a atuação das operadoras de seguros-saúde e planos de saúde, e isso se denota pelos artigos 1º e 3º da Lei nº 9.961/2000, que criou a Agência Nacional de Saúde Suplementar:

> Art. 1º É criada a Agência Nacional de Saúde Suplementar – ANS, autarquia sob o regime especial, vinculada ao Ministério da Saúde, com sede e foro na cidade do Rio de Janeiro/RJ, prazo de duração indeterminado e atuação em todo o território nacional, como órgão de regulação, normatização, controle e fiscalização das *atividades que garantam a assistência suplementar à saúde.* (...)

Art. 3º A ANS terá por finalidade institucional *promover a defesa do interesse público na assistência suplementar à saúde, regulando as operadoras setoriais,* inclusive quanto às suas relações com prestadores e consumidores, contribuindo para o desenvolvimento das ações de saúde no País.[330]

De acordo com a legislação infraconstitucional, portanto, deve ser entendido como parte integrante da saúde suplementar, em sentido estrito, apenas a prestação da atividade privada à saúde por meio de operadoras de planos de saúde e de seguros-saúde, pois é para abarcar os agentes econômicos que atuam nessas esferas que se desenvolve a regulação do setor, de forma que, quando se utilizar da expressão saúde suplementar, está se voltando especificamente para os agentes que atuam nesse mercado de ampla expressão e de profundas falhas de mercado.

Ou seja, a saúde suplementar em sentido amplo contempla a atuação privada dos profissionais de saúde e entidades privadas por meio do pagamento direto e a atuação das operadoras de planos de saúde, mas em sentido estrito, a saúde suplementar se refere apenas a esse último sentido, sendo as referências legais e doutrinárias à saúde suplementar dirigidas ao que ora se denomina saúde suplementar em sentido estrito.

Em resumo, portanto, são duas as formas de atuação do particular na assistência privada à saúde:

1. Atuação complementar
   Por meio de contrato e convênio: hipóteses nas quais atua como prestador de serviços público submetido ao Poder Normativo, decorrente da sujeição contratual à Administração Pública.
2. Atuação suplementar em sentido amplo
2.1 Atuação privada através do sistema de pagamento direto (*out of pocket*);
2.2 Atuação suplementar em sentido estrito: atuação privada suplementar através de planos de assistência privada à saúde e seguros privados de saúde.

---

[330] BRASIL. Lei nº 9.961, de 28 de janeiro de 2000. Cria a Agência Nacional de Saúde Suplementar – ANS e dá outras providências. *Diário Oficial da União*, Brasília, DF, 29 jan. 2000. Edição extra.

Para fins deste estudo, será adotada a terminologia de saúde suplementar, procurando superar a imprecisão terminológica, apenas em referência ao sentido estrito do termo, isto é:

(...) a prestação continuada de serviços ou cobertura de cursos assistências a preços pré ou pós-estabelecido, por prazo indeterminado, com a finalidade de garantir, sem limite financeiro, assistência à saúde, pela faculdade de acesso e atendimento por profissionais ou serviços de saúde livremente escolhidos, integrantes ou não de rede credenciada, contratada ou referenciada, visando assistência médica, hospitalar e odontológica, a ser paga integral ou parcialmente às expensas da operadora contratada, mediante reembolso ou pagamento direto ao prestador, por conta e ordem do consumidor.[331]

9.2 Histórico do desenvolvimento da saúde suplementar e sua regulação

A expansão dos planos de assistência privada à saúde e seguros-saúde no Brasil se iniciou em 1960, com a aceleração do processo de industrialização notadamente observado no ABC paulista.[332]

Em sua origem, a saúde suplementar se restringia aos trabalhadores formais urbanos e ocorreu paralelamente à unificação dos Institutos de Aposentadorias e Pensões (IAPs), iniciada com a Lei Orgânica da Previdência Social (Decreto nº 3.807/60).

O Decreto nº 3.807/60, no artigo 56, estabeleceu a possibilidade de convênio entre a previdência social, a empresa ou o sindicato para a prestação de assistência médica aos empregados, podendo os gastos efetuados com os serviços médicos serem deduzidos do custo global das contribuições devidas à previdência social pela pessoa jurídica empregadora (artigo 56, parágrafo único, incluído pelo Decreto-lei nº 66/1966). Essa prática favoreceu o desenvolvimento da medicina de grupo por meio da sublocação dos serviços médicos,[333] o que se denominou medicina de fábrica.[334]

---

[331] A presente definição é apresentada com base no artigo 1º, *caput* e inciso I, da Lei nº 9.656/98, com a redação dada pela Medida Provisória nº 2.177-44 de 2001.

[332] Região metropolitana da cidade de São Paulo formada pelas cidades de Santo André, São Bernardo, São Caetano e atualmente por Diadema, inclusive com a referência ABCD paulista.

[333] MACERA; SAINTIVE, *op. cit.*, p. 07.

[334] GREGORI, Maria Stella. *Planos de saúde*: a ótica da proteção do consumidor. São Paulo: Revista dos Tribunais, 2007. p. 30.

Em 1967, criou-se a primeira cooperativa médica do Brasil, em Santos, como alternativa ao denominado "empresariamento da medicina"[335] e ao "atendimento previdenciário deficiente".[336]

No mesmo período, por meio do Decreto-lei nº 73 de 1966, foi instituído o seguro-saúde, cuja regulamentação surgiu apenas em 1976, quando o Conselho Nacional de Seguros Privados (CNSP) editou a Resolução nº 11/1976 autorizando o início das operações nesse ramo, verificando-se amplo desenvolvimento do seguro-privado no Brasil durante a década de 1980.

Até então, não havia propriamente regulação no setor que garantisse a adequada prestação do serviço privado de saúde ao consumidor.

As demandas pela regulação fortaleceram-se a partir da década de 1980, com o intuito de assegurar os interesses dos consumidores, mas ainda inexistia um órgão central para proporcionar a fiscalização e evitar abusos do poder econômico.

Pela Lei nº 6.839, de 30 de outubro de 1980, criou-se a obrigatoriedade de registro de empresas de saúde privada, para fiscalização do exercício profissional relacionado à sua atividade básica, nos Conselhos Regionais de Medicina de cada Estado.[337]

Mas, foi com a criação do Programa Estadual de Defesa do Consumidor de São Paulo, em 1976, e com a entrada em vigor do Código de Defesa do Consumidor que as demandas pela regulação da saúde suplementar se fortaleceram. Na ausência de um marco legal, os órgãos de classe dos profissionais de medicina se encarregaram da tentativa de coibição de abusos no setor, valendo anotar a Resolução nº 19 de Conselho Regional de Medicina do Rio de Janeiro (CREMERJ), de 20 de agosto de 1987, que estabelecia a autonomia do paciente na escolha do médico e assegurava ao profissional a escolha dos meios diagnósticos mais eficientes ao tratamento, além da garantia de cobertura de todas as enfermidades estabelecidas pela Organização Mundial da Saúde. A Resolução nº 19 do CREMERJ foi contestada judicialmente e entendida como inconstitucional pelo Superior Tribunal de Justiça no Recurso Especial nº 8.490/99.[338]

---

[335] CECHIN, José. *A história e os desafios da saúde suplementar*: 10 anos de regulação. São Paulo: Saraiva, 2008. p. 84.

[336] MACERA; SAINTIVE, *loc. cit.*

[337] GREGORI, *op. cit.*, p. 31.

[338] CECHIN, *op. cit.*, p. 104.

CAPÍTULO 9
A ASSISTÊNCIA PRIVADA À SAÚDE – A SAÚDE SUPLEMENTAR | 179

Seguindo a iniciativa do CREMERJ, o Conselho Federal de Medicina, através da Resolução nº 1.401, de 11 de novembro de 1993, obrigou as empresas do setor a garantirem a prestação do atendimento a todas as enfermidades relacionadas pelo Código Internacional de Doenças da Organização Mundial da Saúde, sob pena de cancelamento do registro e aplicação de sanções, a qual também teve efeitos suspensos pelo Tribunal Regional Federal da 1ª Região (Ag. 96.01.03546-0/DF).[339]

No âmbito do Poder Executivo, as manifestações de proteção ao consumidor foram estabelecidas por Portarias da Secretaria de Direito Econômico (SDE), no âmbito do Ministério da Justiça, como a SDE nº 04/98 que considerou abusiva o estabelecimento de prazos limite de internação hospitalar.[340]

Nesse decurso de tempo, prolongavam-se os debates pela instituição de um marco regulatório da saúde suplementar, visto que eram manifestos os abusos cometidos em desfavor dos consumidores, os quais, para sua proteção, tinham de se valer da legislação civil ou do próprio Código de Defesa do Consumidor.

A ausência de votação no Congresso Nacional de uma legislação protetora dos usuários dos planos de assistência privada à saúde motivou alguns Estados a sancionarem leis que objetivavam garantir cobertura mínima das doenças relacionadas na Classificação Estatística Internacional de Doenças e Problemas Relacionados com a Saúde – CID, da Organização Mundial da Saúde, e com esse escopo foi sancionada, pelo Estado de São Paulo, a Lei nº 9.495 de 04 de março de 1997, de iniciativa do Deputado Paulo Teixeira, e pelo Estado de Pernambuco foi sancionada a Lei nº 11.446 de 10 de julho de 1997. Ambas foram suspensas pelo Supremo Tribunal Federal, sob alegação de inconstitucionalidade.[341]

---

[339] CECHIN, op. cit., p. 105.

[340] Ibid., p. 103.

[341] A decisão do STF relacionada à Lei nº 9495/97 apresenta a seguinte ementa: "Constitucional. Lei estadual que estabelece universalidade de cobertura por empresas privadas nos contratos de seguro-saúde. Competência da União para legislar sobre Direito Civil e Comercial. Art. 22, I, da CF. Impossibilidade em face do negócio jurídico sinalagmático. Liminar deferida." (BRASIL. Superior Tribunal Federal. **Medida Cautelar na Ação Direta de Inconstitucionalidade.** ADIn nº 1595-SP – Requerente: Confederação Nacional do Comércio – CNC. Requerido: Governo do Estado de São Paulo; Assembleia Legislativa do Estado de São Paulo. Relator: Min. Nelson Jobim, São Paulo, 30 abr. 1997. *Diário da Justiça da União*, Brasília, DF, p. 69, 19 dez. 2002). A decisão referente à Lei nº 11.446/97 do Estado de Pernambuco possui a seguinte ementa: "Ação direta de inconstitucionalidade. Medida cautelar. 2. Lei nº 11.446/97, do Estado de Pernambuco, que dispõe sobre cumprimento de normas obrigacionais, no atendimento médico-hospitalar dos usuários por pessoas físicas ou jurídicas ao praticarem a prestação onerosa do serviço. 3. Relevância dos fundamentos

180 | FERNANDO DE OLIVEIRA DOMINGUES LADEIRA
REGULAÇÃO ESTATAL E ASSISTÊNCIA PRIVADA À SAÚDE – LIBERDADE DE INICIATIVA E RESPONSABILIDADE SOCIAL...

Finalmente, com a Lei nº 9.656 publicada em 04 de junho de 1998, inaugura-se o marco regulatório da saúde suplementar, caracterizado, na origem, por intensa instabilidade, haja vista que, no dia seguinte a sua publicação, se seguiu a MP nº 16.654 de 04 de junho de 1998 que alterou 24 artigos da Lei, revogou 2 e incluiu 8. Seguiram-se outras 44 Medidas Provisórias, publicadas a cada 30 dias, até a 45ª Medida Provisória,[342] a MP nº 2.177-44/2001, a qual por força da Emenda Constitucional nº 32/2001 passou a ter vigência por prazo indeterminado.[343]

De acordo com a doutrina, os marcos regulatórios da assistência privada à saúde podem ser divididos em três fases, de acordo com a distribuição das competências entre os órgãos para a fiscalização e regulação do setor.

A primeira fase é denominada "modelo bipartite de regulação"[344] e foi esse modelo que antecedeu a edição da Lei nº 9.656/98 e permaneceu, logo após sua edição, até a MP nº 1908-18 de 24 de setembro de 1999. Referido modelo distinguia a regulação sob o aspecto econômico-financeiro, a cargo do Ministério da Fazenda, por intermédio do Conselho Nacional de Seguros Privados (CNSP) e da SUSEP, e sob os aspectos assistenciais, regulados pelo Ministério da Saúde por meio do Departamento de Saúde Suplementar da Secretaria de Assistência à Saúde (SAS-Desas) e do Conselho de Saúde Suplementar (CONSU).[345]

A segunda fase da normatização ocorreu a partir da edição da MP nº 1.908 de 24 de setembro de 1999 e, de acordo com Maria Stella Gregori, duas alterações significativas foram observadas, a primeira por meio da adaptação do conceito de Planos Privado de Assistência à Saúde a partir dos produtos ofertados, e não das características

---

jurídicos da ação, notadamente, no que concerne à incompetência do Estado-membro, diante das regras dos arts. 22, I e VII, e 192, II, bem assim em face do disposto dos arts. 170 e 5º, XXXVI, todos da Constituição Federal. 4. *Periculum in mora* caracterizado. 5. Precedente do Plenário na ADIn n nº 1.595-8, medida cautelar, em que impugnada a Lei nº 9.495, de 04 de março de 1997, do Estado de São Paulo. 6. Medida cautelar deferida, suspendendo-se *ex nunc* e até o julgamento final da ação, a vigência da Lei 11446, de 10 de julho de 1997, do Estado de Pernambuco." (*Id.* Superior Tribunal Federal. Medida Cautelar na Ação Direta de Inconstitucionalidade. ADIn nº 1.646-PE – Requerente: Confederação Nacional do Comércio – CNC. Requerido: Governo do Estado de Pernambuco; Assembleia Legislativa do Estado de Pernambuco. Relator: Min. Néri da Silveira, Pernambuco, 01 ago. 1997. *Diário da Justiça da União*, Brasília, DF, p. 62, 04 maio 2001). Nesse sentido: GREGORI, *op. cit.*, p. 39.

[342] Cf. CECHIN, *op. cit.*, p. 128.

[343] Art. 2º da EC nº 32/2001: As medidas provisórias editadas em data anterior à da publicação dessa emenda continuam em vigor até que medida provisória ulterior as revogue explicitamente ou até deliberação definitiva do Congresso Nacional.

[344] CECHIN, *op. cit.*, p. 124.

[345] Cf. CECHIN, *loc. cit.*; GREGORI, *op. cit.*, p. 41; MACERA; SAITIVE, *op. cit.*, p. 12-13.

das operadoras ou seguradoras, incorporando os seguros-saúde na disciplina legal; a segunda característica foi a unificação do modelo de regulação junto do Ministério da Saúde, por meio do CONSU e SAS-Desas, que passaram a ser responsáveis tanto pela regulação sob aspectos econômico-financeiros quanto assistenciais.[346]

A terceira fase, por fim, surge com a edição da MP nº 1.928 de 25 de novembro de 1999, reeditada como MP nº 2.003-1, de 14 de fevereiro de 1999 e convertida na Lei nº 9.961 de 28 de janeiro de 2000, por meio da qual se criou a Agência Nacional de Saúde Suplementar (ANS), tendo sido toda a atividade regulatória reunida em um único órgão.[347]

Atualmente, o marco regulatório da saúde suplementar é formado pela Lei nº 9.656/98 e suas alterações estabelecidas pela MP nº 2.771-44/2001, pela Lei nº 9.961/2000 que criou a Agência Nacional de Saúde Suplementar (ANS) e pela Lei nº 10.185/2001 que institui a seguradora especializada em saúde.

9.3 Características do contrato de assistência privada à saúde (seguros-saúde e planos de saúde)

Os contratos de planos de saúde, nesse conceito incluídos contratos de seguros-saúde, são contratos nos quais os benefícios e ônus são compartilhados, aproximando-se, como afirma Roberto Porto Macedo Junior, de contratos de sociedade, mais do que de contratos de compra e venda, razão pela qual denomina o citado autor referidos contratos como "contratos relacionais".[348]

Os contratos relacionais apresentam como característica a existência de relações primárias entre os contratantes, pois envolvem "relações com a pessoa integral, relações profundas e extensivas de comunicação através de uma variedade de modos e elementos significativos de satisfação pessoal não econômica".[349]

Referidos contratos envolvem mais de dois participantes, sendo comum a existência de redes de participantes que contribuem para a complexidade do contrato.[350]

---

[346] GREGORI, *op. cit.*, p. 41.

[347] CECHIN, *op. cit.*, p. 124

[348] MACEDO JUNIOR, Ronaldo Porto. *Contratos relacionais e defesa do consumidor*. 2. ed. São Paulo: Revista dos Tribunais, 2007. p. 138.

[349] MACEDO JUNIOR, *op. cit.*, p. 128.

[350] *Ibid.*, p. 129.

Da mesma forma, nos contratos relacionais não é facilmente monetarizável a medida da transação, ou seja, referidos contratos envolvem "troca de valores não monetarizável" na medida em que não sabem as partes exatamente o que receberão no processo de duração do contrato, sendo, via de regra, contratos que não envolvem simples interesses econômicos, "por envolverem valores de interesse social como a dignidade humana".[351]

O caráter contínuo dos contratos relacionais justifica que seus termos e cláusulas se preocupem menos com o objeto contratual, ou seja, a substância da relação envolvida, para apresentar um caráter mais processual ou constitucional.[352]

Segundo Macedo Junior:

> (...) neste caso, os termos contratuais passam a definir menos as regras para o fornecimento do produto ou serviço, e mais as regras processuais que pela própria regulação sobre o fornecimento serão definidas. O objeto do contrato relacional aproxima-se, assim, de uma "mini-constituição" ou estatuto de uma sociedade ou clube, que estabelece regras para a resolução de conflitos e reformulação do planejamento.[353]

Ao contrário dos contratos descontínuos de acepção clássica em que ocorre a "transferência da inteira responsabilidade de benefícios e ônus particulares de uma parte para a outra",[354] nos contratos relacionais os "ônus e benefícios do contrato são compartilhados".[355]

Nesses contratos, portanto, é marcante a existência de vínculo de cooperação entre as partes envolvidas que não possuem simplesmente interesses antagônicos e essa característica cooperativista do contrato "cria vínculos mais estreito do que a mera relação contratual descontínua, à medida que as intenções, expectativas genéricas e compromissos sobre o desenvolvimento futuro têm força vinculante".[356]

Para além da simples cooperação, apresentam referidos contratos vínculos decorrentes de relação de solidariedade que são mais amplos que aqueles provenientes da relação de cooperação, referindo-se a um conjunto de regras mais complexo. A solidariedade, de acordo com Macedo Junior:

---

[351] *Ibid.*, p. 131.
[352] *Ibid.*, p. 133.
[353] *Ibid.*, p. 133.
[354] *Ibid.*, p. 137.
[355] *Ibid.*, p. 138.
[356] *Ibid.*, p. 141.

(...) se reporta a um conjunto de regras de julgamento que impõe um certo tipo de vinculação essencial entre as suas partes, que as torna articuladas e reciprocamente afetadas, tendo em vista uma medida que se desenvolve no interior mesmo deste conjunto (...) a idéia de solidariedade implica a referência a uma comunidade externa à relação contratual.[357]

Segundo o autor:

(...) a solidariedade enquanto preocupação de uns com os outros com base num sentimento de comunidade e valores comunitários assume um caráter eminentemente moral. Conforme afirma Durkheim: "Tudo que é fonte de solidariedade é moral, tudo que força o homem a levar em consideração outro homem é moral, tudo que a força a regular sua conduta através de algo além de seu ego é moral, e moralidade é sólida à medida que tais vínculos são numerosos e fortes".[358]

O resultado da adoção do aspecto solidarístico no âmago dos contratos relacionais é a inserção do princípio da cooperação como elemento central na interpretação dos contratos e na análise do comportamento das partes envolvidas na contratação.

Conforme síntese de Macedo Junior:

(...) o caráter acessório dos deveres de cooperação se transfigura, pois, de três maneiras. Em primeiro lugar, a cooperação assume um caráter central no contrato. Em segundo lugar, o dever acessório de cooperação deixa de ser um princípio subsidiário na interpretação dos contratos, que deve ser invocado apenas para preencher lacunas, quando os demais princípios básicos (autonomia da vontade, vinculatividade da obrigação, liberdade contratual etc.) não bastem para resolver o problema, e passa a ser um princípio básico de todos os contratos relacionais, ainda que sua importância varie conforme as circunstâncias particulares e de cada casa. Por fim, o dever de solidariedade impõe a obrigação moral e legal de agir em conformidade com determinados valores comunitário, e não apenas segundo uma lógica individualista de maximização de interesses de caráter econômico.[359]

Nesse sentido, a proteção a ser dada aos consumidores, dentro dessa óptica relacional, visa estabelecer que o indivíduo será tratado

---

[357] MACEDO JUNIOR, *op. cit.*, p. 142-143.
[358] *Ibid.*, p. 144.
[359] *Ibid.*, p. 153.

com "dignidade e de maneira a não ver prejudicado seu auto-respeito", de modo que esse enfoque tem no direito, como salienta Macedo Junior:

> (...) um instrumento de transformação social e de criação de arranjos institucionais que coloquem em prática uma certa idéia, projeto ou utopia. Este enfoque realça, assim, a natureza programática do direito, enquanto um instrumento a serviço de um certo projeto social, político ou moral.[360]

A solidariedade é, portanto, elemento marcante nos contratos de planos de saúde, pois por meio dela os consumidores se unem para arcar com "espécie de fundo gerado pelo fornecedor que organiza uma cadeia de prestadores de saúde e reembolsa despesas de saúde e gere as verbas".[361] A ideia do sistema, como afirma Lima Marques, "é justamente transferir este risco de doença para o sistema como um todo, suavizando e solidarizando seu preço, para que seja suportado por todos".[362]

Para Claudia Lima Marques, os contratos de planos de saúde são contratos de:

> (...) cooperação e solidariedade, cuja essência é justamente o vínculo recíproco de cooperação (*wechselseitige Verbundenheit*), é a consciência da necessidade de direcionar-se para o mesmo fim, de manter uma relação de apoio e de adesão ao objetivo compartilhado (*Zusammnehörigkeitsgeühl*), única forma de realizar as expectativas legítimas de todos.[363]

Portanto, a primeira característica dos contratos de planos de saúde encontra-se justamente na figura da cooperação e solidariedade existente entre todos os usuários como instrumento, inclusive, de manutenção da própria estrutura da saúde suplementar.

Como decorrência dessa característica relacional e dos vínculos de solidariedade, observa-se que nesses contratos os riscos são ligados apenas de forma abstrata à sinistralidade, o que os aproxima dos contratos de seguro típicos, razão pela qual reajuste de preço não deve

---

[360] MACEDO JUNIOR, *op. cit.*, p. 238.

[361] MARQUES, Claudia Lima. Solidariedade na doença e na morte: sobre a necessidade de "ações afirmativas" em contratos de planos de saúde e de planos funerários frente ao consumidor idoso. *In*: SARLET, Ingo Wolfgang (Org.). *Constituição, direitos fundamentais e direito privado*. 2. ed. Porto Alegre: Livraria do Advogado, 2006. p. 210.

[362] *Ibid.*, p. 210.

[363] *Ibid.*, p. 208.

observar a sinistralidade específica, ou seja, os gastos efetuados por um usuário individualmente considerado, e sim os riscos em abstrato, estabelecidos atuarialmente, o que fundamenta, inclusive, o aumento anual por faixas etárias.[364]

Os contratos de planos de saúde são contratos cativos, ou seja, contratos de longa duração que envolvem vínculos contínuos entre fornecedores e consumidores, gerando uma relação de dependência dos consumidores, pois a contratação visa suprir exatamente as expectativas futuras de utilização do contrato na eventualidade de adoecimento, e é por essa razão que aqui "está presente o elemento moral, imposto *ex vi lege* pelo princípio da boa-fé, pois solidariedade envolve a idéia de confiança e cooperação".[365]

A catividade do contrato justifica sua intensa regulação, haja vista a possibilidade de haver exploração da vulnerabilidade do consumidor pela fragilidade física que o decurso do tempo impõe a todos os indivíduos, ou seja, com o decurso do tempo, não mais apresenta o consumidor interesse de trocar de operadora de plano de saúde, quer pela confiança na marca, quer pela relação estabelecida com médicos e hospitais credenciados que passam a ser mais frequentemente utilizados.

Essas características dos contratos de seguros-saúde e planos de assistência à saúde levam também à *semipersonalidade das relações*, pois conforme salienta Cláudia Lima Marques, em parecer *pro bono* elaborado em favor da Universidade Federal de Minas Gerais (UFMG):

> (...) em se tratando de contratos cativos de saúde, o contrato é com múltiplos sujeitos (consumidores representados) e com uma determinada marca-segurança (fornecedor), assim a manutenção subjetiva do fornecedor importa ao consumidor. Importa ao consumidor quem seja seu fornecedor-principal, não enquanto pessoa a quem subjetivamente confia como nos moldes pré-industriais, mas enquanto imagem-qualidade, enquanto grupo consolidado, enquanto status, enquanto garantia, enquanto qualidade de prestação, enquanto faixa de preço, sistema de convênio e facilidade para o atendimento do consumidor.[366]

---

[364] *Ibid.*, p. 209.

[365] *Ibid.*, p. 209.

[366] MARQUES, Claudia Lima. Planos privados de assistência à saúde: desnecessidade de opção do consumidor pelo novo sistema: opção a depender da conveniência do consumidor. abusividade de cláusula contratual que permite a resolução do contrato coletivo por escolha do fornecedor. *Revista de Direito do Consumidor*, São Paulo, n. 31, jul./set. 1999. p. 137.

Outras características dos contratos de planos de saúde podem ser apresentadas, entre as quais se destacam serem contratos atípicos de prestação de serviços, de trato sucessivo, execução diferida, prazo indeterminado, sinalagmáticos, possuindo um caráter aleatório quanto à execução do serviço. Além disso, menciona Claudia Lima Marques serem os contratos de planos de saúde contratos:

> [de] consumo típico da pós-modernidade: um fazer de segurança e confiança, um fazer complexo, um fazer em cadeia, um fazer reiterado, um fazer de longa duração, um fazer de crescente essencialidade. E um contrato oneroso e sinalagmático, de um mercado em franca expansão, onde a boa-fé deve ser a tônica das condutas.[367]

A tônica dos contratos de assistência suplementar à saúde, quer no que tange à prática dos fornecedores e consumidores, quer na interpretação a ser dada a suas cláusulas e aos dispositivos legais estabelecidos pela Lei nº 9.656/98, que regulamente referidos contratos, deve se pautar pelo princípio da boa-fé, assim entendida:

> (...) a atuação refletida, atuação refletindo, pensando no outro, no parceiro contratual, respeitando-o, respeitando seus interesses legítimos, seus direitos, respeitando os fins do contrato, agindo com lealdade, sem abuso da posição contratual, sem causar lesão ou desvantagem excessiva, com cuidado para com a pessoa e o patrimônio do parceiro contratual, cooperando para atingir o bom fim das obrigações, isto é, o cumprimento do objetivo contratual e a realização dos interesses legítimos de ambos os parceiros. Trata-se de uma boa-fé objetiva, um paradigma de conduta leal, e não apenas da boa-fé subjetiva do artigo 1.444 do CCD. Boa-fé objetiva é um *standard* de comportamento legal, com base na confiança despertada na outra parte co-contratante, respeitando suas expectativas legítimas e contribuindo para a segurança das relações negociais.[368]

9.3.1 Espécies de contratos na saúde suplementar

Quando da entrada em vigor da Lei nº 9.656/98, era feita a diferenciação entre operadoras de planos de assistência privada à saúde e operadoras de seguros-saúde, considerava-se, então, como operadora de plano de assistência privada à saúde toda e qualquer pessoa jurídica

---

[367] *Id.*, 2006, p. 211.
[368] MARQUES, 1999, p. 145.

de direito privado, independente da forma jurídica de sua constituição, que oferecesse tais planos mediante contraprestação pecuniária, com atendimento em serviços próprios ou de terceiros, esses contratados ou credenciados pelas operadoras, os quais recebiam diretamente da operadora de planos de saúde (artigo 1º, inciso I, e artigo 2º, inciso I, da Lei nº 9.656/98, com redação original).

Operadoras de seguros privados de assistência à saúde, por sua vez, consideravam-se as pessoas jurídicas regularmente constituídas, e reguladas em conformidade com a legislação específica, para a atividade de comercialização de seguros e que garantissem a cobertura de riscos de assistência à saúde, mediante livre escolha do prestador do respectivo serviço pelo segurado, e reembolso de despesas, nos termos e nos limites da apólice, ou ainda pagamento por ordem e conta do consumidor, diretamente aos prestadores de serviços, livremente escolhidos pelo consumidor, sendo admitida a apresentação, pela seguradora, de relação de prestadores de serviços.

A partir da redação da Medida Provisória nº 1.908-18 de 1999, essa distinção entre operadoras de planos privados de assistência à saúde e operadoras de seguro-saúde foi extinta, passando a legislação a classificar como Planos de Assistência Privada à Saúde a prestação continuada de serviços ou coberturas de custos assistenciais a preço pré ou pós-estabelecido, por prazo indeterminado, com a finalidade de garantir, sem limite financeiro, a assistência à saúde, pela faculdade de acesso e atendimento por profissionais ou serviços de saúde livremente escolhidos, integrantes ou não de rede credenciada, contratada ou referenciada, visando a assistência médica hospitalar e odontológica, a ser paga, integral ou parcialmente às expensas da operadora contratada, mediante reembolso ou pagamento direito ao prestador, por conta e ordem do consumidor.[369]

De acordo com Claudia Lima Marques:

> [o] fato de a Lei nº 9.656/98 ter transformado todos os seguros-saúde, os de reembolso e os com lista de credenciamento, em planos de saúde, transforma a natureza da relação de cadeia de fornecimento a favor dos consumidores. Isto é, não há mais que se alegar a inexistência de solidariedade interna na cadeia ente o organizador desta, a empresa operadora de planos de saúde (antiga seguradora, que alegava simples reembolso) e os fornecedores diretos, como médicos, hospitais e clínicas. Esta solidariedade é imposta pelos arts. 14, *caput*, e 20 do CDC e não foi afastada pela nova lei especial.[370]

---

[369] Cf. redação do artigo 1º, inciso I, da Lei nº 9.656, de 03 de junho de 1998.

[370] MARQUES, 2006, p. 206-207.

Sob a óptica do consumidor, portanto, os produtos ofertados no mercado são os mesmos, não obstante as operadoras possam ser constituídas sob a modalidade de seguradora. A distinção entre os contratos se dá, na verdade, de acordo a segmentação legalmente estabelecida, conforme será oportunamente exposto.

Vale salientar que por meio da Lei nº 10.185 de 17 de fevereiro de 2001, as sociedades seguradoras passaram a ser reguladas pela CONSU e ANS, tendo sido vedada às seguradoras operarem concomitante com outras formas de seguro, além do seguro-saúde, estabelecendo-se a necessidade de especialização nesse ramo de saúde.

Conforme se depreende do artigo 2º da Lei nº 10.185/2001, enquadra-se o seguro-saúde como plano privado de assistência à saúde, e a sociedade seguradora em saúde como operadora de plano de assistência à saúde para fins da disciplina de sua regulação.

Portanto, superou-se a dicotomia antes existente entre a regulação de planos de saúde e seguros-saúde, estabelecendo-se a unicidade regulatória, assim como o tratamento idêntico na interpretação dos contratos, ainda que diversas as denominações contratuais estabelecidas, o que corrobora a dificuldade, senão impossibilidade, de distinção entre contratos para além do nome e do objeto social da pessoa jurídica.

9.3.2 Modalidades de operadoras de planos de saúde

A legislação não classifica as modalidades de operadoras de planos de saúde, entendendo como tais todas as pessoas jurídicas que operam planos de assistência à saúde.[371]

A classificação das operadoras de planos de assistência à saúde é dada pela Resolução RDC nº 39, de 27 de outubro de 2000, da Agência Nacional de Saúde Suplementar, publicada no DOU em 30 de outubro de 2000, sendo elas: administradora, cooperativa médica, cooperativa odontológica, autogestão, medicina de grupo, odontologia de grupo e filantropia (artigo 10 da RDC nº 39/2000).

Administradoras: são consideradas as empresas que administram planos ou serviços de saúde e no caso de administração de planos são financiadas pelas operadoras e não assumem o risco decorrente da operação desses planos e não possuem rede própria credenciada ou

---

[371] De acordo com a Súmula Normativa nº 01, de 06 de março de 2002, as Caixas de Assistência dos Advogados, pessoas jurídicas de direito privado, quando operarem planos privados de assistência à saúde, devem se submeter à Lei nº 9.656, de 03 de junho de 1998.

referenciada de serviços médico-hospitalares ou odontológicos (artigo 11 da RDC nº 39/2000).

Cooperativas médicas: são pessoas jurídicas sem fins lucrativos que operam planos de assistência à saúde que se constituem sob a forma da Lei nº 5.764 de 16 de dezembro de 1971.

Cooperativas odontológicas: são pessoas jurídicas sem fins lucrativos que operam planos de assistência odontológica que se constituem sob a forma da Lei nº 5.764 de 16 de dezembro de 1971.

Autogestão: operadoras de planos de assistência à saúde, restritos aos empregados, ativos e inativos, pensionistas, aposentados ou ex-empregados, bem como seus respectivos familiares, cuja administração do plano é feita pela própria pessoa jurídica ou ainda a participantes e dependentes de associações de pessoas físicas ou jurídicas, fundações, sindicatos, entidades de classe, profissionais ou assemelhados.

Medicina de grupo: as pessoas jurídicas de direito privado que operem exclusivamente planos privados de assistência à saúde, incluídos seguros-saúde, sendo incluídas nessa classificação todas as operadoras que não se enquadrem em nenhum das demais categorias.

Odontologia de grupo: as pessoas jurídicas de direito privado que operem exclusivamente planos privados de assistência odontológica, sendo incluídas nessa classificação todas as operadoras que não se enquadrem na modalidade de cooperativa odontológica.

Filantropia: são as operadoras de planos privados de assistência à saúde que tenham adquirido certificado de entidade sem fins lucrativos junto ao Conselho Nacional de Assistência Social e declaração de utilidade pública federal.

Repise-se, sob a óptica do consumidor não se observam diferenças significativas entre os produtos fornecidos por essas modalidades de operadoras.

9.3.3 Do regime ou tipo de contratação

De acordo com o disposto no artigo 16, inciso VII, da Lei nº 9.656/98 e da Resolução Normativa nº 195, de 14 de julho de 2009, da Agência Nacional de Saúde, os regimes ou tipos de contratação dos planos de saúde são: *(i) individual ou familiar; (ii) coletivo empresarial; ou (iii) coletivo por adesão*.

O *plano individual ou familiar* é aquele ofertado no mercado para adesão livre dos beneficiários, pessoa física e familiar, na condição de dependentes, inclusive na hipótese de extinção do vínculo familiar, como nas hipóteses de divórcio (artigo 3º da RN nº 195/2009 da ANS).

O *plano privado de assistência à saúde coletivo empresarial* é aquele que oferece cobertura a pessoas delimitadas e vinculadas a pessoa jurídica por relação empregatícia ou estatutária e pode abranger, desde que previstos contratualmente, os sócios da pessoa jurídica contratante, os administradores, os demitidos ou aposentados que tenham sido vinculados anteriormente à pessoa jurídica contratante, agentes políticos, trabalhadores temporários, estagiários e aprendizes, o grupo familiar até terceiro grau de parentesco consanguíneo e até segundo grau de parentesco por afinidade, cônjuges ou companheiros dos empregados e servidores públicos. Nesses planos, o pagamento dos serviços prestados pela operadora será da pessoa jurídica contratante, exceto em se tratando de aposentados e demitidos, o que será analisado abaixo.

Nessa forma de contratação não são admitidos prazos de carência se o número de participantes for igual ou superior a 30 e não é admitida cláusula de agravo ou cobertura parcial temporária nos casos de lesões e doenças preexistentes. A vinculação ao plano, na hipótese, não é facultativa aos empregados (artigo 5º da RN nº 195/98 da ANS).

Os *planos privados de assistência à saúde coletivos por adesão* são aqueles ofertados a associados de conselhos profissionais e entidades de classe, sindicatos, centrais sindicais, associações, cooperativas e caixas de assistência, assim como seu grupo familiar até o terceiro grau do parentesco consanguíneo e até o segundo grau do parentesco por afinidade, sendo de vinculação facultativa; são admitidas carências, salvo se o ingresso no plano se dê em 30 dias da celebração do contrato ou em 30 dias do aniversário do contrato; são admitidas cláusulas de agravo ou cobertura parcial temporária nas hipóteses de lesões ou doenças preexistentes. Nesses planos o pagamento da contraprestação é também feito pela pessoa jurídica contratante e a operadora não poderá efetuar cobranças diretamente dos usuários, salvo nas hipóteses dos artigos 30 e 31 da Lei nº 9.656/98 (RN nº 195/2009, artigos 9º, 10 e 11); não obstante, os usuários pagam para a pessoa jurídica contratante.

9.3.4 A segmentação dos contratos de acordo com a Lei nº 9.656/98

De acordo com a Lei nº 9.656/98, são admitidas as seguintes segmentações de contratos de planos de assistência à saúde: *plano ambulatorial, plano hospitalar, hospitalar com obstetrícia e plano-referência.*[372]

---

[372] A cobertura mínima e a regulação das segmentações dos planos de saúde são encontradas na Resolução Normativa nº 211 de 11 de janeiro de 2010 da Agência Nacional de Saúde Suplementar.

A ASSISTÊNCIA PRIVADA À SAÚDE – A SAÚDE SUPLEMENTAR

Todas as modalidades de segmentações previstas exigem a cobertura mínima estabelecida pela legislação, dentre as quais se destacam: a cobertura de todas as doenças estabelecidas pelo Código Internacional de Doenças da Organização Mundial da Saúde (CID), a vedação de rescisão unilateral do contrato, salvo a critério do consumidor, a impossibilidade de limites quantitativos máximos de atendimento, prazos máximos de carência e cobertura a lesões preexistentes, após a vigência de 24 meses do contrato.

A *segmentação ambulatorial* inclui a cobertura de consultas médicas especializadas, reconhecidas pelo Conselho Federal de Medicina, em número ilimitado, assim, como a cobertura de diagnósticos, tratamentos e demais procedimentos ambulatoriais, não incluindo a internação hospitalar ou procedimentos para fins de diagnóstico ou terapia que, embora prescindam de internação, demandem o apoio de estrutura hospitalar por período superior a 12 (doze) horas, ou serviços como unidade de terapia intensiva e unidades similares.[373]

Na *segmentação hospitalar*, o contrato apresenta cobertura básica de internações hospitalares, vedada a limitação de prazo, valor máximo e quantidade, em clínicas básicas e especializadas, inclusive internação em centro de terapia intensiva, ou similar, com vedação de prazo, além de cobertura de despesas referentes a honorários médicos, serviços de enfermagem, alimentação. Também incluem cobertura de exames complementares indispensáveis ao controle da doença e elucidação diagnóstica, fornecimento de medicamento, anestésico, gases medicinais, transfusões e sessões de quimioterapia e radioterapia, conforme prescrição do médico assistente, realizados ou ministrados durante o período de internação hospitalar. Por fim, apresentam também a cobertura de toda e qualquer taxa, incluindo materiais utilizados, assim como da remoção do paciente, comprovadamente necessária para outro estabelecimento hospitalar, dentro dos limites de abrangência geográfica previstos no contrato.[374]

Essa segmentação do contrato não prevê atendimentos ambulatoriais para fins diagnósticos, terapia ou recuperação, ressalvados os procedimentos considerados especiais pela RN nº 211/2010 da ANS, estabelecidos no artigo 17, inciso X:

> a) hemodiálise e diálise peritonial – CADP; b) quimioterapia oncológica ambulatorial, c) procedimentos radioterápicos; d) hemoterapia;

---

[373] Conforme artigo 12, I, da Lei nº 9.656/98 e artigo 17 da RN nº 211/2010 da Agência Nacional de Saúde Suplementar.

[374] Conforme artigo 18 da RN nº 211/2010 da ANS e artigo 12, II, da Lei nº 9.656/98.

e) nutrição parenteral ou enteral; f) procedimentos diagnósticos e terapêuticos em hemodinâmica; g) embolizações; h) radiologia intervencionista; i) exames pré-anestésicos ou pré-cirúrgicos; j) procedimentos de reeducação e reabilitação física; e k) acompanhamento clínico no pós-operatório imediato e tardio dos pacientes submetidos a transplantes.

A *segmentação hospitalar com obstetrícia* estabelece, além do disposto na segmentação de internação hospitalar, cobertura dos procedimentos de pré-natal, da assistência ao parto e puerpério, além de assistência ao recém-nascido, filho natural ou adotivo do consumidor, ou de seu dependente, durante os primeiros trinta dias após o parto e a inscrição assegurada ao recém-nascido, filho natural ou adotivo do consumidor, desde que a inscrição ocorra no prazo máximo de 30 dias do nascimento ou adoção.[375]

A *segmentação odontológica*, por fim, inclui a cobertura de consultas e exames auxiliares ou complementares requeridos pelo odontólogo assistente, cobertura de procedimentos preventivos, de dentística e endodontia, cobertura de cirurgias orais menores realizadas em ambiente ambulatorial sem anestesia geral.[376]

A despeito da possibilidade das operadoras de planos de assistência à saúde ofertarem os planos de saúde nas diferentes segmentações anteriormente apresentadas, todas devem ofertar aos consumidores o denominado *"plano-referência"*, o qual consiste na fusão dos planos ambulatorial e hospitalar na mesma modalidade de contrato, ou seja, trata-se de contrato:

> (...) com cobertura assistencial médico-ambulatorial e hospitalar, compreendendo partos e tratamento, realizados no Brasil, com padrão de enfermaria, centro de terapia intensiva, ou similar, quando necessária a internação hospitalar das doenças listadas na Classificação Estatística Internacional de Doenças e Problemas Relacionados com a Saúde, da Organização Mundial da Saúde.[377]

É obrigatório que todas as operadoras de plano de assistência à saúde disponham desse produto, informando ao consumidor da possibilidade de sua contratação, inclusive àqueles que já possuam outra modalidade de plano de saúde (§2º, do artigo 10, da Lei nº 9.656/98),

---

[375] Conforme artigo 19 da RN nº 211/2010 da ANS e artigo 12, III, da Lei nº 9.656/98.
[376] Conforme artigo 20 da RN nº 211/2010 da ANS e artigo 12, IV, da Lei nº 9.656/98.
[377] BRASIL, *Lei nº 9.656...*, art. 10, *caput*.

salvo se tratar de operadora na modalidade autogestão ou que operem exclusivamente planos odontológicos.

9.3.5 Das exclusões de cobertura admitidas nos contratos

A Lei nº 9.656/98, além das exclusões decorrentes da segmentação dos contratos anteriormente estabelecidos, ou seja, além da restrição à cobertura ambulatorial ou de internação hospitalar, quer que seja um contrato com segmentação ambulatorial ou hospitalar, permite a exclusão de coberturas de alguns procedimentos médicos no artigo 10 e incisos, dentre os quais se destacam: o tratamento clínico ou cirúrgico experimental, os procedimentos clínicos ou cirúrgicos para fins estéticos, bem como órteses[378] ou próteses,[379] salvo se ligados ao ato cirúrgico, à inseminação artificial, ao tratamento de rejuvenescimento ou de emagrecimento com finalidade estética, fornecimento de medicamentos importados não nacionalizados, fornecimento de medicamentos para tratamento domiciliar, tratamentos ilícitos e antiéticos, assim como casos de cataclismos, guerras e comoções internas, quando declarados pelas autoridades competentes.

Com relação às próteses e órteses, é importante salientar que sua exclusão é admitida apenas se o fornecimento não for correlato ao ato cirúrgico em si. Desde que vinculados ao tratamento cirúrgico, são de cobertura obrigatória, dentre o que se destaca a cobertura ao *stent*, vinculado ao tratamento cardíaco,[380] sendo essa, inclusive, a expressa previsão do inciso VII, do artigo 10, da Lei nº 9.656/98.

---

[378] Conforme definição estabelecida pelo artigo 16, §2º, da Resolução Normativa nº 211 de 11 de janeiro de 2010, considera-se órtese "como qualquer material permanente ou transitório que auxilie as funções de um membro, órgão ou tecido, sendo não ligado ao ato cirúrgico os materiais cuja colocação ou remoção não requeiram a realização de ato cirúrgico". (BRASIL. Agência Nacional de Saúde Suplementar. Resolução Normativa nº 211, de 11 de janeiro de 2010. Atualiza o Rol de Procedimentos e Eventos em Saúde, que constitui a referência básica para cobertura assistencial mínima nos planos privados de assistência à saúde, contratados a partir de 01 de janeiro de 1999, fixa as diretrizes de atenção à saúde e dá outras providências. *Diário Oficial da União*, Brasília, 1999. Disponível em: <http://www.ans.gov.br>. Acesso em: 10 out. 2010).

[379] Conforme definição estabelecida pelo artigo 16, §1º, da Resolução Normativa nº 211 de 11 de janeiro de 2010 considera-se prótese "como qualquer material permanente ou transitório que substitua total ou parcialmente um membro, órgão ou tecido". (*Ibid.*)

[380] Nesse sentido, observa-se o excerto do v. Acórdão da lavra do Min. Carlos Alberto Menezes Direito frequentemente citado em sentenças judiciais: "(...) pode até o *plano de saúde* estabelecer quais doenças estão por ele cobertas, porém não qual dos tipos de tratamento está alcançado para a respectiva cura. Se cobre a cirurgia cardíaca, não pode vetar o uso de *stent*; se coberta a de próstata, não pode impedir o uso do esfíncter artificial necessário

Já no tocante aos tratamentos estéticos, existe expressa previsão legal da cobertura do tratamento de reconstrução de mama, utilizando-se de todos os meios e técnicas necessárias para o tratamento da mutilação decorrente de técnica de tratamento de câncer (artigo 10-A da Lei nº 9.656/98).[381]

Conquanto vedado o tratamento de emagrecimento com finalidade estética, não é passível de exclusão a cobertura do tratamento da obesidade mórbida, assim considerada doença pela Organização Mundial da Saúde[382] e se inclui a cirurgia reparadora, haja vista que vinculada ao próprio tratamento da obesidade, não podendo ser dada interpretação extensiva ao artigo para criar restrição não prevista em lei.[383]

---

ao controle da micção. Tal não se pode dar também com o câncer. Se essa patologia está coberta, inviável o veto à quimioterapia ao fundamento de que seria apenas uma das alternativas à cura da doença. O empeço a que o consumidor receba o tratamento mais moderno no momento em que instalada a doença coberta revela a abusividade da cláusula impeditiva que põe em risco a vida do consumidor." (BRASIL. Superior Tribunal de Justiça. Recurso Especial. **REsp** nº 668.216-SP – Requerente: Espólio de Anselmo Vessoni. Requerido: Itaú Seguros S.A. Relator: Min. Carlos Alberto Menezes Direito, São Paulo, 15 mar. 2007. *Diário da Justiça da União*, Brasília, DF, 02 abr. 2007). Seguem outras ementas sobre o tema de próteses e órteses: "Plano de saúde – cirurgia de joelho – negativa de pagamento pela prótese utilizada – inadmissibilidade acessório vinculado ao ato cirúrgico – impossibilidade de afastamento de mecanismo inerente à consecução do serviço médico objeto da contratação – sentença de procedência em parte – recurso da ré improvido." (SÃO PAULO. Tribunal de Justiça. *Apelação nº 595.584-4/4-00*, de 5 de novembro de 2008. Relator: Des. Oscarlino Moeller. Disponível em: <http://www.tj.sp.gov.br>. Acesso em: 15 out. 2010). "Plano de Saúde – Cirurgia de fratura do fêmur com implante de prótese – Cobertura daquela, mas não desta – Inadmissibilidade – Procedimento estritamente ligado ao ato cirúrgico – Contrato firmado antes da promulgação da Lei nº 9.656/98 – Irrelevância – Condutas abusivas em ofensa ao Código de Defesa do Consumidor – Recurso desprovido." (*Id.* Tribunal de Justiça. *Apelação nº 602.795-4/0-00*. Relator: Des. Morato de Andrade. Disponível em: <http://www.tj.sp.gov.br>. Acesso em: 15 out. 2010).

[381] A jurisprudência do E. Tribunal de Justiça do Estado de São Paulo já reconheceu a obrigatoriedade de realização de cirurgia de reconstrução de mama extirpada em anterior mastectomia decorrente de câncer: "Seguro saúde. Ação de obrigação de fazer, com cumulado pedido de indenização por danos morais. Recusa de cobertura para cirurgia de reconstrução mamária, extirpada em anterior mastectomia decorrente de câncer, então coberta pela seguradora. Inadmissibilidade. Restrição constante do contrato, a caracterizar cláusula ambígua e de duvidosa legalidade, em confronto com outra de maior amplitude. Interpretação mais favorável ao segurado, na forma das normas cogentes do CDC. Aplicabilidade retroativa, no caso. Obrigação da ré reconhecida, inclusive no que se refere ao fornecimento da necessária prótese (...)." (*Id.* Tribunal de Justiça. *Apelação nº 242.001-4/5*, de 23 de agosto de 2005. Relator: Des. José Roberto Bedran. Disponível em: <http://www.tj.sp.gov.br>. Acesso em: 15 out. 2010).

[382] Conforme Código Internacional de Doenças da OMS: CID-10, E 65-68.

[383] Nesse sentido a jurisprudência: "Tutela antecipada – Plano de Saúde – Ação movida pela beneficiária para compelir a ré a custear cirurgia plástica para a retirada do excesso de pele – Hipótese em que não se trata de cirurgia plástica de fim estético – Caráter restaurador do procedimento configurado – Decisão que deferiu a tutela antecipada mantida

CAPÍTULO 9
A ASSISTÊNCIA PRIVADA À SAÚDE – A SAÚDE SUPLEMENTAR | 195

Outrossim, é importante salientar que a cobertura do plano de saúde deve estar vinculada à modalidade contratada.

Sendo assim, se o contrato apresenta segmentação ambulatorial, de forma evidente não haverá cobertura para próteses e órteses decorrente de ato cirúrgico, haja vista que a segmentação ambulatorial não estabelece cobertura a tratamentos cirúrgicos que demandem internação.

Da mesma forma, a cobertura para tratamentos cirúrgicos vinculados a tratamento médico de obesidade mórbida apenas é obrigatória nos planos com segmentação hospitalar, pois não há como ser aplicado referido tratamento por meio de simples atendimento ambulatorial.

Ou seja, as exclusões de cobertura estabelecidas pelo artigo 10 da Lei nº 9.656/98 devem ser interpretadas de acordo com a modalidade de segmentação do plano de saúde, pois inexigível tratamento cirúrgico com internação nos contratos de modalidade ambulatorial. Todavia, tratando-se de contrato na modalidade de plano-referência, apenas e tão somente nas hipóteses estabelecidas pelos incisos do artigo 10 da Lei nº 9.656/98, serão admissíveis exclusões de tratamento e cobertura.

Compete à Agência Nacional de Saúde Suplementar (ANS), por sua vez, a regulamentação das hipóteses de exclusão de tratamentos,

---

– Recurso desprovido." (SÃO PAULO. Tribunal de Justiça. Agravo de Instrumento. *AI nº 6478594200*, de 11 de agosto de 2009. Relator: Des. Morato de Andrade. Disponível em: <http://esaj.tj.sp.gov.br/cjsg/>. Acesso em: 19 jan. 2010). "CREDENCIADO – REEMBOLSO ADMISSIBILIDADE – ATO CIRÚRGICO REALIZADO EM INSTITUTO CREDENCIADO – TEORIA DA APARÊNCIA APLICABILIDADE – CIRURGIA PLÁSTICA RESTAURADORA – CARÁTER COMPLEMENTAR – COBERTURA EXTENSIVA – PRINCÍPIO DA COERÊNCIA CONTRATUAL – IMPOSIÇÃO PELA LEI DO CONSUMIDOR E PELA LEI CIVIL – APELO DA RÉ DESPROVIDO, PROVIDO DA AUTORA." (*Id.* Tribunal de Justiça. *Apelação com revisão nº 428554100*, de 22 de julho de 2009. Relator: Des. Dimas Carneiro. Disponível em: <http://esaj.tj.sp.gov.br/cjsg/>. Acesso em: 19 jan. 2010). APELAÇÃO CÍVEL – Plano de Saúde – Obesidade mórbida – Cirurgias posteriores à gastroplastia com objetivo de reparar flacidez generalizada (abdômen em avental, hérnia epigástrica, diástase dos músculos reto-abdmoninais etc.). Tratam-se de intervenções necessárias, não podendo ser consideradas como cirurgia plástica meramente estética, posto que dentro do contexto do procedimento principal, dele decorrente – Recusa de cobertura indevida – Código de Defesa do Consumidor – Doutrina e Jurisprudência – Ação procedente – Decisão Reformada – Recurso Provido." (*Id.* Tribunal de Justiça. *Apelação com revisão nº 6351874200*, de 07 de julho de 2009. Relator: Des. Egidio Giacoia. Disponível em: <http://esaj.tj.sp.gov.br/cjsg/>. Acesso em: 19 jan. 2010). Em sentido contrário: "SEGURO-SAÚDE Paciente submetida a cirurgia para colocação de anel no estômago custeada pela empresa seguradora, e que pretende agora submeter-se a nova cirurgia reparadora dos problemas estéticos e dermatológicos decorrentes do emagrecimento Natureza manifestamente estética da nova cirurgia RECURSO NÃO PROVIDO" (*Id.* Tribunal de Justiça. *Apelação com revisão nº 508254400*, de 17 de outubro de 2007. Relator: Des. Gilberto de Souza Moreira. Disponível em: <http://esaj.tj.sp.gov.br/cjsg/>. Acesso em: 19 jan. 2010).

inclusive por meio da previsão de tratamentos de alta complexidade de cobertura obrigatória.

9.3.6 A carência

Considera-se período de carência aquele estabelecido pela legislação, no curso do qual não faz jus o consumidor à utilização dos serviços e tratamentos médicos estabelecidos em seu plano de saúde. De acordo com a atual redação da Lei nº 9.656/98, são três os prazos de carência previstos: (i) 24 horas para urgências, emergências e planejamento familiar; (ii) 180 dias para hipóteses usuais de tratamento de saúde; e (iii) 300 dias para partos a termo (artigo 12, V, da Lei nº 9.656/98).

Com relação aos tratamentos de urgência, emergência e planejamento familiar, é estabelecido prazo reduzido de 24 horas para a carência, estando os conceitos de urgência e emergência no artigo 35-C, conforme redação dada pela Lei nº 11.935 de 11 de maio de 2009.

Considera-se tratamento de *emergência* casos tais que implicarem risco imediato de vida ou de lesões irreparáveis para o paciente, caracterizado em declaração do médico assistente (artigo 35-C, inciso I, da Lei nº 9.656/98 com redação da Lei nº 11.935/2009).

Configura tratamento de *urgência* aquele resultante de acidentes pessoais e complicações no processo gestacional (artigo 35-C, inciso II, da Lei nº 9.656/98 com redação dada pela Lei nº 11.935/2009).

Por fim, a nova hipótese de redução do prazo de carência se refere às hipóteses de planejamento familiar, cujo conceito é estabelecido pela Resolução Normativa RN nº 192 de 27 de maio de 2009 da Agência Nacional de Saúde Suplementar. De acordo com a RN nº 192/2009 da ANS, estabelece-se como planejamento familiar o conjunto de ações de regulação da fecundidade que garanta direitos iguais de constituição, limitação ou aumento da prole da mulher, pelo homem ou pelo casal, estando coberta as atividades educacionais, de aconselhamento e atendimento clínico, não incluídos a inseminação artificial e o fornecimento de medicamentos de uso domiciliar.

Considera-se abusiva eventual pretensão das operadoras de limitar o tratamento de urgência e emergência, admitindo-se apenas limitações coerentes com a própria segmentação do plano. Planos ambulatoriais não contemplam internações hospitalares, mas em se tratando de urgência ou emergência não poderá ocorrer limitação de atendimento durante as primeiras 12 (doze) horas, de forma que a partir desse período a cobertura cessará, devendo a operadora providenciar a remoção para unidade hospitalar vinculada ao SUS para continuidade do atendimento, incumbindo à operadora a responsabilidade pela remoção.[384]

Nessa hipótese, não se observa ilegalidade no limite de atendimento, com internação restrita as primeiras 12 (doze) horas, pois, conforme exposto, a segmentação ambulatorial não prevê a internação hospitalar, de modo que a concessão de internação nesse período de 12 horas consiste em ampliação, e não restrição, de direitos ao consumidor.

Diversa, contudo, a hipótese da segmentação hospitalar. Nesse caso, a limitação de tratamento de emergência nas primeiras 12 (doze) horas, tal qual estabelecido pelo artigo 2º, §2º, da Resolução CONSU 13/98, se mostra ilegal e abusiva, haja vista que o artigo 35-C da Lei nº 9.656/98 não estabelece distinções ou limitações ao se referir a tratamentos de urgência ou emergência, não se justificando a criação de semelhante limitação em desfavor do consumidor.[385]

Por fim, vale salientar que os contratos de segmentação hospitalar, com ou sem cobertura obstétrica, deverão garantir os atendimentos de urgência e emergência quando se referirem ao processo gestacional, estando a operadora obrigada a cobrir o atendimento prestado nas mesmas condições dos planos com segmentação ambulatorial (artigo 4º da Res. CONSU nº 13/98), o que implica dizer a limitação de tratamento hospitalar às primeiras 12 horas, com posterior remoção ao SUS ou custeio pelo usuário das despesas com o tratamento.

---

[384] Resolução CONSU nº 13 de 04 de novembro de 1998, com redação alterada pela Resolução CONSU nº 15 de 29 de março de 1999.

[385] Nesse sentido, excerto do acórdão da lavra do Desembargador Salles Rossi na Apelação Cível com revisão nº 5913304/7-00 do Tribunal de Justiça do Estado de São Paulo: "(...) A estipulação de prazo de carências é perfeitamente válida, mas não em casos como o presente, onde diante da situação emergencial, o segurado dependa da continuidade do tratamento, seja com a realização de exames ambulatoriais ou, até mesmo, intervenções cirúrgicas. A restrição de cobertura com base na Resolução nº 13 do CONSU, limitando o atendimento de urgência/emergência durante as primeiras 12 horas, afronta o artigo 12, V, 'c', da Lei nº 9.656/98 (alterado pela Medida Provisória nº 2.177-44, de 24 de agosto de 2001), que estabelece prazo máximo de vinte e quatro horas para cobertura dos casos de urgência e emergência, evidentemente o caso dos autos, eis que o autor foi acometido de quadro febril, evoluindo para complicações, necessidade de imediata realização de cateterismo e internação junta a UTI Fica, pois, evidente que, abstraída a questão da carência, a urgência da internação e a possibilidade de risco de morte não permitiam a adoção de qualquer restrição por parte da demandada, o que afrontaria, em especial, o Código de Defesa do Consumidor, colocando o paciente em situação de extrema desvantagem. Com já dito, a incontroversa situação emergencial torna descabida a limitação temporal prevista no contrato." (SÃO PAULO. Tribunal de Justiça. *Apelação com revisão nº 5913304/7-00*. Relator: Des. Salles Rossi. Disponível em: <http://esaj.tj.sp.gov.br/cjsg/>. Acesso em: 19 jan. 2010).

Novamente estabelece-se limitação não contemplada na legislação, haja vista que a urgência decorrente de processo gestacional não justifica limitar a possibilidade de internação, de tal sorte que em se tratando de atendimento de urgência e emergência, salvo em se tratando de planos com segmentação ambulatorial, a cobertura deve ser integral, sem limitação de prazo ou período.

Vale salientar, inclusive, que se impõe às operadoras de planos de saúde o dever de reembolso, nos limites das obrigações contratuais, das despesas efetuadas pelo beneficiário com assistência à saúde, em casos de urgência e emergência, quando não for possível a utilização dos serviços próprios, contratados, credenciados ou referenciados pelas operadoras, pagáveis no prazo máximo de 30 dias após a entrega da documentação adequada (artigo 12, VI, da Lei nº 9.656/98).

Por fim, em se tratando de plano de assistência à saúde coletivo empresarial, com número de participantes superior a 30, não são admitidos períodos de carência (artigo 6º da RN nº 195/98 da Agência Nacional de Saúde Suplementar).[386]

Nos planos coletivos por adesão não poderá ser exigida carência, desde que o beneficiário ingresse no plano em até 30 dias da celebração do contrato coletivo, ou a proposta de adesão seja formulada em até 30 dias da data do aniversário do contrato.

Com relação à portabilidade de carências, a Resolução Normativa nº 186 de 14 de janeiro de 2009, com a redação dada pela Resolução Normativa nº 252 de 29 de abril de 2011, estabeleceu a possibilidade de contratação de outro plano de saúde individual ou familiar ou coletivo por adesão concomitante à rescisão do anterior, de mesma ou outra operadora, em contratos de mesmo tipo, hipótese em que preenchidos os períodos de permanência mínimos no plano de origem, admite-se a dispensa dos períodos de carência.

A portabilidade de carências era admitida apenas nos planos individuais e familiares, mas passou a ser também admitida para os planos coletivos por adesão a partir da RN nº 252 da Agência Nacional de Saúde Suplementar.

---

[386] Sobre a impossibilidade de carência em planos coletivos empresariais confira-se a jurisprudência: "SEGURO SAÚDE – Seguro saúde coletivo – Negativa de internação de paciente, sob alegação de carência não cumprida – Situação de emergência – Inteligência do artigo 5º, inciso II, da Resolução CONSU nº 14 – Vedação expressa de carência para a modalidade de plano empresarial contratado – Inexistência de carência prevista, inclusive, em contrato – Recurso não provido." (SÃO PAULO. Tribunal de Justiça. *Apelação nº 994092985494*, de 25 de março de 2010. Relator: Des. Francisco Loureiro. Disponível em: <http://esaj.tj.sp.gov.br/cjsg/>. Acesso em: 11 out. 2010).

São estabelecidos os seguintes requisitos para a dispensa de carência: (i) estar o interessado adimplente junto ao plano de origem; (ii) possuir prazo de permanência no plano a ser rescindido de no mínimo 02 anos, ou no mínimo 03 anos na hipótese de o beneficiário ter cumprido cobertura parcial temporária para a primeira portabilidade de carência e, nas posteriores, de um ano; (iii) existir compatibilidade do plano de destino com o de origem; e (iv) a faixa de preço do plano de destino ser igual ou inferior à que se enquadra o plano de origem.[387] [388]

O interessado em realizar novo contrato de plano de assistência à saúde deverá se dirigir à operadora do plano de destino e comprovar seu adimplemento nos últimos 03 meses e o cumprimento do período de permanência no contrato anterior, e se o plano de destino for um plano coletivo por adesão comprovar seu vínculo com a pessoa jurídica contratante (artigos 8º e 9º da RN nº 186/2009).

Entregue a documentação, terá a operadora do plano de saúde de destino o prazo de 20 dias para analisar o pedido, admitindo-se recusa em não havendo cumprimento dos requisitos indicados, mas em sua inércia será considerada aceita a portabilidade. O prazo do novo contrato terá vigência 10 dias após a aceitação da portabilidade.

Nessa hipótese, compete à operadora de destino comunicar à operadora de origem a data do início de vigência no novo contrato, coincidindo o término do contrato anterior com essa data.

Além destas hipóteses de portabilidade de carências estabelecidas pela Agência Nacional de Saúde Suplementar, existem também hipóteses denominadas de "portabilidade especial de carências" que se referem a situações específicas ocorridas na esfera jurídica quer da operadora do plano de saúde ou do beneficiário em que se autoriza a contratação de novo plano sem cumprimento de novos períodos de carências ou cobertura parcial temporária exigíveis e já cumpridos no plano de origem e também dispensando-se períodos mínimos de permanência no contrato anterior ou de solicitação no prazo de quatro meses de aniversário do plano.[389]

Nas hipóteses de portabilidade especial admite-se, inclusive, a contração de novo plano concomitante à rescisão do anterior sem que tenha sido cumprido período mínimo de contratação, tampouco

---

[387] Cf. artigo 3º e incisos da RN nº 186/2009.

[388] Sobre a compatibilidade dos planos de demais normas operacionais relativas à portabilidade de carências, *vide* IN 19 de 03 de abril de 2009 da ANS.

[389] Cf. artigo 2º, inciso VIII, da RN 186, de 14 de janeiro de 2009, incluído pela RN nº 252 de 29 de abril de 2011 da ANS.

concluído o lapso anterior de carência, hipótese em que será exigido o cumprimento apenas do remanescente no novo plano a ser contratado.

São quatro as hipóteses previstas pela Resolução nº 186/2009 em que são admitidas as portabilidades especiais de carência: (i) nas hipóteses de Direção Fiscal ou Técnica das operadoras, ou nos casos de cancelamento compulsório do registro de operadora ou de Liquidação Extrajudicial sem regime especial prévio, após o insucesso da transferência compulsória de carteira, mediante prévia Resolução Operacional expedida pela Diretoria Operacional fixando prazo de 60 dias, prorrogáveis, para que os beneficiários da carteira exerçam a portabilidade (art. 7º-A da RN nº 186/2009, incluído pela RN nº 252 de 29 de abril de 2011 da ANS); (ii) nos casos de morte de titular do contrato, o beneficiário poderá em até 60 dias do falecimento, exercer a portabilidade especial para plano individual ou familiar ou coletivo por adesão, podendo cumprir o remanescente das carências no plano de destino e independente de período de contratação no plano de origem (art. 7º-B da RN nº 186/2009, incluído pela RN nº 252 de 29 de abril de 2011 da ANS, com redação retificada por publicação no *Diário Oficial da União* em 5 de maio de 2011, Seção I, página 40); (iii) é permitida a portabilidade especial ao ex-empregado demitido ou exonerado sem justa causa ou aposentado ou seus dependentes vinculados ao plano, durante o período de manutenção da condição de beneficiário garantida pelos artigos 30 e 31 da Lei nº 9.605/1998, devendo o direito ser exercido no período compreendido de até quatro meses após o aniversário do plano ou em 60 dias do término do período de manutenção do plano, atendidas, no mais, as exigências previstas nos incisos do artigo 7º-C da Resolução 186/2009 (art. 7º-C da RN nº 186/2009 da ANS, acrescentado pela RN nº 279 de 24 de novembro de 2011, com redação dada pela retificação publicada no *Diário Oficial da União* em 15 de fevereiro de 2012, Seção 1, página 45); (iv) por fim, admite-se a portabilidade nas hipóteses em que os beneficiários tiveram seu vínculo de dependência com o titular do plano extinto, o que deve ser exercido no prazo de 60 dias a contar do término do vínculo de dependência (art. 7º-D da RN nº 186/2009, acrescentado pela RN nº 289, de 27 de fevereiro de 2012).

9.3.7 Lesões e doenças preexistentes

Conforme exposto no início deste capítulo, ao ser apresentada a natureza do contrato de plano de saúde, concluiu-se tratar de contrato relacional que tem como elemento nuclear o princípio da cooperação e da solidariedade, do qual decorre o dever de observância, por ambas as partes, do princípio da boa-fé objetiva.

É nesse contexto que surge o dever do consumidor informar à operadora de planos de saúde a existência de lesões e doenças preexistentes, pois essa circunstância implica agravo nos custos da operadora. Por consequência, é admitida a ausência de cobertura de lesões e doenças preexistentes desde que descoberta sua existência nos primeiros 24 meses da vigência do contrato, valendo salientar que é da operadora o ônus da prova da demonstração do conhecimento prévio pelo consumidor ou beneficiário da lesão ou doença preexistente (artigo 11 da Lei nº 9.656/98).

Não basta a simples apresentação de formulário ao próprio consumidor ou beneficiário para que declare se possui ou não lesão ou doença preexistente, pois não há como se presumir, a partir da simples declaração negativa, a omissão de informação relevante.

Nos termos da Resolução Normativa nº 55, de 02 de novembro de 2003, da Agência Nacional de Saúde Suplementar, é necessário prévio processo administrativo em que seja assegurado ao consumidor o direito à ampla defesa para a comprovação de seu conhecimento prévio de lesão ou doença preexistente. Assim, conclui-se ser abusiva a conduta das operadoras de planos de assistência à saúde que apresentam negativa no tratamento ao usuário do plano de saúde, logo após a solicitação de internação ou realização de ato cirúrgico ou diagnóstico, ou seja, é imperativa que haja prévia demonstração, por parte da operadora, mediante processo administrativo, em que é assegurado direito a recurso que, por fim, será analisado pela Diretoria Colegiada na Agência Nacional de Saúde, cuja decisão deverá ser publicada no Diário Oficial de União e comunicada ao consumidor de que efetivamente esse tinha conhecimento de sua doença e omitiu intencionalmente quando da contratação. Apenas após a observância do processo administrativo, admite-se a negativa do tratamento com fundamento na omissão de lesão ou doença preexistente.[390]

---

[390] Confira-se algumas manifestações jurisprudenciais do Tribunal de Justiça do Estado de São Paulo sobre o tema: "PLANO DE SAÚDE – COBERTURA – DOENÇA PREEXISTENTE – AUSÊNCIA DE DEMONSTRAÇÃO NOS AUTOS DE QUE A MOLÉSTIA SEJA ANTERIOR AO CONTRATO – EXAME PRÉVIO ADMISSIONAL NÃO REALIZADO PELA SEGURADORA – PERÍCIA NÃO REALIZADA NOS AUTOS – RECURSO PROVIDO PARA SER JULGADA PROCEDENTE A AÇÃO" (SÃO PAULO. Tribunal de Justiça. *Apelação nº 994040404986*, de 15 de dezembro de 2009. Relator: Des. Elliot Akel. Disponível em: <http://www.tj.sp.gov.br>. Acesso em: 20 jan. 2010). "Obrigação de fazer cumulada com indenização. Plano de assistência médico-hospitalar. Doença congênita. Recusa de

Decorrido o prazo de 24 meses de vigência do contrato, não mais é admitida a exclusão de cobertura de lesões e doenças preexistentes dos consumidores ou usuários (artigo 11, da Lei nº 9.656/98).

Não se admite ausência de cobertura por lesões ou doenças preexistentes nos planos coletivos empresariais, cuja vinculação dos usuários é obrigatória, pois decorre de seu vínculo empregatício com a pessoa jurídica (artigo 7º da RN nº 195/2009 da Agência Nacional de Saúde).

9.3.8 Rescisão unilateral do contrato

Conforme estabelece o artigo 13, inciso II, da Lei nº 9.656/98, apenas se admite a rescisão unilateral do contrato por iniciativa do consumidor, ressalvada as hipóteses de fraude ou não pagamento da contraprestação do contrato por período superior a 60 dias, consecutivos ou não, nos últimos 12 meses de vigência do contrato, desde que o consumidor seja comprovadamente notificado até o quinquagésimo dia de inadimplência.[391]

---

cobertura caracteriza abusividade, pois nada consta de que o pai do menor tivesse conhecimento da anomalia por ocasião do contrato. Relação de consumo configurada. Boa-fé não fora afastada. Sucumbência recíproca se apresenta adequada. Apelo provido em parte" (*Id.* Tribunal de Justiça. *Apelação Cível nº 5307044800*, de 15 de outubro de 2009. Relator: Des. Natan Zelinschi de Arruda. Disponível em: <http://www.tj.sp.gov.br>. Acesso em: 20 jan. 2010). Em sentido contrário: "SEGURO DE VIDA E ACIDENTES PESSOAIS – AÇÃO DE INDENIZAÇÃO – DOENÇA PREEXISTENTE – Omissão pelo segurado – Indenização indevida – Provas robustas de que o segurado tinha ciência do seu real estado de saúde ao aderir o contrato – Dever de observância ao principio da boa-fé que rege as relações contratuais – Inteligência dos artigos 765 c.c 766, ambos do Código Civil – Sentença mantida – Recurso improvido" (*Id.* Tribunal de Justiça. *Apelação nº 992080289893*, de 06 de janeiro de 2009. Relator: Des. Luis Fernando Nishi. Disponível em: <http://www.tj.sp.gov. br>. Acesso em: 20 jan. 2010).

[391] Confiram-se as seguintes ementas relacionadas à rescisão unilateral de contrato de plano de saúde do Tribunal de Justiça de São Paulo: "PLANO DE SAÚDE – Previsão, em cláusula contratual, de possibilidade de rescisão unilateral do contrato – Abusividade configurada, pois altamente desvantajosa para o contratante – Nulidade reconhecida, por violação expressa ao disposto no art. 13, parágrafo único, II, da Lei n° 9.656/98 – Sentença reformada para julgar a demanda procedente – Ônus sucumbenciais invertidos – Recurso provido" (SÃO PAULO. Tribunal de Justiça. *Apelação nº 994060291069*, de 25 de maio de 2010. Relator: Des. De Santi Ribeiro. Disponível em: <http://www.tj.sp.gov.br>. Acesso em: 20 out. 2010). "APELAÇÃO CÍVEL – SEGURO SAÚDE – DECLARATÓRIA DE NULIDADE DE CLÁUSULA CONTRATUAL – Ação ajuizada por titular do contrato visando ser declarada nula a cláusula pela qual a seguradora se reservou a faculdade de resilir o pacto a que aderiu, decorridos cinco anos de seu falecimento – Improcedência ao argumento de que os beneficiários do contrato não são considerados contratantes e de que a morte do segurado titular já faz perecer a avença, não se podendo falar em rescisão unilateral do contrato após seu falecimento, vez que já não mais eficaz a avença

De qualquer modo, estabelece o artigo 13, III, da Lei nº 9.656/98 a impossibilidade de rescisão ou suspensão do contrato durante o período de internação do titular ou beneficiário do plano.

Com relação à possibilidade de suspensão de atendimento ou rescisão do contrato nas hipóteses de liquidação extrajudicial da operadora de plano de saúde, esclarece Leonardo Vizeu Figueiredo, citando Paulo César Melo da Cunha, que estando a operadora em liquidação extrajudicial:

> (...) os prestadores de serviços credenciados não poderiam negar atendimento aos consumidores de planos de saúde, mesmo que não estejam recebendo das operadoras o montante correspondente aos serviços já prestados. O prestador só pode pedir o crédito e, cumulativamente, o descredenciamento, mas jamais interromper o tratamento [o que prova que a dignidade da pessoa humana não é garantida, apenas, pelos serviços de saúde pública, bem como tal aspecto supera a mera regulação econômica, sendo típico instrumento de regulação social].[392]

9.3.9 Contratos coletivos e a rescisão do contrato de trabalho

Estabelece o artigo 30 da Lei nº 9.656/98 a possibilidade do consumidor, titular de plano coletivo decorrente de vínculo empregatício, nas hipóteses de rescisão ou exoneração do contrato de trabalho sem justa causa, manter o contrato nas mesmas condições de cobertura assistencial de que gozava quando da vigência do contrato de trabalho, desde que assuma seu integral pagamento.

O período de manutenção do contrato apresenta como limite temporal o terço do tempo em que mantido o vínculo contratual no

---

– Inconformismo do autor – Incidência da legislação consumerista e da Lei nº 9.656/98 – Contrato de execução diferida no tempo – Impossibilidade de rescisão unilateral a teor do artigo 13, II, da Lei nº 9.656/98 – Sentença reformada para declarar nula a cláusula 1.3 do contrato, invertidos os ônus da sucumbência – Recurso provido" (*Id*. Tribunal de Justiça. *Apelação nº 99940971123804*, de 18 de maio de 2010. Relatora: Desª Viviane Nicolau. Disponível em: <http://www.tj.sp.gov.br>. Acesso em: 20 out. 2010). "Resilição unilateral de contrato de seguro saúde empresarial [artigo 13, da Lei nº 9.656/98] – Inadmissibilidade por ofensa ao artigo 1º, da Resolução nº 19, do CONSU – Abuso do direito de dissolução, evidenciado como represália pelo custeio – Liminar mantida – Não provimento" (*Id*. Tribunal de Justiça. Agravo de Instrumento. *AI nº 994093178189*, de 18 de janeiro de 2010. Relator: Des. Enio Zuliani. Disponível em: <http://www.tj.sp.gov.br>. Acesso em: 11 jun. 2010).

[392] FIGUEIREDO, Leonardo Vizeu. *Curso de direito de saúde suplementar*: manual jurídico de planos e seguros de saúde. São Paulo: MP, 2006. p. 222.

curso do contrato de trabalho, assegurado o mínimo de 6 meses e o máximo de 24 meses, sendo extensiva a manutenção do contrato para todo o grupo familiar. Ainda que ocorra a morte do titular é assegurada a manutenção do vínculo contratual com as operadoras de planos de saúde nas hipóteses anteriormente analisadas.

Sobre o tema, é interessante notar que a RN nº 195/2009 da ANS estabelece que nos planos coletivos empresariais a permanência do vínculo a aposentados e demitidos depende de previsão contratual expressa (artigo 5º, §1º, III, da RN nº 195/2009). Ocorre que os artigos 30 e 31 da Lei nº 9.656/98 não apresentam referida restrição, ou seja, o reconhecimento do direito à manutenção do vínculo contratual é genérico, sem a necessidade de expressa previsão contratual a respeito.

Vale salientar que como o contrato é celebrado pela pessoa jurídica com a operadora de planos de assistência à saúde não é dado ao empregado ou àquele que possui vínculo estatutário com a pessoa jurídica conhecimento de suas cláusulas, do que se conclui que a limitação estabelecida pela RN nº 195/2009 da ANS ao exigir a previsão contratual para manutenção do vínculo aos aposentados e demitidos apresenta caráter abusivo, sendo excessiva a norma regulamentar nesse aspecto, salvo, evidente, se comprovada a informação e ciência ao beneficiário do contrato.

9.3.10 Aposentadoria

Nas hipóteses de aposentadoria do consumidor usuário de plano de saúde coletivo, desde que tenha contribuído com parcela de contraprestação pelo período mínimo de 10 anos, é assegurada a manutenção como beneficiário, nas mesmas condições de cobertura assistencial que gozava quando da vigência do contrato de trabalho, assumindo, a partir de então, seu pagamento integral (artigo 31 da Lei nº 9.656/98).

Se o consumidor tiver contribuído para o plano de saúde por período inferior a 10 anos, ainda assim é assegurada sua manutenção como beneficiário, limitado ao mesmo número de anos que contribuiu para o plano, ou seja, se tiver contribuído para o plano por 08 anos antes da aposentadoria, fará jus à manutenção de sua condição pelo mesmo prazo.

Questão interessante se observa nas hipóteses em que o empregado contribuiu para o plano de assistência à saúde coletivo por período superior a 10 anos, mas nas vésperas de sua aposentaria ocorre, a critério do empregador, a alteração da operadora do plano de saúde.

Nessa hipótese, a contagem do prazo para efeitos da manutenção da condição de beneficiário deve ser feita pelo período de contribuição a ambos os planos coletivos, ou seja, necessário se fazer a somatória do montante de anos de contribuição para ambos os planos coletivos, sendo irrelevante se para a última operadora tenha contribuído por período inferior, isso porque não têm o consumidor qualquer margem de negociação na manutenção ou não da operadora dos planos coletivos, na medida em que o contrato é celebrado com a pessoa jurídica empregadora, e na legislação não é feita a distinção da hipótese apresentada.

Outro ponto de discussão refere-se aos funcionários usuários de planos de assistência privada coletivos que se aposentam após contribuição por período superior a 10 anos e continuam a manter vínculo empregatício na empresa, vindo posteriormente a ser demitidos.

Nessas hipóteses, mostra-se aplicável o disposto no artigo 31 da Lei nº 9.656/98 que admite a manutenção da condição como beneficiário do plano de saúde, pois o consumidor já havia adquirido o direito à manutenção do plano de saúde quando de sua aposentadoria.[393]

9.3.11 Reajuste das mensalidades

São admitidos reajustes das mensalidades de planos de assistência à saúde anualmente, para recomposição do valor dos custos assistências, e também reajustes por faixa etária, desde que as faixas etárias e os percentuais de reajuste incidente estejam previstos no contrato, observadas as normas expedidas pela Agência Nacional de

---

[393] Nesse sentido: "Plano de saúde – Sujeito que trabalha por mais de 10 anos e que adere a plano de demissão voluntária – Aplicação do artigo 31, da Lei nº 9.656/98, devendo ser mantido nas mesmas condições dos empregados em atividade – Tutela antecipada emitida para garantir a plenitude desse direito – Não provimento, com observação." (SÃO PAULO. Tribunal de Justiça. Agravo de Instrumento. *AI nº 94093236592*, de 12 de novembro de 2009. Relator: Des. Enio Zuliani. Disponível em: <http://www.tj.sp.gov.br>. Acesso em: 20 jan. 2010). "PLANO DE SAÚDE – Autor que, aposentado, continuou empregado na empresa, até a dispensa sem justa causa – Aplicação do disposto no artigo 31, *caput*, da Lei nº 9.656/98 (alterada pela Medida Provisória nº 2.177-44/2001 – Contribuição para o seguro coletivo por mais de 17 anos verificada – Hipótese de manutenção do seguro de saúde, nas mesmas condições de que gozava quando da vigência do contrato de trabalho, assumindo integralmente o pagamento das parcelas devidas – Surgimento de vínculo direto entre as partes litigantes verificada – Ação procedente – Disciplina da sucumbência invertida – Recurso provido." (*Id.* Tribunal de Justiça. *Apelação nº 6794584100*, de 17 de novembro de 2009. Relator: Des. Luiz Antonio de Godoy. Disponível em: <http://www.tj.sp.gov.br>. Acesso em: 20 jan. 2010).

Saúde Suplementar e nos limites estabelecidos (artigo 15, *caput*, da Lei nº 9.656/98).

Com relação aos reajustes anuais, são expedidos pela ANS limites lineares a serem aplicados para reajustes das mensalidades dos planos individuais e familiares, incumbindo às operadoras, para os planos contratados a partir de 01 de janeiro de 1999, requerer a aplicação do reajuste das contraprestações pecuniária, sendo anualmente expedidas resoluções normativas dispondo sobre os documentos necessários, tudo em conformidade com a RN nº 171, de 29 de abril de 2008, da Agência Nacional de Saúde Suplementar.

Para os planos coletivos não existe necessidade de observância dos limites estabelecidos, haja vista que nesses contratos o poder de negociação é maior, tornando desnecessário estreito controle dos valores das mensalidades, na medida em que o contrato é celebrado por pessoa jurídica e apresenta ampla carteira de clientes, o que aumenta o poder de barganha.

No tocante aos reajustes por faixas etárias, não se admite reajuste para consumidores com mais de 60 anos, independente do tempo de contrato, tal qual dispunha o artigo 15, parágrafo único, da Lei nº 9.656/98, haja vista que o Estatuto do Idoso, Lei nº 10.741/2003, vedou toda e qualquer variação de preço por mudança de faixa etária, ao dispor no artigo 15, §3º, ser "vedada a discriminação do idoso nos planos de saúde pela cobrança de valores diferenciados em razão da idade".

Observe-se que a vedação refere-se aos reajustes por mudanças de faixa etária, mas não reajustes anuais, de modo que não se estabelece um congelamento do preço das mensalidades até a morte do usuário do plano de saúde.

Atualmente, a RN nº 63, de 22 de dezembro de 2003, da ANS estabelece critérios para o reajuste por faixas etárias para os planos contratados a partir de 01 de janeiro, fixando 10 faixas etárias em que admitidas o reajuste, conforme estabelece do artigo 2º de mencionada resolução.[394]

---

[394] Art. 2º da RN nº 63/2003: "Deverão ser adotadas dez faixas etárias, observando-se a seguinte tabela: I – 0 (zero) a 18 (dezoito) anos; II – 19 (dezenove) a 23 (vinte e três) anos; III – 24 (vinte e quatro) a 28 (vinte e oito) anos; IV – 29 (vinte e nove) a 33 (trinta e três) anos; V – 34 (trinta e quatro) a 38 (trinta e oito) anos; VI – 39 (trinta e nove) a 43 (quarenta e três) anos; VII – 44 (quarenta e quatro) a 48 (quarenta e oito) anos; VIII – 49 (quarenta e nove) a 53 (cinquenta e três) anos; IX – 54 (cinquenta e quatro) a 58 (cinquenta e oito) anos; X – 59 (cinquenta e nove) anos ou mais." (BRASIL. Agência Nacional de Saúde Suplementar. Resolução Normativa nº 63, de 22 de dezembro de 2003. Define os limites a serem observados para adoção de variação de preço por faixa etária nos planos privados de assistência à saúde contratados a partir de 01 de janeiro de 2004. *Diário Oficial da União*, Brasília, 2004. Disponível em: <http://www.ans.gov.br>. Acesso em: 10 out. 2010).

CAPÍTULO 9
A ASSISTÊNCIA PRIVADA À SAÚDE – A SAÚDE SUPLEMENTAR | 207

Os percentuais para reajuste por faixa etária das contraprestações são estabelecidos pelas operadoras, mas o percentual estabelecido para o último reajuste não poderá ser superior a 06 vezes o estabelecido para o primeiro reajuste, e a variação acumulada entre a sétima e a décima faixa não poderá ser superior a primeira e a sétima faixa etária.[395] Para os planos celebrados entre 01 de janeiro de 1999 e 31 de dezembro de 2003, os reajustes por faixas etárias são regulamentados pela Resolução da CONSU nº 06 de 04 de novembro de 1998, cuja redação foi parcialmente alterada pela Resolução da CONSU nº 15/99 que estabelece 07 faixas etárias para o reajuste por idade,[396] não podendo o reajuste referente à última faixa etária ser superior ao reajuste estabelecido na primeira faixa etária.

Importa salientar que o entendimento adotado no Recurso Especial nº 809.329 – RJ, julgado pela Terceira Turma do Superior Tribunal de Justiça em 25 de março de 2008, relatado pela Minª Nancy Andrighi, adotou entendimento da impossibilidade de majoração das mensalidades de planos de assistência à saúde por mudança de faixa etária nos contratos em que os usuários tenham mais de 60 anos, ainda que os contratos tenham sido celebrados antes de janeiro de 2004, desde que a única justificativa para a majoração das mensalidades seja exclusivamente a idade.[397]

---

[395] Cf. artigo 3º da RN nº 63/2003.

[396] "Art. 1º – Para efeito do disposto no artigo 15 de Lei nº 9.656/98, as variações das contraprestações pecuniárias em razão da idade do usuário e de seus dependentes, obrigatoriamente, deverão ser estabelecidas nos contratos de planos ou seguros privados a assistência à saúde, observando-se as 07 (sete) faixas etárias discriminadas abaixo: I – 0 (zero) a 17 (dezessete) anos de idade; II – 18 (dezoito) a 29 (vinte e nove) anos de idade: III – 30 (trinta) a 39 (trinta e nove) anos de idade; IV – 40 (quarenta) a 49 (quarenta e nove) anos de idade; V – 50 (cinquenta) a 59 (cinquenta e nove) anos de idade; VI – 60 (sessenta) a 69 (sessenta e nove) anos de idade; VII – 70 (setenta) anos de idade ou mais." (BRASIL. Conselho de Saúde Suplementar. Resolução nº 6, de 04 de novembro de 1998. Dispõe sobre critérios e parâmetros de variação das faixas etárias dos consumidores para efeito de cobrança diferenciada, bem como de limite máximo de variação de valores entre as faixas etárias definidas para planos e seguros de assistência à saúde. *Diário Oficial da União*, Brasília, DF, 04 nov. 1998).

[397] Segue transcrita a ementa do Recurso Especial nº 809.329- RJ: "Ementa: Direito civil e processual civil. Recurso especial. Ação revisional de contrato de plano de saúde. Reajuste em decorrência de mudança de faixa etária. Estatuto do idoso. Vedada a discriminação em razão da idade. – O Estatuto do Idoso veda a discriminação da pessoa com a cobrança de valores diferenciados em razão da idade (art. 15, §3º). – Se o implemento de idade, que confere à pessoa a condição jurídica de idosa, realizou-se sob a égide do Estatuto do Idoso, não estará o consumidor usuário do plano de saúde sujeito ao reajuste estipulado no contrato, por mudança de faixa etária. – A previsão de reajuste contida na cláusula depende de um elemento básico prescrito na lei e o contrato só poderá operar seus efeitos no tocante à majoração das mensalidades do plano de saúde, quando satisfeita a condição contratual

No tocante aos contratos celebrados antes de 01 de janeiro de 1999, dispunha a Lei nº 9.656/98, com a redação dada pela MP nº 1908-18, em seu artigo 35-G, o qual atualmente corresponde ao artigo 35-E, que qualquer variação na contraprestação pecuniária para consumidores com mais de 60 anos de idade estará sujeita à autorização prévia da ANS (antes, na redação da MP nº 1908-18 ficava sujeito à autorização prévia do Ministério da Fazenda).

Ocorre que o Supremo Tribunal Federal, ao julgar a medida cautelar em Ação Direta de Inconstitucionalidade nº 1931-8/DF, tendo como relator o Min. Maurício Corrêa, suspendeu a eficácia do artigo 35-G, incisos I a IV, seus §§1º, incisos I a V, e 2º. Na ocasião, entendeu o Ministro relator que as disposições normativas violavam o direito adquirido e o ato jurídico perfeito ao serem criadas normas distintas daquelas estabelecidas na época da contratação.[398] Portanto, para os

---

e legal, qual seja, o implemento da idade de 60 anos. – Enquanto o contratante não atinge o patamar etário preestabelecido, os efeitos da cláusula permanecem condicionados a evento futuro e incerto, não se caracterizando o ato jurídico perfeito, tampouco se configurando o direito adquirido da empresa seguradora, qual seja, de receber os valores de acordo com o reajuste predefinido. – Apenas como reforço argumentativo, porquanto não questionada a matéria jurídica, ressalte-se que o artigo 15 da Lei nº 9.656/98 faculta a variação das contraprestações pecuniárias estabelecidas nos contratos de planos de saúde em razão da idade do consumidor, desde que estejam previstas no contrato inicial as faixas etárias e os percentuais de reajuste incidentes em cada uma delas, conforme normas expedidas pela ANS. No entanto, o próprio parágrafo único do aludido dispositivo legal veda tal variação para consumidores com idade superior a 60 anos. – E mesmo para os contratos celebrados anteriormente à vigência da Lei nº 9.656/98, qualquer variação na contraprestação pecuniária para consumidores com mais de 60 anos de idade estará sujeita à autorização prévia da ANS (artigo 35 – E da Lei nº 9.656/98). – Sob tal encadeamento lógico, o consumidor que atingiu a idade de 60 anos, quer que seja antes da vigência do Estatuto do Idoso, quer que seja a partir de sua vigência (01 de janeiro de 2004), está sempre amparado contra a abusividade de reajustes das mensalidades com base exclusivamente no alçar da idade de 60 anos, pela própria proteção oferecida pela Lei dos Planos de Saúde e, ainda, por efeito reflexo da Constituição Federal que estabelece norma de defesa do idoso no artigo 230. – A abusividade na variação das contraprestações pecuniárias deverá ser aferida em cada caso concreto, diante dos elementos que o Tribunal de origem dispuser. – Por fim, destaque-se que não se está aqui alçando o idoso a condição que o coloque à margem do sistema privado de planos de assistência à saúde, porquanto estará ele sujeito a todo o regramento emanado em lei e decorrente das estipulações em contratos que entabular, ressalvada a constatação de abusividade que, como em qualquer contrato de consumo que busca primordialmente o equilíbrio entre as partes, estará afastada por norma de ordem pública. Recurso especial não conhecido." (BRASIL. Superior Tribunal de Justiça. Recurso Especial. **REsp** n° 809.329-RJ – Requerente: Amil Assistência Médica Internacional Ltda. Requerido: Oracy Pinheiro Soares da Rocha. Relatora: Minª Nancy Andrighi, Rio de Janeiro, 25 mar. 2008. *Diário da Justiça da União*, Brasília, DF, 11 abr. 2008). No mesmo sentido, o Recurso Especial nº 989.380 – RN, julgado em 06 de novembro de 2008 e relatado pela mesma Minª Nancy Andrighi.

[398] Transcrevo excerto do voto do Min. Maurício Corrêa referente à disposição normativa mencionada: "(...) Nesse ponto, entendo patente e indébita a ingerência do Estado no pacto

contratos celebrados antes da vigência da Lei nº 9.656/98, não incidem as exigências de autorização e limitações de faixas etárias para a majoração da contraprestação.

Não obstante, importa ter presente que referidos contratos, ainda que celebrados antes da edição da Lei nº 9.656/98, não afastam a incidência das disposições normativas estabelecidas pelo Código de Defesa do Consumidor, de tal sorte que deve estar expressamente previsto no contrato os percentuais de reajustes estabelecidos e também as faixas etárias, pois, do contrário, os reajustes serão considerados abusivos, hipóteses em que deverão observar os percentuais de reajuste estabelecidos pela Agência Nacional de Saúde Suplementar.[399]

Além dos reajustes por faixas etárias e dos reajustes anuais, é prevista a possibilidade de revisão técnica das contraprestações dos

---

celebrado entre as partes. De fato, os dispositivos acima transcritos interferem na órbita do direito adquirido e do ato jurídico perfeito, visto que criam regras completamente distintas daquelas que foram objeto da contratação. A retroatividade determinada por esses preceitos faz incidir regras da legislação nova sobre cláusulas contratuais preexistentes, firmadas sob a égide do regime legal anterior, que, a meu ver, afrontam o direito consolidado das partes, de tal modo que violam o princípio consagrado no inciso XXXVI do artigo 5º da Constituição Federal e põem-se em contraste com a jurisprudência desta Corte de que é exemplo o acórdão proferido na ADI nº 493 – DF, Moreira Alves, publicado na RTJ 143/724. (...)." (*Id.* Superior Tribunal Federal. Medida Cautelar na Ação Direta de Inconstitucionalidade. ADIn nº 1.931-8/DF – Requerente: Confederação Nacional do Comércio – CNC. Requerido: Presidente da República. Relator: Min. Maurício Corrêa, Brasília, 21 ago. 2003. *Diário da Justiça da União*, Brasília, DF, 22 ago. 2003).

[399] Nesse sentido a Súmula Normativa nº 5, de 04 de dezembro de 2004: "A Diretoria Colegiada da Agência Nacional de Saúde Suplementar – ANS, no uso da competência que lhe é conferida pelos incisos XVII e XXI do artigo 4º, combinado com o inciso II do artigo 10, ambos da Lei nº 9.961, de 28 de janeiro de 2000, em conformidade com o inciso III do artigo 60 do Regimento Interno aprovado pela Resolução de Diretoria Colegiada – RDC nº 95, de 30 de janeiro de 2002: Considerando a decisão, em sede cautelar, proferida pelo Supremo Tribunal Federal, em 21 de agosto de 2003, nos autos da Ação Direta de Inconstitucionalidade nº 1.931-8; Considerando a omissão nos contratos de planos privados de assistência à saúde celebrados anteriormente à vigência da Lei nº 9.656, de 3 de junho de 1998, de cláusulas prevendo reajuste por variação de custos mediante a especificação de índice, da forma de apuração ou de validação dos percentuais adotados; e Considerando as diretrizes do Sistema Monetário Nacional definidas na Lei nº 9.069, de 29 de junho de 1995, e na Lei nº 10.192, de 14 de fevereiro de 2001, as quais estabelecem que o reajuste anual tem por finalidade a correção da expressão monetária da obrigação pecuniária em função da variação ponderada do custo dos insumos utilizados nos serviços; RESOLVE adotar o seguinte entendimento vinculativo: *Os contratos individuais de planos privados de assistência à saúde celebrados anteriormente à vigência da Lei nº 9.656, de 3 de junho de 1998, cujas cláusulas não indiquem expressamente o índice de preços a ser utilizado para reajustes das contraprestações pecuniárias e sejam omissos quanto ao critério de apuração e demonstração das variações consideradas no cálculo do reajuste, deverão adotar o percentual de variação divulgado pela ANS e apurado de acordo com a metodologia e as diretrizes submetidas ao Ministério da Fazenda"* (BRASIL. Agência Nacional de Saúde Suplementar. Súmula Normativa nº 5, de 04 de dezembro de 2004. *Diário Oficial da União*, Brasília, 2004. Disponível em: <http://www.ans.gov.br>. Acesso em: 10 out. 2010. Grifos nossos).

planos de saúde com o escopo de manutenção do equilíbrio financeiro das operadoras.

A revisão técnica é estabelecida pela Resolução Normativa nº 19, de 11 de dezembro de 2002, da Agência Nacional de Saúde para planos contratados antes de 01 de janeiro de 1999, e pela RDC nº 27, de 26 de junho de 2000, para os planos contratados posteriormente.

Entende-se por revisão técnica o conjunto de medidas a serem adotadas com vistas à correção de desequilíbrios na carteira de planos privados de assistência à saúde que possam comprometer a liquidez e a solvência da operadora, mediante remodelagem integral ou parcial dos produtos, combinada ou não com o reposicionamento dos valores das contraprestações pecuniárias.[400]

Os pedidos de revisão técnica devem ser feitos pelas operadoras quando constatados, cumulativamente: (i) o desequilíbrio entre os compromissos correntes e futuros da operadora, vinculados aos serviços de assistência à saúde e aos pagamentos das contraprestações pecuniárias dos beneficiários; (ii) o desequilíbrio for decorrente da variação dos custos médicos, hospitalares e/ou odontológicos e da frequência de utilização de procedimentos; e (iii) a situação de desequilíbrio ameaçar a liquidez e solvência da operadora.

9.3.12 Dependentes

A Lei nº 9.656/98 assegura a inscrição de dependentes do titular de planos de saúde em se tratando de filho recém-nascido ou filho adotivo, desde que o requerimento de inscrição no plano seja feito no prazo de 30 dias a contar do nascimento ou adoção.

A inscrição assegurada no trintídio após o nascimento ou adoção é prevista apenas nos planos de segmentação obstétrica, em conformidade ao artigo 12, III, alínea "b", da Lei nº 9.656/98, ou seja, de acordo com referido dispositivo legal, apenas nos contratos em que é previsto atendimento obstétrico e no plano-referência é assegurada inscrição de filho recém-nascido ou adotado.

Contudo, a disposição normativa estabelecida no artigo 12, inciso VII, da Lei nº 9.656/98 amplia as hipóteses anteriormente indicadas ao assegurar a inscrição do filho adotivo menor de 12 anos de idade, aproveitando-se os períodos de carência já cumpridos pelo consumidor adotante. Portanto, esse inciso assegura a inscrição de filho adotivo em

---

[400] Redação conforme artigo 2º da RDC nº 27/2000 da ANS.

qualquer segmentação de plano de saúde e não restringe o período para o requerimento de inscrição de filho adotado aos 30 dias após a adoção, fixando como prazo limite a idade de 12 anos do interessado. Evidente que o artigo 12, VII, da Lei nº 9.656/98 apresenta caráter discriminatório perante os filhos naturais, em violação ao disposto no artigo 227, §6º, da Constituição Federal, de modo que é necessária a interpretação extensiva para admitir a inclusão do filho natural até que complete 12 anos de idade, com aproveitamento do período de carência do genitor, e independente da segmentação do plano.

A Lei nº 9.656/98, portanto, não assegura de forma ampla a inclusão de dependentes nos planos de saúde, referindo-se apenas a recém-nascidos e filhos adotivos, de modo que a inclusão de cônjuges, companheiros, ascendentes e colaterais deverá observar as disposições contratuais.[401]

Nesse sentido, estabelece a Resolução Normativa nº 195, de 14 de julho de 2009, que nos planos coletivos empresariais e nos planos coletivos por adesão, desde que previsto contratualmente, assegura-se a inscrição do grupo familiar do beneficiário titular até o terceiro grau de parentesco consanguíneo, até o segundo grau de parentesco por afinidade, do cônjuge ou companheiro (artigo 5º, §1º, inciso VII, e artigo 9º, §1º, ambos da RN nº 195, de 14 de julho de 2009, da Agência Nacional de Saúde Suplementar).

Questão relevante relacionada à temática em análise refere-se à possibilidade de inclusão de companheiro homossexual, na eventualidade de existir previsão contratual para inclusão de cônjuge ou companheiro.

Não existe previsão legal específica a respeito, mas a tendência jurisprudencial, evidenciada no julgamento do REsp nº 1.026981-RJ, relatado pela Ministra Nancy Andrighi, da Terceira Turma do Superior Tribunal de Justiça, indica a possibilidade de inclusão do companheiro homossexual, pois se assegurou os mesmos direitos do cônjuge e companheiro em união estável para fins de recebimento de pensão em planos de previdência privada complementar.

Embora conste a ressalva no voto dos limites da aplicação da condição de dependente apenas para a hipótese expressamente julgada, ou seja, previdência privada complementar, sendo a assistência privada à saúde, assim como a previdência privada complementar, partes do todo denominado "seguridade social", as razões humanitárias que fundamentaram o julgamento justificam a extensão de seus

---

[401] Cf. FIGUEIREDO, *op. cit.*, p. 204.

efeitos para permitir a inclusão de companheiro na união homoafetiva como beneficiário do contrato de plano de saúde, o qual é orientado pelo princípio da solidariedade, não se justificando postura distinta em sendo a hipótese análoga, pois, nas palavras da Ministra:

> (...) enquanto a lei civil permanecer inerte, as novas estruturas de convívio que batem às portas dos tribunais devem ter sua tutela jurisdicional prestada com base nas leis existentes e nos parâmetros humanitários que norteiam, não só o Direito Constitucional, mas a maioria dos ordenamentos jurídicos existentes no mundo.[402][403]

Diante das novas tendências jurisprudenciais e em evidente indicativo de atenção às demandas sociais da sociedade contemporânea, a Agência Nacional de Saúde Suplementar (ANS) regulou o tema, autorizando a inclusão de companheiro decorrente de relação homoafetiva como usuário dependente de planos de saúde, conforme se observa da

---

[402] Para melhor esclarecimento, transcrevo parte da fundamentação do voto da Minª Nancy Andrighi no REsp nº 1.026.981 – RJ: "(...) O direito social previdenciário, ainda que de caráter privado complementar, deve incidir igualitariamente sobre todos aqueles que se colocam sob seu manto protetor. Assim, aqueles que vivem em uniões de afeto com pessoas do mesmo sexo seguem enquadrados no rol dos dependentes preferenciais dos segurados no regime geral, bem como dos participantes no regime complementar de previdência, em igualdade de condições com todos os demais beneficiários em situações análogas. Ressaltou-se, ainda, que, incontroversa a união nos mesmos moldes em que a estável, o companheiro participante de plano de previdência privada faz jus à pensão por morte, ainda que não esteja expressamente inscrito no instrumento de adesão, isso porque a previdência privada não perde seu caráter social só pelo fato de decorrer de avença firmada entre particulares. Dessa forma, mediante ponderada intervenção do juiz, munido das balizas da integração da norma lacunosa por meio da analogia, considerando-se a previdência privada em sua acepção de coadjuvante da previdência geral e seguindo os princípios que dão forma ao direito previdenciário como um todo, entre os quais se destaca o da solidariedade, são considerados beneficiários os companheiros de mesmo sexo de participantes dos planos de previdência, sem preconceitos ou restrições de qualquer ordem, notadamente aquelas amparadas em ausência de disposição legal. Nesse contexto, enquanto a lei civil permanecer inerte, as novas estruturas de convívio que batem às portas dos tribunais devem ter sua tutela jurisdicional prestada com base nas leis existentes e nos parâmetros humanitários que norteiam, não só o Direito Constitucional, mas a maioria dos ordenamentos jurídicos existentes no mundo. Destarte, especificamente quanto ao tema em foco, é de ser atribuída normatividade idêntica à da união estável ao relacionamento afetivo entre pessoas do mesmo sexo, com os efeitos jurídicos daí derivados, evitando-se que, por conta do preconceito, sejam suprimidos direitos fundamentais das pessoas envolvidas. Por fim, registrou-se que o alcance dessa decisão abrange unicamente os planos de previdência privada complementar." (BRASIL. Superior Tribunal de Justiça. Recurso Especial. **REsp** nº 1.026.981-RJ – Relatora: Minª Nancy Andrighi, Rio de Janeiro, 22 jun. 2010. *Diário da Justiça da União*, Brasília, DF, 04 ago. 2010).

[403] Sobre a tendência jurisprudência em conferir *status* de entidade familiar às uniões homoafetivas confira-se a ADIn nº 3.300 MC/DF, Relator: Min. Celso de Mello, pendente de julgamento, disponível no Informativo nº 414 do Supremo Tribunal Federal.

RN nº 12, de 04 de maio de 2010, indicando tendência inexorável e já tardia de reconhecimento, em favor da relação homoafetiva, de todos os direitos advindos da união estável, sendo, pois, evidência da agilidade da regulação como mecanismo de implementação de direitos.

9.4 Controle das operadoras dos planos de saúde

Já expusemos que a relevância dos direitos envolvidos na saúde suplementar justifica a intensidade da regulação, não sendo sem razão a qualificação da relevância pública da assistência privada à saúde.

A justificativa, portanto, para a existência de estreitos controles dos agentes privados que atuam na assistência à saúde encontra-se na primazia dos interesses envolvidos, pois todos eles resvalam em direitos fundamentais nucleares, notadamente a dignidade da pessoa humana, na medida do intrínseco relacionamento desse princípio com o direito à saúde.

Não obstante, isso não retira o caráter privado da atividade de assistência à saúde suplementar, mas permite a aplicação de restrições à liberdade de iniciativa para a correção das falhas de mercado e também para evitar frequentes descumprimentos contratuais em desfavor do consumidor.

A regulação estatal por meio da Agência Nacional de Saúde Suplementar apresenta-se como um sistema de anteparo para evitar abusos cometidos contra o elo mais fraco da relação contratual, qual seja o consumidor.

Esse mecanismo regulatório desenvolvido pelas ANS apresenta-se, portanto, como sistema protetivo de anteparo, com atuação em âmbito coletivo e não individual, que atende, sem sombra de dúvidas, a busca de justiça social e da proteção do consumidor, ambos princípios da ordem econômica.

Privilegia-se, portanto, uma atuação preventiva, ou seja, ação anterior ao descumprimento contratual, por meio da imposição de coberturas mínimas a punições às pessoas jurídicas, pois o tempo sempre atua em desfavor daqueles que precisam de assistência à saúde.

Dentro desse sistema de anteparo desenvolvido mediante a intensa regulação da assistência privada à saúde, surgem inúmeros requisitos e exigências para o início da atuação no mercado de operadoras de planos de saúde, tudo com evidente objetivo de verificar sua viabilidade econômica.

O início da operação no mercado de assistência à saúde suplementar exige prévia autorização e registro na Agência Nacional de Saúde Suplementar, sendo admitida apenas a atuação de pessoas jurídicas. É expressamente vedada às pessoas físicas a operação de plano ou seguro privado à saúde (artigo 1º, §5º, da Lei nº 9.656/98).

A obtenção do registro na ANS para o início de comercialização de planos privados de assistência à saúde implica a necessidade de apresentação de descrição de serviços, recursos humanos e capacidade econômico-financeira para o suporte da prestação dos serviços, assim como a área geográfica de atuação (artigo 8º, incisos I a VII, da Lei nº 9.656/98).

A contar da obtenção do registro de funcionamento na ANS, o início da comercialização dos produtos deve observar o prazo de 180 dias, sob pena de cancelamento da autorização obtida (artigo 9º, §2º, da Lei nº 9.656/98).

Constatadas irregularidades contratuais, ou incongruências na viabilidade econômico-financeiras das operadoras de planos de saúde ou seguro-saúde, admite-se a suspensão temporária da comercialização do produto ou serviço (artigo 9º, §4º, da Lei nº 9.656/98).

A partir do pedido de autorização, devem ser apresentados os produtos a serem comercializados, ou seja, os contratos de planos de saúde, os quais também estão submetidos à análise prévia da Agência Nacional de Saúde Suplementar, que poderá determinar alterações e promover a suspensão no todo ou de parte das condições dos planos apresentados (artigo 9º, §2º, da Lei nº 9.656/98).

Após o início da comercialização dos produtos, ficam as operadoras de planos de assistência à saúde submetidas à intensa fiscalização por parte da Agência Nacional de Saúde Suplementar, devendo apresentar periodicamente relatórios, informações e estatísticas relativas a suas atividades, inclusive de natureza cadastral, com identificação dos consumidores e seus dependentes (artigo 20 da Lei nº 9.656/98).

Da mesma forma, estão as operadoras sujeitas à fiscalização realizada por agentes da ANS, os quais possuem poder de polícia que lhes faculta o livre acesso e também a possibilidade de requisição e apreensão de processos, contratos, manuais de rotina e demais documentos relativos aos produtos comercializados (artigo 20, §1º, da Lei nº 9.656/98).

É vedado às operadoras quaisquer operações financeiras com seus diretores e membros de conselho administrativo, consultivo, fiscal ou assemelhados, assim como seus cônjuges e parentes até segundo grau inclusive; igualmente vedada à realização de operações financeiras com pessoas jurídicas de que participem, como controladoras, as pessoas indicadas no parágrafo anterior (artigo 21 da Lei nº 9.656/98).

Com o escopo de verificação contínua da viabilidade econômico-financeira, devem as operadoras de planos privado à saúde submeter suas contas a auditores independentes, com posterior encaminhamento à ANS, inclusive com relação aos cálculos atuariais, desde que possuam número de beneficiários superior a 20 mil.

Detectadas insuficiências das garantias econômico-financeiras das operadoras de planos de saúde que coloquem em risco a continuidade da atuação do mercado, ou mesmo a qualidade da atividade, as operadoras de planos de saúde ficam sujeitas às seguintes medidas: (i) regime de direção fiscal ou técnica por prazo não superior a 365 dias, hipótese em que a direção da pessoa jurídica passa a seguir diretrizes técnicas da ANS; (ii) alienação da carteira de clientes para outra operadora de planos de saúde; (iii) o regime de liquidação extrajudicial (artigo 24 da Lei nº 9.656/98).

Conforme salienta José Cechin, a direção técnica se observa nas hipóteses em que constatada anormalidade da prestação dos serviços e atendimentos aos usuários que impliquem prejuízos aos consumidores; já a direção fiscal destina-se às hipóteses de anormalidades econômico-financeiras, estando ambas a cargo da ANS.[404] Instalado o regime de direção técnica ou fiscal, poderá ocorrer o afastamento *ex officio*, efetivado pela ANS por ato motivado, dos administradores e dos diretores das operadoras de planos de saúde (artigo 24, §2º, da Lei nº 9.656/98).

Na insuficiência das medidas tomadas sob o regime de direção técnica ou fiscal, admite-se a imposição da determinação de alienação compulsória de carteira de clientes. Se não cumprida a determinação pela operadora de plano de saúde, será a alienação compulsória promovida pela ANS por meio de oferta pública, estando a disciplina da medida na RN nº 112/2005 da ANS.[405]

Por fim, e como medida extrema, a ausência de viabilidade econômico-financeira implica a liquidação extrajudicial.

Não se submetem as operadoras de planos de saúde ao regime de recuperação judicial, *ex vi*, do disposto no artigo 23 da Lei nº 9.656/98 e artigo 2, II, da Lei nº 11.101/2005, estando sujeitas a regime de liquidação extrajudicial, cuja convolação em falência apenas será determinada nas hipóteses estabelecidas pelo disposto nos incisos do §1º do artigo 23, hipóteses em que o liquidante extrajudicial deverá previamente requerer autorização da ANS para pedir a falência da pessoa jurídica.

---

[404] CECHIN, *op. cit.*, p. 164.
[405] *Ibid.*, p. 165.

Na hipótese de falência, os créditos decorrentes de serviços de assistência à saúde preferem todos os demais, exceto os de natureza trabalhista e tributária (artigo 24-C da Lei nº 9.656/98).

9.5 Do ressarcimento ao SUS

A saúde suplementar não impede a utilização pelos usuários dos planos de saúde do sistema público de saúde, em decorrência do princípio da universalidade de atendimento. Ademais, os atendimentos de urgência e emergência são fundamentalmente estatais.

Para evitar distorções no sistema de saúde pública e privada, evitando a prática de abusos, como o encaminhamento de pacientes usuários de planos de saúde para o setor público para atendimentos de maior complexidade e maiores custos, foi estabelecido pela Lei nº 9.656/98 a necessidade de ressarcimento ao Estado, pelas operadoras de planos de saúde, de todos os atendimentos a beneficiários de planos de saúde realizados em rede credenciada ou conveniada com o Sistema Único de Saúde (artigo 32, *caput*, da Lei nº 9.656/98), desde que os atendimentos prestados sejam contratualmente cobertos.

Trata-se de norma que busca impor às operadoras de planos de saúde a obrigação de cumprimento do contrato, ainda que o atendimento se dê no setor público, evitando a socialização do prejuízo em desfavor do Estado, o qual arcaria com os custos, ao passo que ficaria exclusivamente com as empresas privadas o lucro da comercialização dos produtos.

A tabela a seguir, disponibilizada pela Agência Nacional de Saúde (ANS), é indicativa do elevado número de atendimentos de beneficiários de planos de saúde pelo Sistema Único de Saúde (SUS).

Pode ser observado que, apenas no ano de 2005, foram 173.329 atendimentos realizados pelo Poder Público de pessoas beneficiárias de planos de saúde.

CAPÍTULO 9
A ASSISTÊNCIA PRIVADA À SAÚDE – A SAÚDE SUPLEMENTAR | 217

TABELA 4
Internações no SUS de beneficiários por especialidade AIH – set. 1999 a dez. 2005.[406]

Especialidade Clínica do AI	1999	2000	2001	2002	2003	2004	2005	Total	
	Nº	Nº	Nº	Nº	Nº	Nº	Nº	Nº	%
Clínica médica	11.592	37.945	38.693	43.312	47.148	54.371	45.371	278.790	30,4
Crônico e FPT*	159	536	398	474	739	746	882	3.934	0,4
Não identificada	10	63	32	251	1.241	31	0	1.629	0,2
Obstetrícia	7.212	27.226	22.750	30.178	34.564	38.627	34.054	194.611	21,0
Pediatria	3.077	11.369	12.236	13.493	15.589	16.882	15.835	88.481	9,6
Psiquiatria	2.552	8.302	3.196	2.311	9.141	9.523	11.022	46.047	5,1
Psi-hosp/ dia	139	620	664	745	942	931	1.394	5.435	0,6
Reabilitação	7	25	13	13	149	98	254	559	0,1
Tisiologia	31	98	89	69	117	121	173	698	0,1
Total	35.291	122.897	111.691	129.098	162.312	179.679	173.329	914.297	100,0

Evidente que nem todos esses atendimentos são passíveis de ressarcimento, pois, por vezes, a segmentação contratual não autoriza o atendimento que se objetiva junto ao SUS, *e.g.*, modalidades de planos ambulatoriais sem internação ou mesmo de planos hospitalares sem atendimento obstétrico, hipóteses em que não haveria ressarcimento.

Segundo dados estimados pela Agência Nacional de Saúde Suplementar (ANS), de um número de atendimentos identificados, de setembro de 1999 até junho de 2006, chega-se ao montante de 992.110 beneficiários de planos de saúde atendidos pelo SUS, a um custo estimado de R$1.422.472.080,54 (um bilhão, quatrocentos e vinte e dois milhões, quatrocentos e setenta e dois mil e oitenta reais e cinquenta e quatro centavos), dos quais, após os recursos administrativos apresentados, constatou-se serem passíveis de ressarcimento R$651.854.808,09 (seiscentos e cinquenta e um milhões, oitocentos e cinquenta e quatro mil,

---

[406] AGÊNCIA NACIONAL DE SAÚDE SUPLEMENTAR. *Caderno de informação de ressarcimento e integração com o SUS*. Brasília: ANS, 2008. Disponível em: <http://www.ans.gov.br/portal/upload/informacoesss/Caderno_Ressarcimento_Junho2008.pdf>. Acesso em: 1º dez. 2009.

oitocentos e oito reais e nove centavos),[407] sendo que os remanescentes dos atendimentos incluem-se entre as hipóteses em que o contrato não contemplava os atendimentos obtidos.

Trata-se, a toda evidência, de fonte de recursos considerável, a não ser desprezada, visto que o ressarcimento autoriza a implementação de políticas públicas já em andamento.

Os contratos de planos e seguros-saúde, ademais, têm como característica a já mencionada *sinistralidade abstrata*, ou seja, os custos estimados desses atendimentos já estão refletidos nos preços das mensalidades dos usuários mediante cálculos atuariais, do que se conclui pela inexistência de risco de quebra das operadoras como argumento aduzido para a sensibilização dos julgadores de seus recursos judiciais e administrativos.

Referido ressarcimento deve observar os valores previstos nas tabelas de ressarcimento aprovadas pela Agência Nacional de Saúde Suplementar,[408] não sendo inferiores aos praticados pelo SUS, nem superiores aos praticados pelas operadoras de planos de saúde.[409]

O dever de ressarcimento ao SUS foi impugnado pela Confederação Nacional de Saúde (CNS) por meio de ação declaratória de inconstitucionalidade com pedido de liminar (ADI nº 1.931-MC), sob os argumentos de que o estabelecimento do dever de ressarcimento implicaria violação do devido processo legal, bem como sustentando que referido ressarcimento estaria a demandar lei complementar, em atenção ao disposto nos artigos 195 e 154, I, ambos da Constituição Federal, por se tratar de instituição de tributo.

As alegações de inconstitucionalidade não foram aceitas pelo Supremo Tribunal Federal, conforme voto do Relator Min. Maurício Corrêa que negou liminar para suspender os efeitos do artigo 32 da Lei nº 9.656/98:

> Respondo de pronto a afirmação da requerente, repetida em vários tópicos da peça inaugural, de que em verdade o Estado está transferindo para a iniciativa privada tarefa que lhe incumbe cumprir constitucionalmente (CF, artigo 196), fugindo assim ao dever imposto.
>
> Como se sabem trata-se de norma programática que se perfaz com as políticas públicas que são implementadas de acordo com as disponibilidades de custeios oficiais, sem deixar, todavia, de realizar-se também com a partilha dessa atribuição com a iniciativa privada.

---

[407] *Ibid.*

[408] Tabela Única Nacional de Equivalência de Procedimentos – TUNEP.

[409] Artigo 4º, §1º, da RN nº 217, de 13 de maio de 2010.

(...) Ora, ao regulamentar a forma pela qual essa delegação se opera, por meio de lei, nela não se vislumbra nenhuma inconstitucionalidade em face do preceptivo que atribui ao Estado a observância ao princípio de que a saúde é direito de todos e seu dever.

Essa disposição, ao estabelecer que a execução desses serviços pode ser feita também por meio de terceiros, por pessoa física ou jurídica de direito privado, não deixa qualquer dúvida de que o Estado pode disciplinar sua realização.

(...) Não vejo como se possa inquinar de inconstitucional regulação que a lei passou a impor para esse delicado setor social, ao estabelecer limites de atuação, tendo em vista que ao Estado (CF, artigo 197) compete legislar sobre o funcionamento, fiscalização e controle desses serviços, enquadrando, dessa forma, atividade que operava sem definição precisa.

(...) Também nenhuma consistência tem a argumentação de que a instituição dessa modalidade de ressarcimento estaria a exigir lei complementar, nos termos do artigo 195, §4º, da Constituição Federal, que remete sua implementação ao artigo 154, I, da mesma Carta. Como resulta claro e expresso na norma, não impõe ela a criação de nenhum tributo, mas exige que o agente do plano restitua à Administração Pública os gastos efetuados pelos consumidores com que lhe cumpre executa.[410]

Consoante se observa do pronunciamento do Min. Maurício Corrêa, reconhece-se a legitimidade da regulação da assistência privada à saúde em decorrência de sua relevância social, inexistindo qualquer conotação de instituição de tributo ao se impor o dever de ressarcimento ao Estado dos gastos com atendimento público efetuado aos beneficiários de planos de saúde. O dever de ressarcimento possui caráter indenizatório, sendo decorrente da existência de cobertura contratual para o tratamento médico em rede privada, razão pela qual se justifica, na eventualidade do atendimento ser prestado na rede pública, não ser o Estado responsabilizado por seus custos, pois do contrário ocorreria enriquecimento sem causa das operadoras de planos de saúde ou, em outras palavras, a socialização de prejuízos em favor de agentes privados.

Nesse sentido, manifesta-se Marlon Alberto Weichert:

---

[410] BRASIL. Superior Tribunal Federal. Medida Cautelar na Ação Direta de Inconstitucionalidade. ADIn nº 1.931-8/DF – Requerente: Confederação Nacional do Comércio – CNC. Requerido: Presidente da República. Relator: Min. Maurício Corrêa, Brasília, 21 ago. 2003. *Diário da Justiça da União*, Brasília, DF, 22 ago. 2003.

(...) a universalidade no acesso às ações de saúde não proíbe o Poder Público de buscar ressarcimento das despesas que incorre com o atendimento do cidadão que, por opção voluntária ou decorrência de contrato de trabalho, possui seguro-saúde ou contrato de assistência médica com empresa privada. Isso porque, a gratuidade incide na relação Estado-cidadão, mas não impede que, nos termos de disposição legal, pretenda o Poder Público reaver dessas empresas privadas parte das importâncias que o particular pagara, sob a forma de prêmio de seguro ou de mensalidade de plano de assistência médica, para a prestação dos serviços que acabaram sendo obtidos na rede pública. Essa espécie de ressarcimento cuida tão somente de evitar o enriquecimento do privado às custas da prestação pública do serviço de saúde.[411]

Os valores a serem ressarcidos pelas operadoras de planos de saúde são apurados mediante processo administrativo eletrônico previsto na Resolução Normativa nº 185, de 30 de dezembro de 2008, e na Instrução Normativa nº 37, de 09 de junho de 2009, ambas da Agência Nacional de Saúde.

De acordo com a RN nº 185/2008, a identificação dos atendimentos aos beneficiários de planos de saúde feitos pelo SUS ocorrerá por meio do cruzamento de bancos de dados do SUS com os das operadoras de planos de saúde, os quais são mantidos pela ANS.

Identificados os atendimentos, são notificadas as operadoras de planos de saúde que podem impugnar os valores ou efetuar o pagamento no prazo de 15 dias.

Realizadas impugnações, inicia-se fase instrutória, seguida de julgamento pelo Diretor da Diretoria de Desenvolvimento Setorial, órgão da ANS.

Dessa decisão cabe recurso, no prazo de 10 dias, para a Diretoria Colegiada da Agência Nacional de Saúde como última instância administrativa.

Encerrado o processo administrativo, a operadora de plano de saúde é intimada a proceder ao pagamento no prazo de 15 dias por meio de Guia de Recolhimento da União (GRU).

Não efetuado o pagamento no prazo acima indicado e persistindo a inadimplência, após o decurso de 75 dias, a dívida é inscrita no Cadastro Informativo de Créditos não Quitados do Setor Público (CADIN) e na dívida ativa da União, iniciando-se, então, procedimento judicial para cobrança dos valores.

---

[411] WEICHERT, *op. cit.*, p. 163.

As cobranças administrativa e judicial são de responsabilidade da Agência Nacional de Saúde. Os valores recolhidos são repassados pela ANS até o quinto dia útil para o Fundo Nacional de Saúde e para o fundo de saúde a que está vinculado o prestador de serviço, quer que se trate de multas e juros, quer que se trate do valor principal, respectivamente.

CAPÍTULO 10

CONCLUSÃO

O Estado brasileiro não apresenta os caracteres de um Estado liberal cuja finalidade precípua seria apenas a de assegurar a implementação de liberdades negativas.

Da mesma forma, não se trata de um Estado social caracterizado pela simples incorporação de direitos sociais com o postulado da superação das desigualdades sociais, sem, contudo, ampliar a participação popular no destino do Estado.

A configuração do Estado brasileiro possui respeito às liberdades individuais e à incorporação de direitos sociais, mas não como simples simbiose de um Estado liberal e um Estado social, pois apresenta o componente de transformação social como objetivo a ser atingido.

Trata-se, portanto, de um Estado Democrático de Direito que ínsito em seu conceito traz a ideia de construção de uma sociedade livre, justa e solidária, mediante a profunda incorporação de valores e prioridades a serem atingidas com o escopo de efetivação de uma justiça social.

Não é o Estado brasileiro um fim em si mesmo, não se satisfaz apenas pela garantia dos direitos sociais e individuais, mas, sim, pela consecução da emancipação social mediante sua transformação, tornando inaceitável um papel passivo de mero espectador da realidade.

Essas conclusões decorrem dos artigos 1º, incisos III e IV, artigo 3º, inciso I, e artigo 170, todos da Constituição Federal, nos quais se finca como fundamento e objetivo do Estado a justiça social.

Ao mesmo tempo em que se reconhece como princípio a liberdade de iniciativa, coloca-se como balizador dessa liberdade a necessidade de valorização do trabalho humano e da função social da propriedade privada.

A liberdade de iniciativa, nessa conotação dirigente apresentada pela Constituição Federal, não pode ser entendida apenas como uma permissão irrestrita de desempenho de qualquer atividade econômica não vedada pelo ordenamento jurídico.

Torna-se imprescindível que o desempenho de qualquer atividade econômica assegure o pleno desenvolvimento social do indivíduo, ou seja, a ordem econômica deve assegurar ao indivíduo a possibilidade de evolução de todas as suas possibilidades.

É justamente na exigência da figura transformadora do Estado brasileiro que surge o dever de atuação do Poder Público na ordem econômica, com o escopo de implemento da justiça social.

Houve, portanto, nítida mudança de paradigma por meio da Constituição Federal de 1988 pela superação da visão do absenteísmo estatal na esfera econômica, como fora proposto pelo liberalismo, para indicar a necessidade de atuação estatal com o objetivo de assegurar desenvolvimento nacional de forma equilibrada, e garantindo a todos os meios necessários para o atendimento da plenitude de sua capacidade de desenvolvimento.

O papel transformador do Estado exige novos mecanismos de regulação para além da simples atuação de leis em sentido formal. A necessidade de maior dinâmica social e a crescente necessidade de consecução de fins por meio de políticas públicas e direcionamento das atividades econômicas tornaram exigível uma maior atuação do Poder Executivo.

A partir da constatação de que a legitimidade do Estado passa a se estruturar em sua capacidade de realização da transformação social, postulou-se por normas jurídicas de caráter dinâmico e técnico.

Em um Estado Democrático de Direito permeado por políticas públicas a serem implementadas, a regulação econômica é instrumental para sua legitimação, assim entendido o alcance e realização do programa.

Portanto, a necessidade de implementação de políticas públicas, pela ordenação de meios e instrumentos acarreta o que se denomina administrativização da regulação econômica, a qual é correlata da preponderância da Administração Pública na conformação política contemporânea, exigindo uma nova configuração do princípio da separação dos poderes.

A regulação estatal da economia, portanto, conquanto exija maior atuação do Poder Executivo ante a complexidade e dinâmica da sociedade contemporânea, não propõe a extinção da separação dos poderes, mas exige uma nova leitura do papel de cada um desses

Poderes, impondo ao Poder Legislativo a preocupação com a edição de normas abertas, finalísticas, com poucas minudências e baixa densidade normativa, para permitir uma atuação mais eficiente da regulação pela Administração Pública, a qual possui maiores mecanismos para responder ao dinamismo social.

É imperativo para a melhor adequação da realidade aos objetivos estabelecidos pelo Estado Democrático de Direito a regulação por meio de normas com maior grau de concreção. Essa regulação se dá em um contexto de melhor conhecimento da realidade social e de maior agilidade, decorrente da maior proximidade dos entes reguladores com o objeto a ser regulado, corolário da exigência de especificações técnicas, a qual é difícil de ser atingida por meio de normas gerais e abstratas emanadas do Poder Legislativo. Essas, por seu turno, não perdem em importância, mas assumem o papel de estabelecimento de metas e objetivos.

A regulação econômica por meio de lei, como ato formal emanado do Poder Legislativo, não apresenta a capacidade de regular o processo econômico na velocidade imposta, do que decorre a busca por mecanismos alternativos de intervenção do Estado na economia que são encontrados justamente na atuação estatal por meio da regulação efetuada por normas emanadas do Poder Executivo mediante a função regulamentar.

Divide-se, assim, a regulação na atuação de normas estruturais, a cargo do Poder Legislativo, e de normas conjunturais, cuja implementação fica a cargo do Poder Executivo, e com isso não se propõe uma alternativa à legalidade, pois a dinâmica de produção das normas conjunturais, na verdade, evita a cultura da atuação à margem das normas jurídicas.

Essa nova visão da atuação regulatória exige uma visão do Estado não sob o manto ideológico liberal, como figura ameaçadora das liberdades individuais, pois a transformação social exige a figura de um Estado forte, cuja atuação seja atada às atividades econômicas e dirigente da atuação privada para que os agentes econômicos assumam seu papel indeclinável na efetivação da justiça social.

Conquanto seja observada uma redução da atuação direta do Estado em atividades econômicas e na prestação de serviço público, ao mesmo tempo fortalece-se a exigência de atuação estatal como agente diretor das atividades privadas.

Nesse contexto, evidencia-se um progressivo aumento da responsabilidade social dos atores privados na efetivação dos objetivos do Estado brasileiro, não podendo, assim, ser escusada a participação privada na efetivação da justiça social, pois a liberdade de iniciativa privada não pode se legitimar, olvidando-se da implementação dos princípios constitucionais estabelecidos.

A maior participação privada em detrimento da atuação estatal direta torna necessária a calibração da liberdade de iniciativa com deveres que lhe são correlatos, dentre os quais se destacam: a redução das desigualdades sociais e a efetivação de direitos sociais.

A atuação privada deve se pautar pela busca dos objetivos estabelecidos pelo Estado brasileiro, pois do contrário não se legitima ante a não realização de sua função social.

Reafirma-se, assim, a ideia de que a realização dos objetivos estabelecidos pela Constituição Federal não decorre apenas da atuação do Estado.

Essa conformação da atividade privada a objetivos consagrados constitucionalmente justifica e exige a maior atividade regulatória estatal, evitando que o caráter egoístico da atuação privada impeça a consecução da justiça social, sendo, ao mesmo tempo, justificativa e legitimação das normas conjunturais, o que obscurece os argumentos de violação dos princípios da liberdade de iniciativa e da autonomia privada, quando as intervenções visarem justamente à consagração dos valores constitucionais estabelecidos.

Consagra-se uma visão da sociedade como unidade de cooperação, em que não se admite a ausência do Estado no estabelecimento de políticas públicas e regulação da atuação privada, ao mesmo tempo em que inclui os indivíduos como atores primordiais e também responsáveis pela efetivação da transformação social e da justiça social.

Restabelecem-se, portanto, os laços sociais a partir de uma visão de conjunto, por meio da qual os indivíduos passam a se ver como parte do todo que constitui o Estado, deixando de ser visto apenas como governo.

Em algumas esferas da atuação privada, ademais, exige-se maior intensidade na regulação estatal da economia, decorrência da constatação de existência de falhas de mercado que favorecem a exploração do consumidor e facilitam os desvios da atuação privada de sua responsabilidade social.

Em outras hipóteses, por expressa determinação constitucional, reconhece-se a relevância de alguns campos de atuação privada, pela importância dos direitos envolvidos, impondo estreito controle das atividades econômicas.

Na assistência privada à saúde as duas hipóteses se verificam, ou seja, a constatação de falhas de mercado e o reconhecimento constitucional da relevância pública da atividade.

A assistência à saúde é livre à iniciativa privada,[412] mas ao mesmo tempo reconhece-se tratar de atividade de relevância pública,[413] e dessa característica da assistência privada à saúde decorre a expressa exigência de vinculação de seu exercício ao controle, fiscalização e regulamentação do Poder Público,[414] evidenciando uma expressa relação de sujeição especial dessa atividade privada aos ditames do Estado. Os serviços de relevância pública de saúde não podem ser considerados serviços públicos, haja vista o reconhecimento da liberdade de iniciativa em seu exercício.

Por outro lado, são atividades que, ainda que prestadas por particulares, são dotadas de intensa regulação, ante a relevância dos direitos sociais envolvidos, ou seja, o direito social à saúde é parte do denominado "mínimo existencial assegurador da dignidade da pessoa humana", de tal forma que o regime jurídico da assistência privada à saúde não é marcado pela prevalência da livre concorrência, pois essa, na verdade, não existe de forma ideal nesse segmento, notadamente na saúde suplementar, em que se incluem os planos e seguros-saúde.

Com efeito, o mercado de saúde suplementar possui especificidades que se apresentam como falhas de mercado que acarretam uma atuação privada com frequentes violações de direitos individuais e sociais dos consumidores. Esse mercado, outrossim, não facilita a consecução da responsabilidade social correlata a todas as atividades privadas.

Torna-se, portanto, exigível uma intensa regulação estatal para o balizamento da atuação privada aos objetivos constitucionais a serem implementados.

O Estado tem o dever de regular as atividades privadas de saúde para garantir sua adequada prestação, especificamente porque a assistência à saúde é considerada serviço de relevância pública, sendo essa adjetivação incontrastável evidência da importância nuclear que a atividade exerce na consecução dos objetivos da Constituição Federal.

A regulação estatal dos agentes econômicos que prestam serviços de saúde deve buscar corrigir as imperfeições do mercado, criando vetores para que a atuação privada seja elemento de modificação das estruturas sociais.

---

[412] Conforme dispõe o artigo 199 da Constituição Federal.

[413] Conforme dispõe o artigo 197 da Constituição Federal.

[414] Essa é a dicção do artigo 197 da Constituição Federal, que adiciona o controle do Poder Público nesse segmento, em contraposição ao estabelecido no artigo 174 da Constituição Federal, norma genérica para as demais atividades econômicas, que prevê apenas atividades de fiscalização, incentivo e planejamento, mas não de controle.

Não pretende o Estado brasileiro qualquer transposição ao socialismo e, por essa razão, preserva-se o capitalismo como sistema econômico, mas a margem deixada aos agentes privados não é absoluta e encontra seus limites justamente no poder/dever do Estado de promover a regulação estatal para conformar a atividade privada aos objetivos públicos.

Portanto, a justiça social, como objetivo da ordem econômica, apresenta-se como moduladora da intervenção do Estado na assistência privada à saúde para proteção dos vulneráveis e efetivação do próprio direito à saúde.

A liberdade de iniciativa e a autonomia privada perdem o caráter absoluto que lhes foi concedido pela doutrina liberal, tornando possível sua limitação em uma estrutura constitucional que objetiva a transformação social.

A intensa regulação da saúde suplementar, por meio de diplomas legais específicos e atuação de normas conjunturais, consiste em instrumento utilizado pelo Estado para mitigar as falhas de mercado e implementar a justiça social, viabilizando, assim, um sistema de anteparo que busca, na verdade, a preservação dos direitos individuais e sociais.

A disseminação dos contratos de planos de saúde, inserindo no sistema de saúde privada inúmeros consumidores, gera tensões inerentes aos contratos de massa em que a figura do consumidor apresenta-se cativa e com baixa carga de informações sobre o produto que lhe é fornecido. Os conflitos decorrentes desses contratos apresentam-se sempre em âmbito coletivo, o que também justifica a atenção especial do Estado na fiscalização e controle desses contratos.

A regulação estatal surge, assim, como um instrumento de minimização das tensões contratuais e proteção dos usuários, evitando que as operadoras de planos de saúde e demais atores da saúde suplementar violem direitos constitucionais do usuário, atuando em momento anterior às violações contratuais que, por vezes, tornam-se irreparáveis posteriormente por se lidar com a saúde que sempre tangencia o direito à vida.

Em matéria de saúde suplementar, portanto, a atuação instrumental do Poder Público por suas agências reguladoras pode, por meio da edição das normas regulatórias, balizar a atuação privada evitando desvios violadores de direitos dos consumidores que as falhas de mercado não podem corrigir.

As dificuldades da troca de operadoras de planos de saúde e a nebulosa percepção do mau fornecimento do serviço, ante as dificuldades de estabelecimento de parâmetros comparativos, impedem que o consumidor reaja por instrumentos próprios do sistema de mercado, como deixar de adquirir o produto que lhe é fornecido, pois essa alternativa inexiste em se tratando de contratos de planos de saúde pelas deficiências do sistema público de saúde, e isso favorece a replicação de condutas ilegais, perpetuando um ciclo de violação de direitos, com pioras profundas na assistência fornecida aos usuários de planos de saúde.

Do mesmo modo, o escoamento de toda a insatisfação contratual para o Poder Judiciário é ineficaz, por se tratar de uma atuação individual não corretiva dos problemas em aspectos coletivos, além de ser mecanismo dispendioso, lento e já saturado, por tudo incompatível com a sempre exigida urgência que o mecanismo de saúde privada exige.

A configuração do Estado brasileiro como Estado Democrático de Direito, nessa linha de raciocínio, justifica e impõe uma intensa atuação estatal junto ao mercado, mormente nos segmentos em que inexistem os pressupostos de um mercado livre, como nas atividades de saúde suplementar. Essa atuação do Poder Público, todavia, não apresenta nenhum ideal socializante, pois não apresenta a pretensão de desfiguração da economia de mercado, mas, sim, sua conformação aos objetivos sociais do Estado.

Restabelece-se, assim, pela regulação estatal, a conformação da atuação dos agentes econômicos na construção de uma sociedade livre, justa e solidária, ao mesmo tempo em que se reconhece a autonomia privada e se reafirma o Estado como unidade de cooperação.

Permite-se, assim, a confluência da atuação privada, mediante mecanismos de controle e diretrizes dirigidas aos atores da saúde privada suplementar, especialmente às operadoras de planos de saúde, objetivando uma tutela prévia do Estado para suprir as falhas de mercado e, com isto, melhorar a prestação do serviço, corrigindo os desvios que a atividade privada possa cometer para a majoração dos lucros, harmonizando, com isso, a liberdade de iniciativa com a específica responsabilidade social dos agentes privados na saúde suplementar.

REFERÊNCIAS

AGÊNCIA NACIONAL DE SAÚDE SUPLEMENTAR. *Caderno de informação de ressarcimento e integração com o SUS*. Brasília: ANS, 2008. Disponível em: <http://www.ans.gov.br/portal/upload/informacoesss/Caderno_Ressarcimento_Junho2008.pdf>. Acesso em: 1º dez. 2009.

AGÊNCIA NACIONAL DE SAÚDE SUPLEMENTAR. *Informação em saúde suplementar*. Disponível em: <http://www.ans.gov.br/portal/site/informacoesss/iss_dados_gerais.asp>. Acesso em: 1º nov. 2009.

AITH, Fernando. *Curso de direito sanitário*: a proteção do direito à saúde no Brasil. São Paulo: Quartier Latin, 2007.

ARAGÃO, Alexandre Santos de. *Agências reguladoras e a evolução do direito administrativo econômico*. Rio de Janeiro: Forense, 2006.

ARAGÃO, Alexandre Santos de. *Agências reguladoras e a evolução do direito administrativo econômico*. 2. ed. Rio de Janeiro: Forense, 2009.

ARAGÃO, Alexandre Santos de. *Direito dos serviços públicos*. 2. ed. Rio de Janeiro: Forense, 2008.

ARIÑO ORTIZ, Gaspar. *Economía y estado*: crisis y reforma del sector público. Madrid: Marcial Pons, 1993.

BANDEIRA DE MELLO, Celso Antonio. *Curso de direito administrativo*. 17. ed. São Paulo: Malheiros, 2004.

BARCELLOS, Ana Paula de. *A eficácia dos princípios constitucionais*. 2. ed. Rio de Janeiro: Renovar, 2008.

BASTOS, Celso Ribeiro. *Curso de teoria do Estado e ciência política*. 6. ed. São Paulo: C. Bastos, 2004.

BERCOVICI, Gilberto. "Separação de poderes" no Estado federal norte-americano. *Revista de Informação Legislativa*, Brasília, ano 38, n. 150, abr./jun. 2001.

BERCOVICI, Gilberto. *Constituição econômica e desenvolvimento*. São Paulo: Malheiros, 2005.

BISPO JUNIOR, José Patrício; MESSIAS, Kelly Leite Maia de. Sistemas de serviços de saúde: principais tipologias e suas relações com o sistema de saúde brasileiro. *Revista Saúde.Com*, Salvador, v. 1, n. 1, p. 79-89, 2005. Disponível em: <http://www.uesp.br/revista/rsc/v1/v1n1a10pdf>. Acesso em: 29 ago. 2010.

BOBBIO, Norberto. *Liberalismo e democracia*. São Paulo: Brasiliense, 1997.

BOBBIO, Norberto; MANTTEUCCI, Nicola; PASQUINO, Gianfranco. *Dicionário de política*. 13. ed. Brasília: Ed. UnB, 2008. 1 v.

BONAVIDES, Paulo. *Ciência política*. 15. ed. São Paulo: Malheiros, 2008.

BONAVIDES, Paulo. *Curso de direito constitucional*. 25. ed. São Paulo: Malheiros, 2010.

BONAVIDES, Paulo. *Do Estado liberal ao Estado social*. 8. ed. São Paulo: Malheiros, 2007.

BRASIL. Constituição (1988). Agência Nacional de Saúde Suplementar. Resolução Normativa nº 63, de 22 de dezembro de 2003. Define os limites a serem observados para adoção de variação de preço por faixa etária nos planos privados de assistência à saúde contratados a partir de 01 de janeiro de 2004. *Diário Oficial da União*, Brasília, DF, 2003. Disponível em: <http://www.ans.gov.br>. Acesso em: 10 out. 2010.

BRASIL. Constituição (1988). Agência Nacional de Saúde Suplementar. Súmula Normativa nº 5, de 04 de dezembro de 2004. *Diário Oficial da União*, Brasília, DF, 2004. Disponível em: <http://www.ans.gov.br>. Acesso em: 10 out. 2010.

BRASIL. Constituição (1988). Agência Nacional de Saúde Suplementar. Resolução Normativa nº 211, de 11 de janeiro de 2010. Atualiza o Rol de Procedimentos e Eventos em Saúde, que constitui a referência básica para cobertura assistencial mínima nos planos privados de assistência à saúde, contratados a partir de 01 de janeiro de 1999, fixa as diretrizes de atenção à saúde e dá outras providências. *Diário Oficial da União*, Brasília, DF, 2010. Disponível em: <http://www.ans.gov.br>. Acesso em: 10 out. 2010.

BRASIL. Constituição (1988). Conselho de Saúde Suplementar. Resolução nº 6, de 04 de novembro de 1998. Dispõe sobre critérios e parâmetros de variação das faixas etárias dos consumidores para efeito de cobrança diferenciada, bem como de limite máximo de variação de valores entre as faixas etárias definidas para planos e seguros de assistência à saúde. *Diário Oficial da União*, Brasília, DF, 04 nov. 1998.

BRASIL. Constituição (1988). *Constituição da República Federativa do Brasil*. Brasília, DF: Senado, 1988.

BRASIL. Constituição (1988). Lei nº 8.078, de 11 de setembro de 1990. Dispõe sobre a proteção do consumidor e dá outras providências. *Diário Oficial da União*, Brasília, DF, 12 set. 1990.

BRASIL. Constituição (1988). Lei nº 8.080, de 19 de setembro de 1990. Dispõe sobre as condições para a promoção, proteção e recuperação da saúde, a organização e o funcionamento dos serviços correspondentes e dá outras providências. *Diário Oficial da União*, Brasília, DF, 20 set. 1990.

BRASIL. Constituição (1988). Lei nº 9961, de 28 de janeiro de 2000. Cria a Agência Nacional de Saúde Suplementar – ANS e dá outras providências. *Diário Oficial da União*, Brasília, DF, 29 jan. 2000. Edição extra.

BRASIL. Constituição (1988). Superior Tribunal de Justiça. Recurso Especial. REsp nº 668.216-SP – Requerente: Espólio de Anselmo Vessoni. Requerido: Itaú Seguros S.A. Relator: Min. Carlos Alberto Menezes Direito, São Paulo, 15 mar. 2007. *Diário da Justiça da União*, Brasília, DF, 02 abr. 2007.

BRASIL. Constituição (1988). Superior Tribunal de Justiça. Recurso Especial. REsp nº 809.329- RJ – Requerente: Amil Assistência Médica Internacional Ltda. Requerido: Oracy Pinheiro Soares da Rocha. Relatora: Minª Nancy Andrighi, Rio de Janeiro, 25 mar. 2008. *Diário da Justiça da União*, Brasília, DF, 11 abr. 2008.

BRASIL. Constituição (1988). Superior Tribunal de Justiça. Recurso Especial. REsp nº 1026981-RJ – Relatora: Minª Nancy Andrighi, Rio de Janeiro, 22 jun. 2010. *Diário da Justiça da União*, Brasília, DF, 04 ago. 2010.

BRASIL. Constituição (1988). Superior Tribunal Federal. Medida Cautelar na Ação Direta de Inconstitucionalidade. ADIN nº 1646-PE – Requerente: Confederação Nacional do Comércio – CNC. Requerido: Governo do Estado de Pernambuco; Assembleia Legislativa do Estado de Pernambuco. Relator: Min. Néri da Silveira, Pernambuco, 1º ago. 1997. *Diário da Justiça da União*, Brasília, DF, p. 62, 04 maio 2001.

BRASIL. Constituição (1988). Superior Tribunal Federal. Medida Cautelar na Ação Direta de Inconstitucionalidade. ADIN nº 1595-SP – Requerente: Confederação Nacional do Comércio – CNC. Requerido: Governo do Estado de São Paulo; Assembleia Legislativa do Estado de São Paulo. Relator: Min. Nelson Jobim, São Paulo, 30 abr. 1997. *Diário da Justiça da União*, Brasília, DF, p. 69, 19 dez. 2002.

BRASIL. Constituição (1988). Superior Tribunal Federal. Medida Cautelar na Ação Direta de Inconstitucionalidade. ADIN nº 1931-8/DF – Requerente: Confederação Nacional do Comércio – CNC. Requerido: Presidente da República. Relator: Min. Maurício Corrêa, Brasília, DF, 21 ago. 2003. *Diário da Justiça da União*, Brasília, DF, 22 ago. 2003.

BRAUDEL, Fernand. *Civilização material, economia e capitalismo*: séculos XV-XXVIII: o tempo no mundo. Tradução de Telma Costa. 2. ed. São Paulo: WMF Martins Fontes, 2009.

CAGGIANO, Mônica Herman Salem. O controle do mercado por via do tabelamento. *Revista de Direito Público*, São Paulo, n. 100, p. 41-44, out./dez. 1991.

CANOTILHO, J. J. Gomes. *Constituição dirigente e vinculação do legislador*: contributo para a compreensão das normas constitucionais programáticas. 2. ed. Coimbra: Coimbra Ed., 2001.

CANOTILHO, J. J. Gomes. *Estudos sobre direito constitucional*. São Paulo: Revista dos Tribunais; Coimbra: Coimbra Ed., 2008.

CECHIN, José. *A história e os desafios da saúde suplementar*: 10 anos de regulação. São Paulo: Saraiva, 2008.

COMPARATO, Fabio Konder. Estado, empresa e função social. *Revista dos Tribunais*, São Paulo, ano 85, v. 732, p. 38-45, out. 1996.

COMPARATO, Fabio Konder. Função social da propriedade dos bens de produção. *Revista de Direito Mercantil, Industrial, Econômico e Financeiro*, São Paulo, n. 63, p. 72-79, jul./set. 1986.

COMPARATO, Fabio Konder. O Ministério Público na defesa dos direitos econômicos, sociais e culturais. *In*: CUNHA, Sérgio Sérvulo; GRAU, Eros (Org.). *Estudos de direito constitucional em homenagem a José Afonso da Silva*. São Paulo: Malheiros, 2003.

COUTINHO, Jacinto Nelson de Miranda. O furo inevitável do pensamento único. *In*: OLIVEIRA NETO, Francisco José Rodrigues *et al*. *Constituição e Estado social*: os obstáculos à concretização da Constituição. São Paulo: Revista dos Tribunais; Coimbra: Coimbra Ed., 2008.

CRETELLA JÚNIOR, José. *Administração indireta brasileira*. Rio de Janeiro: Forense, 2000.

DALLARI, Dalmo de Abreu. *Elementos de teoria geral de Estado*. 19. ed. São Paulo: Saraiva, 1995.

DALLARI, Sueli Gandolfi. Políticas de Estado e políticas de Governo: o caso da saúde pública. *In*: BUCCI, Maria Paula Dallari. *Políticas públicas*: reflexões sobre o conceito jurídico. São Paulo: Saraiva, 2006.

DE LUCCA, Newton. *Direito do consumidor*. 2. ed. São Paulo: Quartier Latin, 2008.

DERANI, Cristiane. A propriedade na Constituição de 1988 e o conteúdo da "função social". *Revista de Direito Ambiental*, São Paulo, ano 7, v. 28, p. 58-69, jul./set. 2002.

DERANI, Cristiane. *Privatização e serviços públicos*: as ações do Estado na produção econômica. São Paulo: Max Limonad, 2002.

DI PIETRO, Maria Sylvia. *Direito administrativo*. 13. ed. São Paulo: Atlas, 2001.

DI PIETRO, Maria Sylvia. Limites da função reguladora das agências diante do princípio da legalidade. *In*: DI PIETRO, Maria Sylvia (Coord.). *Direito regulatório*: temas polêmicos. 2. ed. Belo Horizonte: Fórum, 2009.

DINIZ, Cláudio Smirne. A regulação estatal destinada à promoção da responsabilidade social das empresas prestadoras de serviços públicos. *In*: BACELLAR FILHO, Romeu Felipe; BLANCHET, Luiz Alberto (Coord.). *Serviços públicos*: estudos dirigidos. Belo Horizonte: Fórum, 2007.

FACHIN, Luiz Edson. Constituição e relações privadas: questão de efetividade no tríplice vértice entre o texto e o contexto. *In*: OLIVEIRA NETO, Francisco José Rodrigues *et al*. *Constituição e Estado social*: os obstáculos à concretização da Constituição. São Paulo: Revista dos Tribunais; Coimbra: Coimbra Ed., 2008.

FARIA, José Eduardo. Democracia e governabilidade: os direitos humanos à luz da globalização econômica. *In*: FARIA, José Eduardo. *Direito e globalização econômica*: implicações e perspectivas. São Paulo: Malheiros, 1998.

FARIAS, José Fernando Castro. *A origem do direito de solidariedade*. Rio de Janeiro: Renovar, 1998.

FERRAZ JUNIOR, Tércio Sampaio. Agências reguladoras: legalidade e constitucionalidade. *Revista Tributária e de Finanças Públicas*, São Paulo, ano 8, v. 35, p. 143-158, nov./dez. 2000.

FERRAZ JUNIOR, Tércio Sampaio. *Interpretação e estudos da Constituição de 1988*: aplicabilidade, congelamento, coisa julgada fiscal, capacidade contributiva, ICMS, empresa brasileira, poder constituinte estadual, medidas provisórias, justiça e segurança, servidor público. São Paulo: Atlas, 1990.

FERRAZ, Antonio Augusto Mello de Camargo; BENJAMIN, Antonio Herman de Vasconcellos. O conceito de "relevância pública" na Constituição Federal. *Revista de Direito Sanitário*, São Paulo, v. 5, n. 2, p. 77-89, jul. 2004.

FERREIRA FILHO, Manoel Gonçalves. *Curso de direito constitucional*. 23. ed. São Paulo: Saraiva, 1996.

FERREIRA, Aurélio Buarque de Holanda. *Novo dicionário básico da língua portuguesa*. São Paulo: Nova Fronteira, 1944.

FERREIRA, Sérgio Andréa. A regulação como expressão do poder normativo governamental. *In*: CUNHA, Sérgio Sérvulo; GRAU, Eros (Coord.). *Estudos em homenagem a José Afonso da Silva*. São Paulo: Malheiros, 2003.

FIGUEIREDO, Leonardo Vizeu. *Curso de direito de saúde suplementar*: manual jurídico de planos e seguros de saúde. São Paulo: MP, 2006.

FIORI, Jorge Luis. Sistema mundial: império e pauperização para retomar o pensamento crítico Latino-Americano. *In*: FIORI, Jorge Luis; MEDEIROS, Carlos (Org.). *Polarização mundial e crescimento*. Petrópolis: Vozes, 2001.

FRANCISCO, José Carlos. *Função regulamentar e regulamentos*. Rio de Janeiro: Forense, 2009.

GRAU, Eros Roberto. *A ordem econômica na Constituição de 1988*. 12. ed. São Paulo: Malheiros, 2007.

GRAU, Eros Roberto. *A ordem econômica na Constituição de 1988*. 6. ed. São Paulo: Malheiros, 2001.

REFERÊNCIAS | 235

GRAU, Eros Roberto. *A ordem econômica na Constituição de 1988*. 8. ed. São Paulo: Malheiros, 2003.

GRAU, Eros Roberto. *Direito posto e pressuposto*. 3. ed. São Paulo: Malheiros, 2000.

GRAU, Eros Roberto. O conceito de "relevância pública" na Constituição de 1988. *Revista de Direito Sanitário*, São Paulo, v. 5, n. 2, p. 74-75, jul. 2004.

GREGORI, Maria Stella. *Planos de saúde*: a ótica da proteção do consumidor. São Paulo: Revista dos Tribunais, 2007.

GROTTI, Dinorá Adelaide Mussetti. *O serviço público e a Constituição brasileira de 1988*. São Paulo: Malheiros, 2003.

GROTTI, Dinorá Adelaide Mussetti. Teoria dos serviços públicos e sua transformação. *In*: SUNDFELD, Carlos Ari (Coord.). *Direito administrativo econômico*. São Paulo: Malheiros, 2006.

GUERRA FILHO, Willis Santiago. *A autopoiese na sociedade pós-moderna*: introdução a uma teoria sistêmica. Porto Alegre: Livraria do Advogado, 1997.

HADDAD, Fernando. *O sistema soviético*: relato de uma polêmica. São Paulo: Scritta, 1992.

HOBBES, Thomas. *Leviatã ou Matéria, forma e poder de um estado eclesiástico e civil*. Tradução de João Paulo Monteiro e Maria Beatriz Nizza da Silva. 3. ed. São Paulo: Abril Cultural, 1983.

JUSTEN FILHO, Marçal. *Curso de direito administrativo*. 2. ed. São Paulo: Saraiva, 2006.

JUSTEN FILHO, Marçal. Empresa, ordem econômica e Constituição. *Revista de Direito Administrativo*, Rio de Janeiro, n. 212, abr./jun. 1998.

KRUGMAN, Paul. *A consciência de um liberal*. Rio de Janeiro: Record, 2010.

KRUGMAN, Paul. *Globalizações e globobagens*: verdades e mentiras do pensamento econômico. Tradução de Afonso Celso da Cunha Serra. 3. ed. Rio de Janeiro: Campus, 1999.

LOCKE, John. *Segundo tratado sobre o governo*. Tradução de Anoar Aiex e E. Jacy Monteiro. 3. ed. São Paulo: Abril Cultural, 1983.

LOEWENSTEIN, Karl. *Teoria de la Constitución*. Tradução de Alfredo Gallego Anabitarte. 2. ed. Barcelona: Ariel, 1970.

MACEDO JUNIOR, Ronaldo Porto. *Contratos relacionais e defesa do consumidor*. 2. ed. São Paulo: Revista dos Tribunais, 2007.

MACERA, Andrea Pereira; SAINTIVE, Marcelo Barbosa. *O mercado de saúde suplementar no Brasil*. Brasília: SEAE/MF, 2004. (Documento de trabalho n. 31). Disponível em: <http://www.seae.fazenda.gov.br/central_documentos/.../doctrab31.pdf>. Acesso em: 11 mar. 2010.

MAIZ, Ramon. Estado constituicional y gobierno representativo em E. J. Sieyès. *Revista de Estúdios Políticos*, Madri, n. 72, p. 45-87, abr./jun. 1991.

MARQUES NETO, Floriano de Azevedo. A nova regulação estatal e as agências reguladoras. *In*: SUNDFELD, Carlos (Coord.). *Direito administrativo econômico*. São Paulo: Malheiros, 2006.

MARQUES NETO, Floriano de Azevedo. *Agências reguladoras independentes*: fundamentos e seu regime jurídico. Belo Horizonte: Fórum, 2009.

MARQUES, Claudia Lima. Planos privados de assistência à saúde. Desnecessidade de opção do consumidor pelo novo sistema: opção a depender da conveniência do consumidor: abusividade de cláusula contratual que permite a resolução do contrato coletivo por escolha do fornecedor. *Revista de Direito do Consumidor*, São Paulo, n. 31, jul./set. 1999.

MARQUES, Claudia Lima. Solidariedade na doença e na morte: sobre a necessidade de "ações afirmativas" em contratos de planos de saúde e de planos funerários frente ao consumidor idoso. *In*: SARLET, Ingo Wolfgang (Org.). *Constituição, direitos fundamentais e direito privado*. 2. ed. Porto Alegre: Livraria do Advogado, 2006.

MASCARO, Alysson Leandro. *Crítica da legalidade e do direito brasileiro*. 2. ed. São Paulo: Quartier Latin, 2008.

MATTOS, Paulo (Coord.). *Regulação econômica e democracia*: o debate norte-americano. São Paulo: Ed. 34, 2004.

MODESTO, Paulo. Reforma do Estado, formas de prestação de serviços públicos e parcerias público-privadas: demarcando as fronteiras dos conceitos de serviço público, serviços de relevância pública e serviços de exploração econômica para as parcerias público-privadas. *Revista Eletrônica de Direito Administrativo Econômico*, Salvador, n. 2, maio/jul. 2005. Disponível em: <http://www.direitodoestado.com.br>. Acesso em: 13 out. 2009.

MONTESQUIEU, Charles de Secondat, Baron de. *O espírito das leis*. Apresentação de Renato Janine Ribeiro. Tradução de Cristina Murachco. 3. ed. São Paulo: Martins Fontes, 2005.

MORAES, Alexandre. Agências reguladoras. *In*: MORAES, Alexandre (Org.). *Agências reguladoras*. São Paulo: Atlas, 2002.

MOREIRA NETO, Diogo de Figueiredo. *Direito regulatório*. Rio de Janeiro: Renovar, 2003.

MOREIRA, Vital. A nova entidade reguladora de saúde em Portugal. *Revista de Direito Público da Economia – RDPE*, Belo Horizonte, ano 2, n. 5, p. 103-159, 2004. Disponível em: <http://bdjur.stj.br/xmlui/handle/2011/29083>. Acesso em: 15 set. 2010.

NEVES, Marcelo. *Entre Têmis e Leviatã*: uma relação difícil. São Paulo: Martins Fontes, 2006.

NOGUEIRA, Vera Maria Ribeiro; PIRES, Denise Elvira Pires de. Direito à saúde: um convite à reflexão. *Cadernos de Saúde Pública*, Rio de Janeiro, v. 20, n. 3, jun. 2004. Disponível em: <http://www.scielosp.org/scielo.phd?script=sci_arttex&pid=S0102311x200400030001 2&Ing=en&nrm=iso>. Acesso em: 21 maio 2009.

NORONHA, José Carvalho. Reformas da saúde: "os EUA começam a se preocupar com os seus pobres". *Informe ENSP*, Rio de Janeiro, 1º abr. 2010. Entrevista. Disponível em: <http://www.fiocruz.br/ccs/cgi/cgi/cgilua.exe/sys/star.htm?infoid-3251&sid=3>. Acesso em: 30 ago. 2010.

NUNES JUNIOR, Vidal Serrano. *A cidadania social na Constituição de 1988*: estratégias de positivação e exigibilidade judicial dos direitos sociais. São Paulo: Verbatim, 2009.

NUSDEO, Fábio. *Curso de economia*: introdução ao direito econômico. São Paulo: Revista dos Tribunais, 1997.

NUSDEO, Fábio. *Curso de economia*: introdução ao direito econômico. 2. ed. São Paulo: Revista dos Tribunais, 2000.

NUSDEO, Fábio. *Curso de economia*: introdução ao direito econômico. 4. ed. São Paulo: Revista dos Tribunais, 2005.

O'SULLIVAN, Arthur; SHEFFRIN, Steven; NISHIJIMA, Marislei. *Introdução à economia*: princípios e ferramentas. São Paulo: Prentice Hall, 2004.

OCKÉ-REIS, Carlos Octávio; ANDREAZZI, Maria de Fátima Siliansky de; SILVEIRA, Fernando Gaiger. O mercado de planos de saúde no Brasil: uma criação do Estado?. *Revista de Economia Contemporânea*, Rio de Janeiro, v. 10, n. 1, p. 157-185, jan./abr. 2006. Disponível em: <http://www.scielo.br/scielo.php?script=sci_arttex&pid=S141598482006 000100007&Ing=en&nrm=iso>. Acesso em: 30 nov. 2009.

ORGANIZAÇÃO DAS NAÇÕES UNIDAS – ONU. *Declaração universal dos direitos humanos*. Paris: ONU, 1948.

ORGANIZAÇÃO DAS NAÇÕES UNIDAS – ONU. *Pacto de direitos econômicos, sociais e culturais*. Nova Iorque: ONU, 1966.

ORGANIZAÇÃO DOS ESTADOS AMERICANOS – OEA. *Protocolo adicional à convenção americana sobre direitos humanos em matéria de direitos econômicos, sociais e culturais (Protocolo de San Salvador)*. San Salvador: OEA, 1988.

ORGANIZAÇÃO MUNDIAL DA SAÚDE – OMS. *Constituição*. Nova Iorque: OMS, 1946.

PELTZMAN, Sam. A teoria econômica da regulação depois de uma década de desregulação. *In*: MATTOS, Paulo (Coord.). *Regulação econômica e democracia*: o debate norte-americano. São Paulo: Ed. 34, 2004.

PETTER, Lafayete Josué. *Princípios constitucionais da ordem econômica*: o significado e o alcance do artigo 170 da Constituição Federal. 2. ed. São Paulo: Revista dos Tribunais, 2008.

PIOVESAN, Flávia. Proteção Internacional dos direitos econômicos, sociais e culturais. *In*: SARLET, Ingo Wolfgang (Org.). *Direitos fundamentais sociais*: estudos de direitos constitucional e comparado. Rio de Janeiro: Renovar, 2003.

POSNER, Richard A. Teorias da regulação econômica. *In*: MATTOS, Paulo (Coord.). *Regulação econômica e democracia*: o debate norte-americano. São Paulo: Ed. 34, 2004.

PULINO, Daniel. *Regime de previdência complementar*: natureza jurídico-constitucional e seu desenvolvimento pelas entidades fechadas. 2007. Tese (Doutorado em Direito Constitucional) – Pontifícia Universidade Católica, São Paulo, 2007.

RAMOS, Juan P. *Ensayo jurídico y social sobre la concesión de servicios públicos*. Buenos Aires: Libreria y Casa, 1937.

REALE, Miguel. *Teoria do direito e do Estado*. 5. ed. São Paulo: Saraiva, 2005.

REQUIÃO, Rubens. *Curso de direito comercial*. 23. ed. São Paulo: Saraiva, 1998. 1 v.

RIBAS, Paulo Henrique. O serviço público como meio de concretização de direitos fundamentais. *In*: BACELLAR FILHO, Romeu Felipe; BLANCHET, Luiz Alberto (Coord.). *Serviços públicos*: estudos dirigidos. Belo Horizonte: Fórum, 2007.

RIBEIRO, José Mendes. *Restrições de informações, custos de transação e ambiente regulatório em saúde suplementar*. Disponível em: <http://www.ans.gov.br/data/files/8a958865266c afe211268002246a48d0/tt-os-jose,ribeirosaudesuplementarefalhasdeinformação.pdf>. Acesso em: 31 ago. 2010.

RIVERO, Jean. *Direito administrativo*. Coimbra: Almedina, 1981.

ROCHA, Cármen Lúcia Antunes. *Estudos sobre concessão e permissão de serviço público no direito brasileiro*. São Paulo: Saraiva, 1996.

SALOMÃO FILHO, Calixto. *Regulação da atividade econômica*. 2. ed. São Paulo: Malheiros, 2008.

SAMPAIO, José Adércio Leite. *A Constituição reinventada pela jurisdição constitucional*. Belo Horizonte: Del Rey, 2002.

SÃO PAULO. Tribunal de Justiça. Agravo de Instrumento. *AI nº 6478594200*, de 11 de agosto de 2009. Relator: Des. Morato de Andrade. Disponível em: <http://esaj.tj.sp.gov.br/cjsg/>. Acesso em: 19 jan. 2010.

SÃO PAULO. Tribunal de Justiça. Agravo de Instrumento. *AI nº 94093236592*, de 12 de novembro de 2009. Relator: Des. Enio Zuliani. Disponível em: <http://www.tj.sp.gov.br>. Acesso em: 20 jan. 2010.

SÃO PAULO. Tribunal de Justiça. Agravo de Instrumento. *AI nº 994093178189*, de 18 de janeiro de 2010. Relator: Des. Enio Zuliani. Disponível em: <http://www.tj.sp.gov.br>. Acesso em: 11 jun. 2010.

SÃO PAULO. Tribunal de Justiça. *Apelação Cível nº 5307044800*, de 15 de outubro de 2009. Relator: Des. Natan Zelinschi de Arruda. Disponível em: <http://www.tj.sp.gov.br>. Acesso em: 20 jan. 2010.

SÃO PAULO. Tribunal de Justiça. *Apelação com revisão nº 428554100*, de 22 de julho de 2009. Relator: Des. Dimas Carneiro. Disponível em: <http://esaj.tj.sp.gov.br/cjsg/>. Acesso em: 19 jan. 2010.

SÃO PAULO. Tribunal de Justiça. *Apelação com revisão nº 508254400*, de 17 de outubro de 2007. Relator: Des. Gilberto de Souza Moreira. Disponível em: <http://esaj.tj.sp.gov.br/cjsg/>. Acesso em: 19 jan. 2010.

SÃO PAULO. Tribunal de Justiça. *Apelação com revisão nº 6351874200*, de 07 de julho de 2009. Relator: Des. Egidio Giacoia. Disponível em: <http://esaj.tj.sp.gov.br/cjsg/>. Acesso em: 19 jan. 2010.

SÃO PAULO. Tribunal de Justiça. *Apelação nº 242.001-4/5*, de 23 de agosto de 2005. Relator: Des. José Roberto Bedran. Disponível em: <http://www.tj.sp.gov.br>. Acesso em: 15 out. 2010.

SÃO PAULO. Tribunal de Justiça. *Apelação nº 595.584-4/4-00*, de 5 de novembro de 2008. Relator: Des. Oscarlino Moeller. Disponível em: <http://www.tj.sp.gov.br>. Acesso em: 15 out. 2010.

SÃO PAULO. Tribunal de Justiça. *Apelação nº 602.795-4/0-00*. Relator: Des. Morato de Andrade. Disponível em: <http://www.tj.sp.gov.br>. Acesso em: 15 out. 2010.

SÃO PAULO. Tribunal de Justiça. *Apelação nº 6794584100*, de 17 de novembro de 2009. Relator: Des. Luiz Antonio de Godoy. Disponível em: <http://www.tj.sp.gov.br>. Acesso em: 20 jan. 2010.

SÃO PAULO. Tribunal de Justiça. *Apelação nº 992080289893*, de 06 de janeiro de 2009. Relator: Des. Luis Fernando Nishi. Disponível em: <http://www.tj.sp.gov.br>. Acesso em: 20 jan. 2010.

SÃO PAULO. Tribunal de Justiça. *Apelação nº 994040404986*, de 15 de dezembro de 2009. Relator: Des. Elliot Akel. Disponível em: <http://www.tj.sp.gov.br>. Acesso em: 20 jan. 2010.

SÃO PAULO. Tribunal de Justiça. *Apelação nº 994060291069*, de 25 de maio de 2010. Relator: Des. De Santi Ribeiro. Disponível em: <http://www.tj.sp.gov.br>. Acesso em: 20 out. 2010.

SÃO PAULO. Tribunal de Justiça. *Apelação n⁰ 994092985494*, de 25 de março de 2010. Relator: Des. Francisco Loureiro. Disponível em: <http://esaj.tj.sp.gov.br/cjsg/>. Acesso em: 11 out. 2010.

SÃO PAULO. Tribunal de Justiça. *Apelação n⁰ 99940971123804*, de 18 de maio de 2010. Relatora: Desª Viviane Nicolau. Disponível em: <http://www.tj.sp.gov.br>. Acesso em: 20 out. 2010.

SARLET, Ingo Wolfgang. Os direitos fundamentais sociais na Constituição de 1988. *Revista Diálogo Jurídico*, Salvador, ano 1, n. 1, abr. 2001.

SEN, Amartya Kumar. *Desenvolvimento como liberdade*. Tradução de Laura Teixeira Motta. 7. reimp. São Paulo: Companhia das Letras, 2008.

SILVA, José Afonso da. *Aplicabilidade das normas constitucionais*. 7. ed. São Paulo: Malheiros, 2008.

SILVA, José Afonso da. *Curso de direito constitucional positivo*. 28. ed. São Paulo: Malheiros, 2007.

SMITH, Adam. *Investigação sobre a natureza e a causas da riqueza das nações*. Tradução de Conceição Jardim Maria do Carmo Cary, Eduardo Lucio Nogueira e Rolf Kuntz. 3. ed. São Paulo: Abril Cultural, 1984.

STIGLER, George J. A teoria da regulação econômica. *In*: MATTOS, Paulo (Coord.). *Regulação econômica e democracia*: o debate norte-americano. São Paulo: Ed. 34, 2004.

SUNDFELD, Carlos Ari. *Direito administrativo ordenador*. São Paulo: Malheiros, 2003.

SUNDFELD, Carlos Ari. Introdução às agências reguladoras. *In*: SUNDFELD, Carlos Ari (Coord.). *Direito administrativo econômico*. São Paulo: Malheiros, 2006.

TOJAL, Sebastião Botto de Barros. Constituição dirigente de 1988 e o direito à saúde. *In*: MORAES, Alexandre (Coord.). *Os 10 anos de Constituição Federal*: temas diversos. São Paulo: Atlas, 1999.

TOMASEVICIUS FILHO, Eduardo. A função social da empresa. *Revista dos Tribunais*, São Paulo, v. 810, n. 92, p. 33-50, abr. 2003.

TRIBUNAL DE JUSTIÇA. *Apelação com revisão n⁰ 5913304/7-00*. Relator: Des. Salles Rossi. Disponível em: <http://esaj.tj.sp.gov.br/cjsg/>. Acesso em: 19 jan. 2010.

TRINDADE, José Damião de Lima. *Anotações sobre a história social dos direitos humanos*. Disponível em: <http://www.pge.sp.gov.br/centrodeestudos/bibliotecavirtual/direitos/tratado1.htm>. Acesso em: 20 fev. 2009.

WEBER, Max. *Economía y sociedad*: Esbozo de sociologia comprensiva. Tradução de José Medina Echavarría, Juan Roura Parella, Eugenio Ímaz, Eduardo Garcia Máynez e José Ferrater Mora, edição preparada por Johannes Winckelmann, notas de José Medina Echavarría. 2. ed. 17. reimpr. México: Fondo de Cultura Económica, 2008.

WEBER, Max. *História económica general*. Tradução de Manuel Sanchez Sarto. México: Fondo de Cultura Económica, 2005.

WEICHERT, Marlon Alberto. *Saúde e federação na Constituição brasileira*. Rio de Janeiro: Lumen Juris, 2004.

ANEXO

ANÁLISE DOS SISTEMAS DE SERVIÇOS DE SAÚDE NO DIREITO COMPARADO

O sistema de saúde consiste no conjunto de políticas públicas e atuações privadas que reflete no bem-estar das pessoas, ainda que não esteja especificamente relacionada com a recuperação e prevenção de doenças e outros agravos.

Incluem-se no sistema de saúde todas as atuações sanitárias e também as relacionadas ao bem-estar social, como a melhoria da qualidade de vida da população.

Dentro do sistema de saúde, existe o subsistema dos serviços de saúde, estando neste incluídas as atividades relacionadas com a combinação de "recursos, organização, financiamento e gerência que visam oferecer serviços de saúde para uma população". Dessa forma, "os serviços de saúde são sistemas sociais que se propõe e se organizam com o intuito de prestar assistência à saúde a uma população definida".[1]

É no subsistema dos serviços de saúde que se encontra o objeto do presente estudo, haja vista que nele se observam as relações existentes entre o prestador dos serviços médicos, o mediador — que pode ser o Estado ou operador de planos de saúde — e o usuário ou consumidor dos serviços.

São basicamente três as formas de organização dos sistemas de serviços de saúde: (i) sistema de dominância do mercado; (ii) sistema de seguros sociais obrigatórios; e (iii) sistema de dominância estatal.

---

[1] BISPO JUNIOR, José Patrício; MESSIAS, Kelly Leite Maia de. Sistemas de serviços de saúde: principais tipologias e suas relações com o sistema de saúde brasileiro. *Revista Saúde.Com*, Salvador, v. 1, nº 1, p. 79-89, 2005. Disponível em: <www.uesp.br/revista/rsc/v1/v1n1a10pdf>. Acesso em: 29 ago. 2010. p. 80.

O sistema de dominância do mercado apresenta como principal característica a menor regulação dos serviços e a predominância do financiamento privado, notadamente mediante serviços de planos de saúde de pré-pagamento e também seguros-saúde. É um sistema regido pela autonomia do mercado e regulado predominantemente por este, com a crença de que os serviços de saúde são um bem de consumo como outro qualquer. Este é o sistema observado nos Estados Unidos da América, cujas características serão adiante explicitadas.[2]

O sistema de seguros sociais obrigatórios é também denominado "sistema bismarckiano", tendo surgido na Alemanha no século XIX. Como características desse modelo, conforme salienta Bispo Junior e Messias, enunciam-se:

> (...) cobertura de seguro obrigatório; financiamento provindo de contribuição de trabalhadores e empregadores; garantia de asseguramento aos desempregados por parte do Estado; contribuição proporcional à renda e não aos riscos individuais; maioria de prestadores privado.[3]

O financiamento desse sistema se dá por meio de contribuições de patrões e empregados e pelo Estado em favor dos desempregados e desvalidos. Consiste, portanto, em cofinanciamento dos trabalhadores e empregados com participação do Estado em favor de determinados grupos. Trata-se de sistema que tem seu funcionamento condicionado a altos níveis de trabalho formal, pois, do contrário, os serviços de assistência à saúde não atingem níveis consideráveis da população, deixando ao largo dos serviços de saúde grande número de pessoas. Esse sistema é adotado na França, Alemanha, Áustria.[4]

O sistema de serviço de saúde universal ou de dominância estatal surge na Inglaterra nos anos 50 e tem como característica a assunção pelo Estado da prestação de serviços de saúde à população como direito assegurado em caráter irrestrito. Incumbe ao Estado a organização, financiamento e prestação dos serviços,[5] sem caráter contributivo, visto que o financiamento é decorrente de impostos devidos em caráter geral e não específico para a prestação. É o sistema adotado no Brasil e Portugal.

Conquanto os sistemas de serviços de saúde se apresentem basicamente nas formas anteriormente indicadas, importa salientar que nos diversos países podem existir confluências entre mais de um

---

[2] *Ibid.*, p. 84.
[3] *Ibid.*, p. 85.
[4] BISPO JUNIOR; MESSIAS, *op. cit.*, p. 84-85.
[5] *Ibid.*, *op. cit.*, p. 85.

ANEXO
ANÁLISE DOS SISTEMAS DE SERVIÇOS DE SAÚDE NO DIREITO COMPARADO | 243

sistema, ou coexistência de sistemas de seguro social obrigatório de caráter contributivo junto de serviços privados de assistência à saúde em caráter complementar — quando a inclusão em um sistema não excluir a participação no outro —, ou suplementar — quando a inserção no sistema implicar utilização apenas na negativa de cobertura pelo sistema em que inserido.[6]

Conforme será observado na apresentação das principais características dos sistemas de serviços de saúde de alguns países, verifica-se a ausência de um sistema em sua pureza, mas, sim, a confluência de características de vários deles, mas sempre pode ser verificada a predominância na adoção de um ou outro sistema de serviço de saúde. É nesse sentido que pode ser afirmado que, no sistema de saúde argentino, predomina o sistema de seguros sociais obrigatórios; o Brasil tem predominância do sistema de serviço de saúde universal e os Estados Unidos da América do sistema de dominância de mercado.

1 Sistema de serviços de saúde na Argentina

Ao contrário do Brasil, em que existe um sistema de saúde privado suplementar devidamente regulado, a Argentina ainda não ostenta o rígido sistema de regulação do sistema de seguros e planos de saúde.[7]

Na Argentina, convivem o sistema público de saúde, um sistema de seguro social e o sistema de planos de saúde.

O sistema público de saúde é formado pelos hospitais públicos de saúde que visam prestar atendimento de saúde à população carente, notadamente àqueles que não dispõem de vínculo empregatício e também aos incapacitados, mas não dispõe de um sistema único centralizado.

Já o sistema de seguro social (obras sociais) não se confunde com o sistema de saúde brasileiro, que aqui é um sistema público de acesso universal e igualitário.

O sistema de seguro social argentino visa à prestação de assistência à saúde por pessoas jurídicas públicas ou privadas vinculadas a sindicatos, à administração estatal, associações profissionais ou vinculadas a empresas privadas ou públicas que são remuneradas mediante pagamentos de contribuições sociais patronais e dos beneficiários, cujo

---

[6] No sentido indicado para saúde suplementar, o sistema de saúde privado no Brasil seria na realidade complementar e não suplementar. A adoção do termo 'suplementar', tanto no título do trabalho como também nos capítulos que seguem, objetiva adotar a terminologia utilizada para a designação dos serviços prestados por planos e seguros-saúde, mais bem esclarecido no Capítulo 9.

[7] A expressão em espanhol utilizada é *medicina prepaga*.

acesso é restrito aos vinculados a essas corporações e seus beneficiários (Lei nº 23.660 de 1988).

A vinculação às entidades de obras sociais é obrigatória.

As obras sociais integrantes do sistema de seguro social argentino, e demais agentes do seguro social, são fiscalizadas pela Superintendência de Serviços de Saúde (SSALUD) que atua no âmbito da fiscalização da administração contábil, financeira e de ingresso das obras sociais no sistema de seguro de saúde argentino.

A Superintendência de Serviços de Saúde é órgão da administração descentralizada, mas vinculado ao Ministério da Saúde argentino, de forma que não apresenta a conotação de agência reguladora independente e também não possui essa autarquia argentina poder regulatório sobre agentes de seguro privado de saúde.

As entidades denominadas "obras sociais" têm o dever de cumprimento de prestações mínimas obrigatórias estabelecidas pela Lei nº 24.455 de 08 de fevereiro de 1995 que se referem ao tratamento médico e psicológico preventivo e curativo dos portadores de HIV, assim como reabilitação dos dependentes de entorpecentes, sendo, portanto, bem mais restrita do que as prestações estabelecidas e exigidas das operadoras de planos de saúde no Brasil.

Também se exigiu, em 02 de dezembro de 1997, por meio da Lei nº 24.901, um sistema de prestações básicas de habilitação e reabilitação a pessoas com incapacidade, assim consideradas, conforme o artigo 9º, aquelas que apresentem alteração motora, mental ou sensorial permanente ou prolongada. A legislação se volta, inicialmente, para as obras sociais, ou seja, o sistema de seguro social argentino, o qual é um sistema de saúde contributivo, ainda que existentes aportes de dinheiro público do fundo nacional de solidariedade.

Junto do sistema público e do sistema de seguro social por intermédio das entidades de seguro social, que pode ser considerado como um sistema misto, coexiste o sistema de medicina privada pré-paga similar ao observado em nosso país com relação aos planos e seguros privados de assistência à saúde.

Inexiste, entretanto, dentro do sistema legislativo argentino um marco regulatório desses contratos de medicina pré-paga, mas apenas o estabelecido na Lei nº 24.745 de 28 de novembro de 1996, que estende às entidades de medicina pré-paga a obrigatoriedade de cobertura estabelecida para as entidades de obras sociais.

As violações aos direitos dos usuários são reparadas judicialmente com base em legislações de defesa do consumidor e por meio

ANEXO
ANÁLISE DOS SISTEMAS DE SERVIÇOS DE SAÚDE NO DIREITO COMPARADO | 245

do controle da concentração econômica, mas não por intermédio de uma agência reguladora independente.

Ademais, inexiste um mecanismo de sistematização contratual, tampouco um detalhamento de prestações mínimas obrigatórias e de controle de remuneração das prestações de serviços de saúde.

Em 06 de janeiro de 2002, foi declarada a emergência pública em matéria social, econômica, administrativa, financeira e cambiária na Argentina, conforme Lei nº 25.561, delegando-se ao Poder Executivo a adoção de medidas, objetivando: (i) proceder ao reordenamento do sistema bancário, financeiro e de câmbio; (ii) reativar o funcionamento da economia e reativar o funcionamento do nível de emprego e distribuição de renda; (iii) criar condições para desenvolvimento sustentável e compatível com a reestruturação da dívida pública; (iv) regular a reestruturação das obrigações, em curso de execução.

Com base da delegação supracitada, em março de 2002, mediante a Resolução nº 486/2002 do Ministério da Saúde argentino, foi decretada emergência médica nacional, a partir da constatação da ausência de cobertura dos serviços básicos de saúde aos usuários do seguro social, com riscos de desagregação do sistema como um todo. Essa emergência médica nacional foi prorrogada inúmeras vezes, tendo a última prorrogação sido estabelecida pela Lei nº 26.563 de 17 de dezembro de 2009, mantendo a situação de emergência médica sanitária até 31 de dezembro de 2010.

Com base no Decreto nº 486/2002 do Ministério da Saúde Argentino, que decretou o estado de emergência sanitária, e com vistas a assegurar as prestações básicas de saúde, foi criado o Programa Médico Obrigatório por intermédio da Resolução nº 202/2002 (PMOE), no qual se previu quais as prestações básicas de saúde são obrigatórias a todas as entidades integrantes do Sistema Nacional de Seguro Social, assegurando, também, o acesso ao tratamento de saúde dos maiores de 65 anos, crianças e mulheres grávidas, bem como disciplinou procedimentos de alta complexidade a serem custeados, além dos insumos e medicamentos a serem fornecidos.

Em decorrência da Lei nº 24.745 de dezembro de 1996, houve a extensão da obrigatoriedade da cobertura mínima para as empresas de medicina pré-paga.

Por conseguinte, ficaram as empresas de seguro privado, por força da disposição legal mencionada, submetidas ao Programa Médico Obrigatório de Emergência (PMOE), existindo, dessa forma, disposição regulatória editada pelo Poder Executivo objetivando assegurar cobertura mínima na assistência privada à saúde, garantindo um piso mínimo de prestações a serem fornecidas aos consumidores de planos de assistência à saúde (medicina pré-paga).

O Programa Médico Obrigatório argentino evidencia, ainda que ausente um marco regulatório específico da assistência à saúde privada, a autorização de regulação da saúde por meio de regulamentos editados pelo Poder Executivo com autorização de uma norma delegatória do Congresso argentino, indicando que a urgência da medida e a necessidade de pronta intervenção, assim como a especialidade técnica do tema, justifica sua regulação por meio de normas regulatórias autônomas.

2 Sistema de serviços de saúde em Portugal

A Constituição Federal portuguesa de 1978 prevê expressamente o direito à saúde em seu artigo 64 ao estabelecer que "todos têm direito à saúde e o dever de o defender e promover".

É estabelecido no nº 2 do artigo 64 que sua prestação será feita por intermédio de um serviço nacional universal e geral, e, tendo em conta as condições econômicas e sociais dos cidadãos, de forma tendencialmente gratuito.

A redação do nº 2 do artigo 64 da Constituição portuguesa foi alterada. Em sua redação originária, era estabelecida a gratuidade do sistema de saúde, mas a redação atual finca como tendencialmente gratuito, implicando existência de contribuições dos utentes do sistema de saúde como mecanismo de aportes financeiros e também de racionalização do uso dos serviços de saúde ante a constatação dos custos crescentes, são denominadas "taxas moderadoras".

Não está excluída a participação privada na prestação de assistência à saúde, havendo previsão expressa a respeito de sua existência na alínea "c", do parágrafo 3º do artigo 64 ao dispor que incumbe prioritariamente ao Estado "disciplinar e fiscalizar as normas empresariais e privadas da medicina, articulando-as com o serviço nacional de saúde, por forma a assegurar, nas instituições de saúde públicas e privadas, adequados padrões de eficiência e qualidade."

O sistema público de saúde português é organizado pelo Sistema Nacional de Saúde (SNS), criado em 1978, e regulado pela Lei de Bases da Saúde (Lei nº 48 de 24 de agosto de 1990), sendo sua gestão descentralizada e participativa, conforme disposto no nº 4 do artigo 64 da Constituição portuguesa.

O SNS abrange todas as entidades oficiais prestadoras de cuidados da saúde dependentes do Ministério da Saúde, mas o sistema nacional de saúde abrange, também, os prestadores privados que acordem com o SNS a prestação de cuidados de saúde.

O Sistema Nacional de Saúde é universal, igualitário e tendencialmente gratuito, de acordo com as condições econômicas dos utentes, sendo acessível a todos os cidadãos portugueses, aos membros da Comunidade Europeia e aos estrangeiros em condições de reciprocidade com seus países de origem.

Conforme salienta Vital Moreira, o sistema de saúde português vem passando por transformações operadas há alguns anos, que se traduziram:

> (...) na mudança da forma de organização e de gestão dos hospitais públicos, na possibilidade de cessão da gestão de unidades públicas a entidades privadas e na possibilidade de construção e gestão desde a raiz de hospitais do Serviço Nacional de Saúde, por entidades privadas em regime de parceria público-privada (PPP).[8]

De acordo com Vital Moreira, a alteração na forma de prestação dos serviços públicos de saúde é decorrente de uma nova concepção da forma de gestão do setor público que inclui a utilização de "mecanismos de tipo de mercado (MTM), a liberalização e a abertura ao mercado, e finalmente a participação do sector privado na prestação de serviços públicos" e implicaram a criação de "um mercado de cuidados de saúde" em que os atores principais deixaram de ser:

> (...) estabelecimentos públicos sem lógica empresarial, de um lado, e utentes de serviços públicos gratuitos de outro, para passarem a ser entidades empresariais, sujeitas a uma lógica de mercado, sendo remuneradas pelos cuidados efetivamente prestados, e consumidores de cuidados de saúde que são remunerados ao prestador, embora não necessariamente pelos próprios consumidores.[9]

As principais transformações apresentadas por Vital Moreira são quatro:

> (i) mudança da forma de organização e gestão dos serviços e os estabelecimentos públicos, especialmente a empresarialização dos hospitais;

---

[8] MOREIRA, Vital. A nova entidade reguladora de saúde em Portugal. *Revista de Direito Público da Economia*, Belo Horizonte, v. 2, n. 5, p. 103-159, 2004. Disponível em: <http://bdjur.stj.br/xmlui/handle/2011/29083>. Acesso em: 15 set. 2010.

[9] *Ibid.*

FERNANDO DE OLIVEIRA DOMINGUES LADEIRA
REGULAÇÃO ESTATAL E ASSISTÊNCIA PRIVADA À SAÚDE – LIBERDADE DE INICIATIVA E RESPONSABILIDADE SOCIAL...

(ii) a admissão da entrega da gestão de serviços e estabelecimentos públicos a entidades privadas; (iii) a possibilidade de criação e gestão de novos hospitais do SNS por entidades privadas, em regime de concessão, desde a raiz, ou seja, na forma de "private finance iniciative" (PFI); (iv) a possibilidade de recorrer a unidades de saúde privada para a prestação de cuidados de saúde no âmbito do SNS.[10]

No contexto dessas mudanças e descentralizações operadas no sistema nacional de saúde, foi criada em Portugal uma agência reguladora independente por meio do Decreto-lei nº 309/2003 de 10 de dezembro de 2003, cujo regime jurídico foi reestruturado pelo Decreto-lei nº 127 de 27 de maio de 2009.

O objetivo do Decreto-lei nº 127/2009 não foi alterar o caráter de agência reguladora do sistema nacional de saúde, mas dotá-la, também, de funções relativas à regulação da concorrência na saúde em colaboração com a entidade reguladora da concorrência.

Estão sujeitos à regulação pela ERS todos os estabelecimentos prestadores de cuidados de saúde, do setor público, privado e social, independentemente da sua natureza jurídica, nomeadamente hospitais, clínicas, centros de saúde, laboratórios de análises clínicas, termas e consultórios (artigo 8º do Decreto-lei nº 127/2009).

Ficam afastados da regulação os profissionais de saúde no âmbito de sua atividade que diz respeito a suas associações profissionais e os estabelecimentos sujeitos à regulação da Autoridade Nacional do Medicamento e Produtos de Saúde (INFARMED).

Compete à ERS a regulação e supervisão das entidades prestadoras de cuidados de saúde, velando pelo cumprimento das obrigações legais e contratuais dos regulados, a garantia dos direitos relativos ao acesso aos cuidados de saúde e dos demais direitos dos utentes e à legalidade e transparência das relações econômicas entre os diversos operadores, entidades financiadoras e utentes (artigo 3º do Decreto-lei nº 127/2009).

Ostenta a ERS também poderes relacionados à regulação econômica das atividades de cuidados de saúde, emitindo pareceres e recomendações sobre as relações econômicas nos vários segmentos da economia da saúde no que respeita ao acesso à atividade e as relações do SNS com as prestadoras privadas para fomento da transparência, eficiência e equidade do setor, mediante análise das convenções celebradas com os prestadores privados, as concessões e, também, por meio de

---

[10] *Ibid.*

pronunciamento sobre as taxas e preços administrativamente fixados ou estabelecidos por convenção entre o SNS e as entidades privadas (artigo 37 do Decreto-lei nº 127/2009).

Sobre os seguros-saúde, compete à entidade reguladora ERS emitir recomendações e se pronunciar sobre requisitos e regras relativas, colaborando com a entidade reguladora do setor na sua supervisão (artigo 37, "d", do Decreto-lei nº 127/2009).

No que se refere à defesa da concorrência, compete à ERS identificar os mercados relevantes que apresentam características específicas setoriais e zelar pela concorrência no mercado das atividades sujeitas a sua regulação (artigo 38 do Decreto-lei nº 127/2009).

A ERS, contudo, não possui poderes regulatórios frente às entidades de seguro-saúde, tão somente incluem-se entre suas atribuições o pronunciamento e emissão de recomendações sobre requisitos e regras a serem observados pelas operadoras de seguro-saúde.

Verifica-se, em um comparativo com a ANS brasileira, que a ERS não atua no controle das operadoras de planos e seguros-saúde, mas, por outro lado, sua gama de atribuições pode ser considerada superior à da ANS, pois compete à ERS não só a fiscalização e regulação das atividades de serviços de saúde conveniados ou vinculados ao SNS, pois também atua sobre os demais profissionais privados de saúde, inclusive exigindo registro e emitindo pareceres sobre a eficiência do mercado.

A possibilidade de concessão de poderes regulatórios no âmbito do ordenamento jurídico português gera menores celeumas que as observadas no âmbito do ordenamento pátrio, em que as críticas de violações ao princípio da legalidade não faltam.

Conforme leciona Vital Moreira:

(...) no caso português não se levanta com a mesma intensidade que noutros países (por exemplo, nos Estados Unidos e no Brasil) o problema dos poderes regulamentares das entidades reguladoras. Por um lado, a Constituição não reserva para o Governo a função regulamentar a nível do Estado. Por outro lado, a Lei Fundamental admite expressamente a existência de regulamentos quase independentes, bastando que a respectiva lei habilitadora defina a competência subjectiva e objectiva do poder regulamentar, ou seja, sendo suficiente que uma lei confira a determinada entidade o poder de disciplinar normativamente uma certa matéria a ser objeto de regulamento. O único limite ao poder regulamentar, aliás importante, são as matérias que constituem reserva de lei, pois elas têm de ser reguladas normativamente por via de lei, limitando-se os regulamentos, quando muito, a simples funções estritamente executivas (regulamentos executivos). Ora, entre as matérias que caem na reserva de lei encontra-se a regulamentação dos "direitos, liberdades e garantias", ou seja, uma parte importante dos direitos fundamentais constitucionais garantidos. No entanto, como o direito à saúde não se encontra entre essa categoria de direitos fundamentais, integrando antes a categoria constitucional dos "direitos econômicos, sociais e culturais", a reserva de lei limita-se às bases do serviço nacional de saúde, nos termos já vistos, sobre a definição da competência legislativa reservada da Assembléia da República.[11]

Como salientado, portanto, a ERS possui amplo leque de poderes reguladores, inclusive de entidades privadas de assistência à saúde, zelando pela concorrência e qualidade do setor.

Contudo, no âmbito dos contratos de seguro-saúde sua atuação ainda se limita a recomendações e pronunciamentos sobre a qualidade da prestação do serviço, estando os seguros-saúde submetidos e incluídos no âmbito regulatório dos seguros privados, inclusive no mesmo diploma legislativo, qual seja, o Decreto-lei nº 72 de 16 de abril de 2008, artigos 213 a 217.

A entidade reguladora dos seguros privados em Portugal é a ISP, ou seja, Instituto de Seguros de Portugal, a qual insere em suas atribuições todas as atividades securitárias, inclusive entidades de fundos de pensões e seguros de saúde, seguros de responsabilidade civil e seguros de acidente de trabalho.

A disciplina dos contratos de seguro-saúde não dispõe de um diploma específico, mas alguns diplomas legislativos esparsos buscam evitar abusos de entidades seguradoras, podendo ser destacada a Lei nº 12 de 26 de janeiro de 2005, que impede as entidades seguradoras de pedir testes genéticos de seus potenciais segurados como maneira de evitar a discriminação.

Da mesma forma, existe a Lei nº 46 de 2006, que proíbe a prática de discriminação a pessoas com deficiências físicas e de pessoas com risco agravado de saúde, assim consideradas as que sofrem de patologia que determine uma alteração orgânica e funcional irreversível, de longa duração, evolutiva, potencialmente incapacitante, sem perspectiva de remissão completa e que altera a qualidade de vida de seu portador (artigo 3º, "c", da Lei nº 46 de 2006).

No sistema português, portanto, a assistência à saúde prestada por meio de seguros privados vem obtendo participação importante no sistema de saúde português, pois, conforme dados do Instituto de

---

[11] MOREIRA, *op. cit.*

Seguros de Portugal, 2.178.149 pessoas[12] são usuárias de seguro de saúde privado em Portugal.

Em comparação ao sistema brasileiro, observa-se que a disciplina do seguro privado de saúde em Portugal se assemelha à fase anterior ao marco regulatório brasileiro, período em que a disciplina dos seguros-saúde, no âmbito financeiro e econômico ficava submetida à Superintendência de Seguros Privados (SUSEP) e não de forma concentrada em uma agência única, atualmente a Agência Nacional de Saúde Suplementar (ANS).

Ainda que a ERS tenha obtido maior gama de atribuições, estas não se estendem ao âmbito da disciplina contratual dos seguros privados de saúde, como o específico controle de preços e estabelecimento de coberturas mínimas, evitando abusos em desfavor dos consumidores.

Fato é que a operação de seguros privados em saúde tem como característica marcante a existência de falhas de mercado que impedem a ausência completa de regulação do setor e, ainda que de forma esparsa, existem disciplinas contratuais mínimas nas legislações citadas, em especial para evitar a discriminação de pessoas com deficiência.

Como cedigo, é próprio do sistema privado de saúde criar restrições aos procedimentos médicos e técnicos mais caros e modernos, e essa circunstância não é exclusividade brasileira, a evidência do que já se observa do sistema argentino e também do sistema português, sendo que antes uma interferência no mercado que obste a liberdade de iniciativa, as medidas de intervenção do mercado de saúde mediante leis e medidas infraconstitucionais é fenômeno indispensável para evitar abusos.

3 O sistema de serviço de saúde nos Estados Unidos da América

A assistência à saúde nos EUA é caracterizada pela inexistência de um sistema público centralizado de caráter universal, tampouco se desenvolve através de um sistema de seguro social de saúde de caráter bismarckiano, baseado na contributividade solidária.

O sistema de saúde estadunidense se desenvolve pela substancial presença de um mercado de saúde, atado ao sistema liberal, ainda que exista uma participação pública para segmentos específicos da população por meio de programas públicos conhecidos como *Medicare* e

---

[12] Disponível em: <http://www.acs.min-saude.pt/pns20m-2016-files/2010/08/aps-r.pdf>. Acesso em: 30 ago. 2010.

Medicaid, além de programas federais específicos para o segmento de veteranos de guerras e indígenas.

O *Medicare*, de acordo com José Mendes Ribeiro, consiste num programa financiado pelo governo federal, para a população idosa, acima de 65 anos de idade, e incapacitados permanente, com participação dos associados conforme utilização dos serviços. A cobertura hospitalar é decorrente de impostos pagos pelos assalariados para o seguro social. Salienta Ribeiro que com relação aos demais serviços, entre os quais se incluem as despesas extra-hospitalares, e com honorários médicos, são cobertos por prêmios mensais dos associados e aportes federais anuais, existindo abatimentos fiscais pelos gastos. Nesse sistema, de acordo com o autor, os médicos podem cobrar dos pacientes acima da tabela negociada e é possível, aos associados, a compra de seguros complementares para as despesas adicionais.[13]

O *Medicaid*, por seu turno, objetiva atender à população pobre que está abaixo da linha de pobreza nos Estados Unidos, figurando nessa categoria as famílias com renda de até US$14 mil por ano,[14] sendo financiado pelos governos estaduais, com baixa participação federal.

Aqueles não inseridos nesses grupos populacionais passam a depender do sistema privado de saúde, seja mediante pagamento direto (*out of pocket*) ou por meio de sistemas de planos e seguros-saúde, cujo problema de custos crescentes e falhas de mercado com implicações na existência de sistemas de seleção de risco também é observado no mercado norte-americano.

Essas circunstâncias favoreceram o desenvolvimento de um vigoroso controle de custos e a expansão dos planos de pré-pagamento, praticado por empresas denominadas "empresas de atenção à saúde" (*Health Maintenance Organizations* – HMO). Observa-se nessas organizações, conforme salienta Ribeiro, rigoroso controle de custos e controle de acesso dos beneficiários por meios médicos de atenção primária, autorizadores de procedimentos mais complexos, assim como se altera o sistema de pagamentos por serviços (*fee for service*) para programas

---

[13] RIBEIRO, José Mendes. *Restrições de informações, custos de transação e ambiente regulatório em saúde suplementar*. Disponível em: <http://www.ans.gov.br/data/files/8a958865266cafe2112 68002246a48d0/tt-os-jose,ribeirosaudesuplementarefalhasdeinformação.pdf>. Acesso em: 31 ago. 2010. p. 12-13.

[14] NORONHA, José Carvalho. Reformas da saúde: Os EUA começam a se preocupar com os seus pobres. *Informe ENSP*, Entrevista, Rio de Janeiro, 1º abr. 2010. Disponível em: <http://www.fiocruz.br/ccs/cgi/cgilua.exe/sys/start.htm?from_info_index=31&infoid=3251&sid=3&tpl=printerview>. Acesso em: 30 ago. 2010.

ANEXO
ANÁLISE DOS SISTEMAS DE SERVIÇOS DE SAÚDE NO DIREITO COMPARADO | 253

de pagamentos aos provedores mediante orçamentos globais, procedimentos de revisão de prontuários, para controle da decisão médica. Trata-se de sistema, sem dúvida, gerador de grande exclusão.[15] Essas empresas de saúde norte-americanas não permitem a possibilidade de escolha dos consumidores com relação aos médicos a que serão submetidos, ou mesmo dos serviços, sendo que a atenção à saúde é desenvolvida em hospitais da própria empresa de atenção à saúde (HMO) ou hospitais associados que podem ser remunerados por orçamentos globais ou anuais.

Verifica-se, como informa José Ribeiro, a prática de comparação entre procedimentos médicos para resultados e custos, protocolos clínicos impostos para tratamento e a existência de médicos assalariados, sendo marcantes os incentivos para reduzir os custos.[16]

O sistema norte-americano apresenta aspectos altamente excludentes. Cerca de 15% da população norte-americana não é dotada de nenhuma proteção de assistência à saúde, ou seja, 32 milhões de habitantes, formada basicamente por pequenos empresários, fazendeiros, trabalhadores de tempo parcial de lanchonetes, além dos imigrantes.[17]

Essas circunstâncias motivaram a busca por uma reforma do sistema de saúde na administração de Barack Obama, cujo objetivo é ampliar a assistência à saúde às populações excluídas, assim como ampliar o acesso aos sistemas de *Medicare* e *Medicaid* mediante a ampliação do orçamento federal da saúde.

O objetivo do plano de reforma à saúde do sistema norte-americano, conforme Noronha, objetiva a ampliação da assistência à saúde à população, por meio da obrigatoriedade dos pequenos empresários que possuam condições financeiras de contratar planos de saúde, para famílias com renda anual superior a US$50 mil; a reforma contempla, também, ampliar o acesso ao *Medicaid* para famílias com renda mensal de até US$1,5 mil e acima dessa faixa mediante a concessão de subsídios para contratação dos planos de saúde. Outras características do plano de reforma de saúde são:

> (...) os chamados benefits exchanges, que são mercados de organização de venda de planos de saúde, como pacotes definidos pela autoridade sanitária, onde as pessoas podem comprar o seu plano de saúde sem ser no mercado geral com uma regulação maior e maior controle de

---

[15] RIBEIRO, *op. cit.*, p. 14-17.
[16] RIBEIRO, *op. cit.*, p. 19.
[17] NORONHA, *op. cit.*

preços. Cria nesses mercados mecanismos de compartilhamento de risco, resseguro. Também cria multa para as pessoas que não contrataram o seguro. Essa multa é crescente até 2009. Nesse ano, também, as seguradoras não poderão mais se negar a fazer coberturas de pessoas com as chamadas doenças pré-existentes.[18]

O que se verifica com as reformas apresentadas no sistema norte-americano é que a inexistência de regulação estatal não é alternativa para a assistência à saúde, ainda que privada.

O regime liberal norte-americano é insuficiente para proporcionar condições de saúde para a população. As reformas são uma tentativa de ampliação do acesso da população aos planos de saúde, mediante um processo de intensa regulação estatal, a qual, não obstante, mantém o caráter privado do sistema de saúde norte-americano.

---

[18] NORONHA, *op. cit.*

ÍNDICE DE ASSUNTO

A

Agência Nacional de Saúde
Suplementar (ANS) 161, 175
- Competência 195-196
- Regulação estatal 213
Agência Nacional de Vigilância
Sanitária (Anvisa) 162
- Competência 162
- Finalidade 162
Agência reguladora 159
- Atuação no setor de saúde
objetiva 162
- Características específicas dos
poderes 159
- - De conciliação 160
- - De fiscalização do setor 159
- - De outorga 159
- - De recomendação 160
- - Normativo 159
- - Sancionatório 160
- Independente 160
Agentes privados
- Atuação 106
- - Na prestação da assistência à saúde
- - - formas 108-109
Argentina
- Sistema de serviços de saúde 243-246
Assistência à saúde 24
- Privada 24, 115
- - Formas de atuação do particular 176
- - Regulação 150
Atividade regulatória
- Searas
- - Regulação
- - - dos monopólios 40
- - - dos serviços públicos 40
- - - para a competição 40

A

Ato administrativo regulamentar
- - Função 45
Autonomia privada 149

B

Bens coletivos 93-94

C

Capacidade normativa de
conjuntura 60
Contratos de planos de saúde 181,
185, 186
- Característica 184
- Rescisão por iniciativa do
consumidor 202
- Segmentações
- - Ambulatorial 191
- - Hospitalar 191, 197
- - - com obstetrícia 192
- - Odontológica 192
- Sinistralidade abstrata 218
Custos de transação 113-114

D

Democracia
- Social 30
Desequilíbrio de informação
- Principais falhas de mercado 112
- - Risco moral 112
- - Seleção adversa 113
Direito
- À saúde 71, 77, 146
- - Compreensão 78
- Origem 39
- Social 80
Dogmática positivista 67

página

E

Empresa 105
Estado
- Brasileiro 32
- Conceito 27
- Contemporâneo 102-103
- Democrático de Direito 28, 29, 48, 50, 66
- Liberal 31, 47
- - Proteção à saúde 75
- Nos moldes liberais clássicos 27
- Tarefa fundamental 30
Estados Unidos da América
- Sistema de serviço de saúde 251-254

F

Função
- Regulamentar 60
- Regulatória estatal 58-59

G

Governo democrático 57

H

Hedonismo 84

I

Informação assimétrica 89
Interdependência social
- Manutenção 125
Interesse coletivo
- Atividade 135
Intervenção estatal 36

L

Legalidade 65
Legitimidade 68
- De um ordenamento jurídico 68
- Democrática 154
Liberdade de iniciativa 33

M

Medicina de fábrica 177
Mercado 23, 85, 94
- Falhas
- - De estrutura 90-91

página

- - De mobilidade 88
- - De sinalização 91-92
- - - externalidades 91, 92
- - De transparência 88-89
- Ideal 95

N

Neoliberalismo estatal 103
Normas
- Conjunturais 64
- Jurídicas
- - Categorias
- - - de conjuntura 61
- - - de estrutura 60

O

Operadoras de seguros privados de assistência a saúde 187
- Classificação
- - Administradoras 188-189
- - Autogestão 189
- - Cooperativas médicas 189
- - Cooperativas odontológicas 189
- - Filantropia 189
- - Medicina de grupo 189
- - Odontologia de grupo 189

P

Planejamento familiar 196
Plano-referência 192
Polícia administrativa
- Conceito 41, 44
Política
- Pública 51
- Regulatória 155-156
Politização 152
Portabilidade especial de carências 199-200
Portugal
- Sistema de serviços de saúde 246-251
Princípio
- Da boa-fé 186
- Da eficiência 157, 158
- Da segurança sanitária 81
Problema da seleção adversa 89

ÍNDICE DE ASSUNTO | 257

página

R

Racionalidade econômica 85
Regulação 46, 163-164
- Conceito 44
- Da economia 40
- Estatal
- - Da economia 47, 224-225
- - No âmbito do legislativo 58
- Origem 167
- Sob o aspecto material 44
- Teorias
- - Da captura 165
- - Do interesse público 165
Regulamentação
- No aspecto
- - Formal 44-45
- - Material 44

S

Saúde 72, 73, 145
- Atuação privada na assistência 169
- - Formas
- - - complementar ao sistema
  público 169
- - Marcos regulatórios 180-181
- - - fases 180
- - Pedidos de revisão técnica dos
  planos 210
- Direito social 227
- Planos
- - Período de carência 196
- - - requisitos para a dispensa 199
- - Reajuste das mensalidades 205-206
- - Regimes ou tipos
- - - individual ou familiar 189-190
- - - privado de assistência à saúde
  coletivo empresarial 190
- Pública 76
- Relevância pública da
  atividade de 139
- - Características 139

página

- - Serviços 142, 143
- Serviços
- - Formas de organização
- - - sistema de dominância do
  mercado 24
- - - sistema de seguros sociais
  obrigatórios 242
- - - sistema de serviço de saúde
  universal 242
- Suplementar 172, 176, 177
- - Atividade de regulação 18
- - Marco regulatório 181
- - Mercado 227
- - Origem 177
Serviço público 124, 125,
                            126, 127, 128, 129, 131
- Conceito 117-118
- Ideias essenciais 125-126
- Não privativo 132, 133
- Privativo 132, 133
Sistema
- De autonomia 84
- De autoridade 84
- De mercado 86
- De saúde 241
- - Suplementar 109
- - - falhas 110-111
- De tradição 83-84
-Econômico 83
Solidariedade 183, 184

T

Teoria da ação administrativa
- Reconstrução
- - Setores
- - - administração de gestão 43
- - - administração fomentadora 43
- - - administração ordenadora 43
Teoria econômica da regulação 163
Tratamento de emergência 196

ÍNDICE DA LEGISLAÇÃO

página

C

Código Tributário Nacional
- art. 78 41
Constituição da República
  Federativa do Brasil de 1988 .... 22, 30,
  37, 62, 64, 97, 118, 121,
  139, 145, 146, 150, 169, 224
- art. 1º 27, 28, 32
- - inc. III 32, 105, 223
- - inc. IV 32, 33, 36, 223
- art. 2º 65
- art. 3º 28, 31, 100, 103,
  105, 107, 121, 122,
  132, 138, 153, 155
- - inc. I 32, 223
- art. 6º 80
- art. 28 134
- art. 32 218
- art. 37
- - §6º 141
- art. 68 156
- art. 154
- - inc. I 218, 219
- art. 170 .... 32, 33, 36, 95, 223
- - inc. I 91
- - inc. III 108
- - inc. V 95, 97
- - inc. VI 95
- art. 174 .... 123, 138, 142, 149
- art. 175 .... 133, 141
- art. 194 .... 17, 18, 121
- art. 195 218
- - §4º 219
- - §5º 17
- art. 196 .... 17, 81, 134, 145, 154, 218
- art. 197 .... 18, 110, 122, 134, 138, 218
- art. 198 171

página

- - inc. II 169
- art. 199 .... 110, 122, 132, 146, 169
- - §1º 109
- art. 201 134
- art. 202 .... 123, 134
- art. 203 134
- art. 204 .... 124, 34
- art. 205 134
- art. 209 132
- art. 211 134
- art. 213 134
- art. 227 122
- - §6º 211

D

Decreto-lei nº 66/66 177
Decreto-lei nº 73/66 178
Decreto nº 3.807/60
- art. 56 177

E

Emenda constitucional nº 32/01 180

L

Lei nº 5.764/71 189
Lei nº 6.839/80 178
Lei nº 7.347/85 140
Lei nº 8.078/1990
- art. 4º
- - inc. VI 98
- art. 6º 97
- - inc. IV 98
- art. 41 97
- art. 52 97
Lei nº 8.080/90 169
- art. 7º 171
- art. 43 170

	página
Lei nº 9.495/97	179
Lei nº 9.605/98	
- art. 30	200
- art. 31	200
Lei nº 9.656/98	155, 161, 180, 181, 186, 187, 190, 193, 209, 210, 211, 216
- art. 1º	214
- - inc. I	187
- art. 2º	
- - inc. I	187
- art. 8º	214
- art. 9º	
- - §2º	214
- - §4º	214
- art. 10	193, 195
- - §2º	192
- art. 10-A	194
- art. 11	201, 202
- art. 12	
- - inc. III	210
- - inc. V	196
- - inc. VI	198
- - inc. VII	210, 211
- art. 13	
- - inc. II	202
- - inc. III	203
- art. 15	206
- art. 16	
- - inc. VII	189
- art. 20	214
- - §1º	214
- art. 21	215, 215
- art. 23	215
- art. 24	215

	página
- - §2º	215
- art. 24-C	216
- art. 30	190, 203, 204
- art. 31	190, 204, 205
- art. 32	216
- art. 35-C	197
- - inc. I	196
- - inc. II	196
- art. 35-E	208
- art. 35-G	208
Lei nº 9.782/99	
- art. 7º	162
- art. 8º	162
Lei nº 9.961/00	155, 161, 181
- art. 1º	175
- art. 3º	175, 176
- art. 4º	155
Lei nº 10.185/01	181
- art. 2º	188
Lei nº 10.741/03	
- art. 15	
- - §3º	206
Lei nº 11.101/05	
- art. 2º	
- - inc. II	215
Lei nº 11.446/97	179
Lei nº 11.935/09	196

M

MP nº 1.908-18/99	180, 181, 187, 208
MP nº 2.003-1/99	181
MP nº 2.177-44/01	180, 181
MP nº 16.654/98	180

ÍNDICE ONOMÁSTICO

A

Aith, Fernando 72, 73, 76, 81
Aragão, Alexandre Santos de 39, 46, 47, 48, 49, 51, 53, 119, 137
Ariño Ortiz, Gaspar 118, 129, 130, 135, 136

B

Benjamin, Antonio Herman de
Vasconcellos 139
Braudel, Fernand 34, 35
Bobbio, Norberto 56
Bonavides, Paulo 66

C

Canotilho, J. J. Gomes 28, 29, 37, 53
Chechin, José 215
Comparato, Fábio Konder 51, 104, 105
Cunha, Paulo César Melo da 203

D

Dallari, Dalmo de Abreu 52
Dallari, Sueli Gandolfi 74,75
De Lucca, Newton 94, 95, 96, 97, 98, 99
Derani, Cristiane 107, 108, 129
Di Pietro, Maria Sylvia Zanella 119
Diniz, Cláudio Smirne 102

F

Faria, José Eduardo 153
Farias, José Fernando de Castro 107
Ferraz, Antonio Augusto Mello de
Camargo 139
Ferraz Júnior, Tércio Sampaio 99, 156, 157
Ferreira, Sérgio de Andréa 41, 45

Figueiredo, Leonardo Vizeu 203
Francisco, José Carlos 55, 59, 60, 64, 67, 69, 70

G

Gozzi, Gustavo 152
Grau, Eros Roberto 45, 46, 47, 49, 60, 118, 124, 127, 128, 131
Gregori, Maria Stella 180
Grotti, Dinorá Adelaide Musetti 120, 124, 136
Guerra Filho, Willis Santiago 57

J

Justen Filho, Marçal 41, 103, 104, 106, 120, 135

K

Krugman, Paul 92, 167

L

Loewenstein, Karl 56

M

Macedo Junior, Roberto Porto 181, 182, 183
Macera, Andrea Pereira 112, 113
Marques, Claudia Lima 184, 185, 186, 187
Marques Neto, Floriano de Azevedo 62, 154, 155, 159
Mello, Celso Antônio Bandeira de 134
Modesto, Paulo 140, 142
Moreira Neto, Diogo de Figueiredo ...44, 151
Moreira, Vital 140, 247, 249

	página

N

Neves, Marcelo 62, 64, 104
Noronha, José Carvalho 253
Nunes Junior, Vidal Serrano 149
Nusdeo, Fábio 85, 87, 91, 92

P

Pastori, Giorgio 152
Peltzman, Sam 166
Peter, Lafayete Josué 90
Posner, Richard A. 165
Pulino, Daniel 121

R

Ribeiro, José Mendes 252, 253
Rivero, Jean 137

	página

S

Saintive, Marcelo Barbosa 112, 113
Salomão Filho, Calixto 40
Sen, Amartya Kamur 87
Silva, José Afonso da 27, 30, 32
Smith, Adam 85
Stigler, George J. 163, 164
Sundefeld, Carlos Ari 42, 43, 120

T

Tojal, Sebastião Botto de Barros 147

W

Weber, Max 39, 56
Weichert, Marlon Alberto 73, 142, 219
Winslow, Charles-Edward 76

Esta obra foi composta em fonte Palatino Linotype, corpo 10
e impressa em papel Offset 75g (miolo) e Supremo 250g (capa)
pela Paulinelli Serviços Gráficos Ltda.
Belo Horizonte/MG, agosto de 2012.